나와 팀의 자발적인 성장을 이끄는

애자일 회고

AGILE RETROSPECTIVE

애자일 회고

アジャイルなチームをつくる ふりかえりガイドブック
(Agile na Team wo Tsukuru Furikaeri Guidebook : 6879-1)

ISBN 978-89-314-7971-3

독자님의 의견을 받습니다

이 책을 구입한 독자님은 영진닷컴의 가장 중요한 비평가이자 조언가입니다. 저희 책의 장점과 문제점이 무엇인지, 어떤 책이 출판되기를 바라는지, 책을 더욱 알차게 꾸밀 수 있는 아이디어가 있으면 팩스나 이메일, 또는 우편으로 연락주시기 바랍니다. 의견을 주실 때에는 책 제목 및 독자님의 성함과 연락처(전화번호나 이메일)를 꼭 남겨 주시기 바랍니다. 독자님의 의견에 대해 바로 답변을 드리고, 또 독자님의 의견을 다음 책에 충분히 반영하도록 늘 노력하겠습니다.

파본이나 잘못된 도서는 구입처에서 교환 및 환불해 드립니다.

이메일 : support@youngjin.com
주　소 : (우)08152 서울시 금천구 디지털로9길 32 갑을그레이트밸리 B동 1001호

STAFF
저자 모리 카즈키 | **역자** 류승우
총괄 김태경 | **진행** 박소정 | **디자인** 김유진 | **일러스트** 카메쿠라 히데토 | **편집** 곽은슬
영업 박준용, 임용수, 김도현, 이윤철 | **마케팅** 이승희, 김근주, 조민영, 김민지, 김진희, 이현아
제작 황장협 | **인쇄** 예림

나와 팀의 자발적인 성장을 이끄는

애자일 회고

저자 모리 카즈키 / 역자 류승우

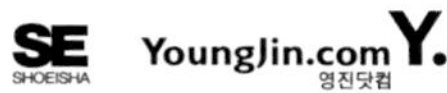

들어가며

이 책은 어떤 책일까?

회고는 정기적으로 팀원 전체가 멈춰서 팀이 더 나은 방법을 찾기 위해 토론하고 팀의 행동을 조금씩 변화시켜 나가는 활동입니다. 회고는 팀을 다음과 같은 상태로 변화시킵니다.

소통이 활발해지고 정보의 투명성이 높아진다
문제가 빠르게 공유되고 자연스럽게 해결책을 찾게 된다
팀에 필요한 지식을 적극적으로 배우고 흡수할 수 있다
자율적으로 생각하고 행동할 수 있게 된다

이 책은 이제 처음 회고를 시작하려는 사람이나 회고에 관한 고민을 가진 분들을 위한 책입니다. 이런 분들을 위해 다음에 대한 내용을 기술했습니다.

- 회고의 이유와 목적
- 도입부터 정착까지의 과정
- 구체적인 방법
- 자주 묻는 질문에 대한 답변

이 책을 통해 회고를 실천하다 보면 조금씩 위의 특성을 가진 '애자일한 팀'을 만들어 갈 수 있을 것입니다.

우리는 급변하는 시장 환경에 처해 있습니다. 이런 환경에서는 '애자일한 팀'이 큰 가치를 창출할 수 있습니다. 회고를 거듭하며 좋은 팀을 만들어 가는 것이 조직에 큰 가치를 부여하는 것입니다.

◆ 회고의 탐구 길잡이로서

막상 회고를 시작하려고 하면 다음과 같은 문제에 직면하게 됩니다.

어떻게 진행해야 할지 모르겠다
팀원들의 참여 의사가 저조하고 필요를 느끼지 못한다
매너리즘에 빠져서 지속하지 못한다

회고는 팀 단위로 지속적으로 실천해야만 큰 효과를 발휘할 수 있습니다. 하지만 앞서 언급한 문제들로 인해 도입부터 정착까지의 길은 멀고도 험난합니다.

수많은 웹사이트와 서적에서 회고 기법이 소개되고 있지만, 기법을 현장에 적용하는 것만으로는 '어떻게 시작해야 좋을지', '어떻게 정착시킬 수 있을지'에 대한 의문을 해소하기 힘듭니다. 도입부터 정착에 다다른 현장에서는 '회고는 중요하다'고 외치는 반면, 처음 회고를 접하는 사람들은 '중요하다'고 느낄 수 있는 길이 없습니다. 그 길은 스스로 찾아갈 수밖에 없습니다.

이 탐구의 길에서 그 의미를 함께 고민하는 것이 중요합니다. 회고를 모르는 사람이나 익숙하지 않은 사람이 회고의 의미와 가치를 직관적으로 이해하는 것은 어렵습니다. 팀은 끊임없이 변화하기 때문에 회고의 의미가 현재의 팀과 맞지 않으면 금방 형식화되고 매너리즘에 빠지게 됩니다. 항상 '우리에게 필요한 회고는 어떤 것일까'를 고민하고, 회고 방식을 팀의 상황에 맞게 계속 변화시켜야 합니다.

또한 탐구의 길에서 실험은 필수적입니다. 처음 시도해서 잘 진행되지 않거나 효과가 나타나지 않을 수도 있습니다. 그렇다고 해서 '잘 안 됐다, 효과가 없었다'고 생각하게 되면 회고 활동 자체가 멈춰버리고 맙니다. 조그만 것부터 끈기 있게 여러 가지 실험을 반복하다 보면 조금씩 효과를 체감할 수 있습니다.

이 책은 회고를 탐구하는 길에 대한 가이드북입니다. 이 책을 통해 회고의 의미를 생각하고, 실험해 보고 싶은 새로운 사고방식을 만나게 될 것입니다.

그리고 이 책은 회고의 넓은 세계를 알 수 있는 단서가 되기도 합니다. 지금도 많은 현장에서 흥미진진한 시도가 만들어지고 실천되고 있습니다. 이 책을 디딤돌 삼아 세상에 넘쳐나는 다양한 정보에 직접 접근하여 회고의 세계관을 넓혀갈 수 있을 것입니다.

회고는 즐거우며 내용이 깊은 활동입니다. 결코 힘들고 고된 활동이 아닙니다. 당신의 팀에 활력을 불어넣고 '애자일한 팀'으로 이끌어 줄 것입니다.

자, 이제부터 '회고의 세계'를 넓혀 나가 봅시다.

목차

2부 - 실천편

3부 - 기법편

4부 - TIPS편

- **Column**

이 책을 읽는 방법

이 책에서는 회고에 대한 기초적인 지식부터 현장에서 성공적으로 진행하기 위해 필요한 사고방식과 마음가짐, 그리고 회고를 확장할 수 있는 20가지 기법을 설명합니다. 이러한 정보를 4부로 나누어 정리했습니다.

1부 기초편	회고의 목적과 진행 방법 등 전체적인 사항을 파악한다
2부 실천편	회고를 도입하기까지의 실제 사례와 자세한 실천 방법을 알아본다
3부 기법편	회고의 방법과 그 활용법을 알아본다
4부 TIPS편	회고와 관련해 자주 하는 질문에 대한 해답을 알아본다

1부 기초편에서는 '회고란 무엇인가'에 대해 간단히 설명합니다. 팀이 지향하는 모습은 무엇이며 어떤 목적을 위해, 어떻게 진행해야 하는지 감을 잡을 수 있도록 실제 사례를 소개합니다.

2부 실천편에서는 현장에서 어떻게 회고를 도입하고 정착시키는지 가상의 개발 현장을 예로 들어 설명합니다. 회고를 도입하여 정착하기까지 겪게 되는 다양한 고민을 만화 형식으로 소개하고, 그 고민을 어떻게 극복해 나갈지 설명합니다.

3부 기법편에서는 20가지의 회고 방법, 기법의 조합 예나 회고의 요소를 설명합니다. 방법의 목적 및 진행 방법을 검색하기 쉬운 형태로 소개합니다. 여러분의 현장에서 회고를 진행할 때 사전적으로 활용할 수 있을 것입니다.

4부 TIPS편에서는 기초편, 실천편, 기법편에서 다루지 않은 회고에서 자주 겪는 고민과 세세한 TIPS를 소개합니다. 회고 진행에 어려움을 겪을 때 참고하시면 좋을 것입니다.

이제 막 회고를 시작하려 하거나 회고 진행에 어려움을 겪고 있다면 1부 기초편부터 차례로 읽어보시길 권장합니다.

이미 회고를 실천하고 있으며 더 폭넓은 지식을 얻고 싶다면 3부 기법편 또는 4부 TIPS편부터 읽으면서 팀에서 진행하고 싶은 방법을 찾아보는 것도 좋습니다. 다만 1부 기초편과 2부 실천편에는 회고에 익숙한 분들에게도 도움이 될 만한 사고방식과 마음가짐이 담겨 있습니다. 현장에서 고민이 생겼을 때, 기초편이나 실천편으로 돌아와 팀원들과 함께 고민을 해결해 가면 좋을 것입니다.

이 책의 대상 범위

그림 회고의 대상 범위

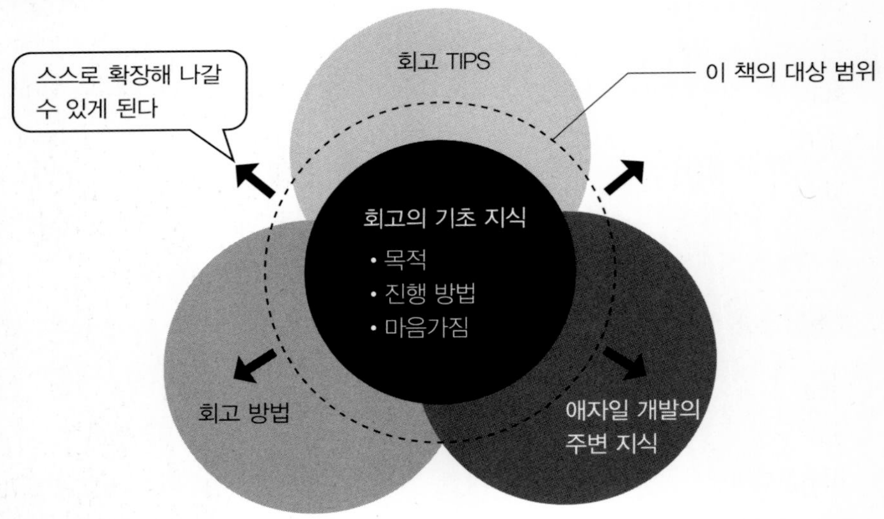

이 책에서는 회고의 기초 지식을 배울 수 있습니다. 이는 여러분의 팀에 회고를 도입하고 정착시키는 데 필요한 지식입니다. 또한 회고에 대한 고민에 대처하는 방법과 조직에 회고를 확산하기 위한 힌트를 얻을 수 있습니다. 이러한 지식은 여러분의 팀이 '애자일 팀'으로 발돋움하는 데 도움이 될 것입니다.

또한 회고의 기초 지식과 연관되는 '회고 방법', '회고 TIPS', '애자일 개발의 주변 지식'도 배울 수 있습니다. 이러한 정보를 발판으로 세상에 넘쳐나는 방법과 TIPS에 접근하여 회고의 세계를 더욱 넓혀갈 수 있을 것입니다.

이 책을 통해 여러분은 회고를 탐구하는 길로 나아갈 준비를 할 수 있습니다. 회고를 실천하면서 이 책을 펼쳐보면 회고를 더욱 깊게 이해할 수 있습니다. 다른 분야의 지식과 기술을 회고에 활용할 수도 있고, 반대로 회고의 지식과 기술을 다른 분야에 활용할 수도 있습니다.

◆ 회고 치트시트

회고 치트시트 p.364의 PDF를 영진닷컴 자료실(https://www.youngjin.com/reader/pds/pds.asp (영진닷컴 〉 고객센터 〉 부록CD 다운로드))에서 다운로드할 수 있습니다.

◆ 마지막으로 한마디

회고는 팀이나 조직을 조금씩 좋은 방향으로 변화시키는 계기가 됩니다. 하지만 회고가 잘 진행되지 않았던 경험으로 인해 회고의 효과를 깨닫지 못하고 그 활동의 싹이 끊어진 현장 혹은 현 상황을 바꾸지 못하고 계속 힘들어하는 현장도 많습니다. 그런 현장에서 주로 발생하는 문제에 대한 접근법, 그리고 먼저 알아두면 팀의 변화를 가속화할 수 있는 사고방식들을 이 책에 많이 담았습니다. 이 책을 손에 쥔 여러분들이라면, 이 책과 자신의 강한 의지가 있다면 분명 회고를 팀과 조직에 뿌리내리기 위한 첫걸음을 내딛을 수 있으리라 믿습니다.

여러분의 입장이나 현장의 특성에 따라 여러분들이 취할 수 있는 회고 방식은 달라질 것입니다. 이 책에 쓰인 내용을 아무 생각 없이 그대로 사용하는 것이 아니라, 자신의 현장에 맞게 수정해 실천해 보시기 바랍니다.

자, 그럼 함께 회고를 배워봅시다.

회고를 탐구하는 길에 오신 것을 환영합니다!

01장

회고란 무엇인가

회고란?

애자일 팀

회고의 목적과 단계

회고에 필요한 것

Agile

회고란?

회고는 팀원 전체가 멈춰 서서 팀이 더 나은 방법을 찾아내기 위해 토론하고, 팀의 행동을 조금씩 변화시켜 나가는 활동입니다(그림 1-1). 매주 또는 격주와 같이 정기적으로 항상 같은 시간에 팀 전체가 모여서 진행합니다. 팀에 있어서 지금보다 더 나은 방법이 있는지 논의하고, 방식을 카이젠(*1)하기 위한 활동을 검토합니다.

그림 1-1 회고의 전체상

회고는 다음의 7단계로 진행합니다.

(*1) 도요타 생산방식에서 유래한 팀이나 프로세스의 지속적인 개선 활동을 말합니다. 이 책에서는 나쁜 부분뿐만 아니라 좋은 부분도 포함하여 지속적으로 개선해 나가는 활동을 **카이젠**으로 정의하여 사용하겠습니다.

단계 ① 회고를 사전 준비한다
단계 ② 회고의 시간을 만든다
단계 ③ 사건을 떠올린다
단계 ④ 아이디어를 낸다
단계 ⑤ 행동을 결정한다
단계 ⑥ 회고를 카이젠한다
단계 ⑦ 행동을 실행한다

회고는 화이트보드, 모조지, 스티커 메모, 펜, 도트 스티커 등을 사용하여 진행합니다. 회고의 흐름을 간략하게 살펴봅시다(여기서는 간략하게 개요만 설명합니다. 자세한 내용은 4장 '회고의 진행 방법' p.105 에서 다룹니다).

① 회고를 사전 준비한다

회고를 시작하기 전에 사전 준비를 합니다. 이번 회고의 목적과 구성을 검토하고 장소를 정하고 도구를 준비하여 회고를 시작할 수 있도록 합니다.

② 회고의 시간을 만든다

팀원들이 모두 모여서 회고를 시작합니다.

서먹한 분위기를 깨는 자리를 만들어 팀원들 전원이 회고에 집중하도록 하며 회고의 주제를 결정합니다. 주제의 예로는 '팀의 문제점을 공유하고 싶다', '개발부터 출시까지의 프로세스를 개선하고 싶다'와 같은 내용이 있습니다. 그리고 주제에 따라 어떻게 회고를 진행할지, 한정된 시간 안에 어떤 이야기를 나눌지 모두가 함께 결정합니다.

③ 사건을 떠올린다

회고의 대상 기간(1주일 등) 동안 '어떤 일이 일어났는지', '어떤 일을 했는지', '어떤 느낌을 받았는지' 등의 사건과 감정을 떠올리고 팀원들과 공유합니다. 예를 들어 생각나는 내용을 스티커 메모에 적어 화이트보드에 붙이면서 공유합니다(그림 1-2).

그림 1-2 생각난 내용을 스티커 메모에 적어 화이트보드에 붙인다

④ 아이디어를 낸다

공유한 사건을 바탕으로 주제에 따라 서로 아이디어를 주고받습니다. '지금보다 더 나은 방법 없을까', '팀의 행동을 어떻게 변화시킬 수 있을까' 등의 내용을 논의하고 의견을 나눕니다.

예를 들어 '새로운 원격근무 도구를 사용하기 시작했는데, 사용법이 제각각이라 제대로 사용하지 못하고 있습니다. 효율적인 사용법을 생각해 봅시다', '팀 내 정보 공유가 제대로 이루어지지 않아 재작업이 많이 발생하는데, 어떻게 하면 좋을지 생각해 봅시다'와 같은 주제로 아이디어를 검토합니다. 이 역시 스티커 메모로 작성한 아이디어를 화이트보드에 붙여서 공유합니다.

⑤ 행동을 결정한다

아이디어 중에서 팀원들과 함께 실행할 행동을 결정하고 구체화합니다. '언제 무엇을 할 것인가'를 스티커 메모나 화이트보드에 정리합니다.

⑥ 회고를 카이젠한다

회고의 마지막에는 회고 자체를 더 나은 활동으로 만들기 위한 아이디어를 서로 나눕니다. 시간을 효과적으로 사용할 수 있는 아이디어를 생각하거나, 회고에서 의견을 교환하는 방법, 다음에 다루고 싶은 주제, 다음에 사용해 보고 싶은 기법 등 다양한 내용을 논의합니다. 여기서 나온 아이디어는 다음 회고 때 활용합니다. 이것으로 회고는 완료됐습니다.

⑦ 행동을 실행한다

다음 회고를 진행할 때까지 회고에서 결정한 행동을 실행합니다. 그리고 결정한 행동을 실행했을 때 발생한 변화나 결과를 늦어도 다음 회고까지 확인합니다. 만약 행동을 실행하지 못한 경우에는 그 이유를 파악하고 필요에 따라 행동을 수정합니다.

이러한 일련의 과정을 매번 반복합니다. 행동함으로써 팀에 변화를 가져다주고, 회고 자체를 카이젠하여 팀의 변화를 촉진할 수 있을 것입니다.

이렇게 회고를 계속해서 실천하다 보면 팀은 '애자일 팀'에 가까워집니다. 그렇다면 팀이 지향하는 모습 중 하나인 '애자일 팀'이란 무엇일까요? 다음 페이지에서 자세히 알아보겠습니다.

애자일한 팀

애자일(Agile)은 '민첩한', '빠른'이라는 뜻을 가진 영어 단어로, 이와 연관된 가치관을 의미합니다. 주로 소프트웨어 개발에서 애자일 가치관에 기반한 '애자일 개발' 프레임워크와 실천이 도입되고 있는 추세입니다.

애자일 개발은 2001년 켄트 벡(Kent Beck) 등 개발자 17인이 모여 발표한 애자일 소프트웨어 개발 선언으로 제시됐습니다. 그리고 비즈니스의 변화를 점차적으로 거쳐 지금까지도 애자일 개발의 중요성이 강조되고 있습니다.

여기서 애자일 소프트웨어 개발 선언에 대해 간단히 언급하겠습니다. 먼저 애자일 소프트웨어 개발 선언문[*2]을 보겠습니다(그림 1-3).

그림 1-3 애자일 소프트웨어 개발 선언

애자일 소프트웨어 개발 선언

우리는 소프트웨어를 개발하고, 또 다른 사람의 개발을
도와주면서 소프트웨어 개발의 더 나은 방법들을 찾아가고 있다.
이 작업을 통해 우리는 다음을 가치 있게 여기게 되었다.

공정과 도구보다 **개인과 상호작용**을
포괄적인 문서보다 **작동하는 소프트웨어**를
계약 협상보다 **고객과의 협력**을
계획을 따르기보다 **변화에 대응**하기를

가치 있게 여긴다. 이 말은, 왼쪽에 있는 것들도 가치가 있지만,
우리는 오른쪽에 있는 것들에 더 높은 가치를 둔다는 것이다.

(*2) https://agilemanifesto.org/iso/ko/manifesto.html

팀에서 가장 먼저 주목해야 할 점은 '개인과 상호작용', '고객과의 협력', '변화에 대응'입니다. 팀에게 있어 소통은 필수불가결한 요소입니다. 소통은 상호 이해를 촉진하고 팀 안팎의 연결을 강화해 줍니다. 연결성이 강한 팀은 팀에 필요한 정보를 빠르게 수집하고 공유하며, 협업을 통해 쉽게 움직일 수 있는 태세를 갖추었기에 변화에 유연하게 대응할 수 있습니다. 변화에 강한 팀은 팀원 모두가 지속적으로 학습하고, 스스로의 소통(대화)과 협업(협조)을 점검하고 지속적으로 카이젠함으로써 만들어집니다.

이 외에 주목해야 할 것은 '작동하는 소프트웨어'(*3) 입니다. 이는 실제로 동작하는 제품을 사용하여 가설 검증을 반복하는 것입니다. 제품을 계속 만들어 내고 큰 가치를 창출하기 위해서는 가설 검증의 결과로부터 배우고, 팀의 가치를 창출하는 과정을 지속적으로 검토하고 카이젠해야 합니다.

따라서 이 책에서는 '계속 배우고 카이젠함으로써 변화에 유연하게 대응하고, 지속적으로 큰 가치를 창출할 수 있는 팀'을 애자일 팀이라고 부르며, 팀이 지향하는 모습 중 하나로 정의합니다.

만약 여러분이 애자일 개발과 무관한 일을 하고 있더라도, 앞서 언급한 가치관과 사고방식을 통해 실현해 나갈 수 있습니다. 이러한 애자일 팀으로 변화하기 위한 첫 걸음을 뒷받침하는 것이 '회고'입니다.

(*3) 소프트웨어 개발 외의 직종에 종사하는 분들은 업무로 만들어내는 제품을 상상해보시기 바랍니다. 실제로 사용할 수 있거나 고객이 사용하는 모습을 상상할 수 있는, 가설을 검증할 수 있는 제품을 '작동하는 소프트웨어'로 바꿔서 읽어보시기 바랍니다.

회고의 목적과 단계

이 책에서 소개하는 '회고'의 목적은 팀을 '애자일 팀'에 가까워지게 하는 것입니다. 회고를 반복함으로써 팀은 다음과 같은 특성을 갖추게 됩니다.

- 소통이 활발해지고 정보의 투명성이 높아진다
- 문제를 신속하게 공유하여 팀 내에서 문제를 해결해 나갈 수 있다
- 가치를 창출하는 프로세스를 스스로 검토하고 카이젠할 수 있다
- 팀에 필요한 지식을 적극적으로 배우고 흡수할 수 있다
- 자율적으로 생각하고 행동할 수 있다

그러나 무작정 회고만 해서는 이러한 특성을 갖추기까지 오랜 시간이 걸립니다. 의식적으로 효과적인 회고를 하면 팀의 변화를 촉진할 수 있습니다.

회고에는 팀을 강하게 만들기 위한 세 가지 단계가 있습니다. 팀의 상황과 상태를 파악한 후 필요한 단계에 따라 회고를 실천해 봅시다.

① 멈춰 선다
② 팀의 성장을 가속화한다
③ 프로세스를 카이젠한다

이는 '무엇을 위해 회고를 하는가 하는 목적'이기도 하고, '회고를 통해 무엇을 할 것인가 하는 단계'이기도 합니다(그림 1-4). 이러한 목적과 단계에 대해 하나씩 설명해 보겠습니다.

그림 1-4 회고의 세 가지 목적과 세 가지 단계

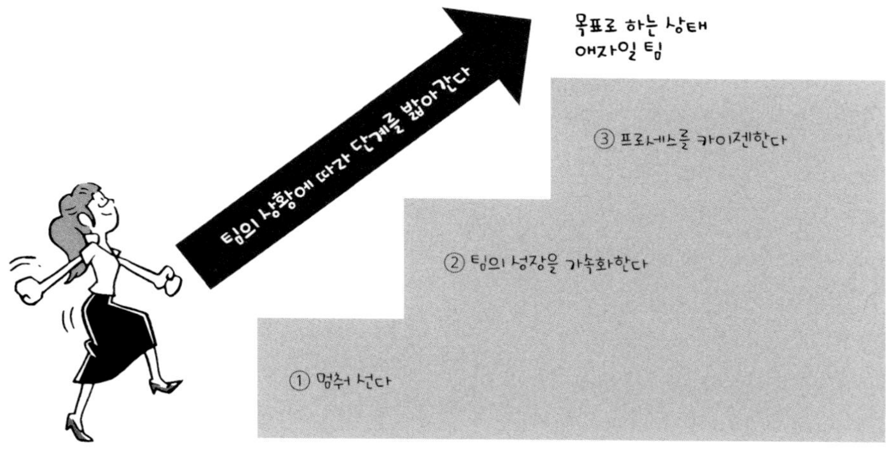

멈춰 선다

회고의 첫 번째 단계는 '멈춤'입니다. 일단 멈춤으로써 팀 변화의 계기를 만들 수 있습니다.

팀은 일을 진행하면서 다양한 문제나 장애에 직면하게 됩니다. 문제가 발생했을 때, 문제의 소용돌이 속에서 해결책을 찾으려다 보면 마음과 시간의 여유를 잃고 즉흥적으로 대응하기 쉽습니다. 서둘러 작업을 진행한 결과가 피해를 키우는 경우도 있습니다.

또한 여유 없이 일을 계속하다 보면 팀원 개개인의 시야가 점점 좁아집니다. 주변을 신경 쓸 여유가 없어지고 자기 일에만 몰두하게 됩니다. 그리고 팀 내 소통이 부족해져서 문제를 유발하게 됩니다. 팀원들과 대화를 나누면 금방 해결될 문제도 전체가 보이지 않는 상태에서 혼자서 답을 찾느라 길고 힘든 시간을 보내는 경우도 있습니다.

이 흐름을 끊어내기 위해 잠시 멈춰봅시다. 작업에서 벗어나 숨을 고르며 '지금 우리가 무엇을 해야 할지'를 생각해 봅시다. 이 멈춤의 시간이 회고입니다.

문제가 있는 상황에서 스스로 멈추는 것은 어려운 일입니다. 그래서 정기적으로 멈추는 시간을 팀 프로세스 내에 포함시켜 습관화합니다. 스스로 의식하지 않더라도 강제적으로 멈춰 설 수 있는 시간을 마련합니다. 팀원 모두가 정기적으로 같은 요일, 같은 시간에 모여서 토론을 합니다. 그렇게 회고가 팀의 프로세스로 자리 잡으면 다음 단계로 넘어갑니다.

◆ 팀의 성장을 가속화한다

팀이 높은 성과를 내기 위해서는 '소통'과 '협업'이 필수입니다. 높은 성과를 내는 팀은 일상 업무 중에 자연스럽게 소통(대화와 토론, 정보 공유)과 협업(협동 작업)을 합니다. 아침 회의나 회고 등의 회의나 행사가 있어야만 정보 공유와 협업이 이루어지는 것이 아니라, 매 시간, 매 분, 매 초마다 높은 빈도로 필요한 만큼의 소통과 협업을 합니다. 이런 상태로 팀을 촉진하고 팀의 성장을 가속화하는 것이 회고의 두 번째 단계이자 두 번째 목적입니다.

이 단계에서는 회고 시간을 잘 활용하여 팀이 서로에 대해 알아가고, 더 나은 소통과 협업 방법을 모색합니다. 예를 들어 다음의 내용을 검토합니다.

- 팀의 고민과 문제를 바로 공유하기 위해서 어떻게 하는 것이 좋을까?
- 요구사항에 대한 인식 차이를 없애기 위해 어떤 내용을 전달하면 좋을까?
- 부족한 기술을 보완하기 위해 어떤 것을 할 수 있을까?

또한 아직 서로에 대해 충분히 이해하지 못했다면 가치관을 공유하는 작업을 하는 것도 좋습니다. 서로에 대한 신뢰감을 높이기 위해 서로에게 감사를 전하고, 마음속에 품고 있는 불안을 털어놓는 것도 효과적입니다.

회고 안에서 신뢰 관계를 높이는 활동을 엮어, 회고 외의 장소에서 소통과 협업이 이루어지도록 합니다. 회고 이외의 자리에서도 자연스럽게 문제나 고민이 공유되고, 바로 해결될 수 있는 상태가 점점 형성되어 갑니다. 팀이 더 발전할 수 있는 토대를 마련하기 위해서 '팀의 성장을 가속화하는 것'을 의식하며 회고 시간을 의미 있게 사용합시다. 이렇게 하면 흩어져 있던 팀이 '팀으로서' 성장할 수 있게 됩니다.

◆ 프로세스를 카이젠한다

'프로세스'는 팀이 일하는 방식, 개발을 진행하는 방식 등 팀이 가치를 창출하는 일련의 활동을 말합니다. 그리고 '카이젠'은 잘 안 되는 부분이나 문제 해결과 더불어 잘 되고 있는 부분을 강화하는 활동을 말합니다.

'프로세스 카이젠'이 '팀의 성장을 가속화하는' 것보다 후순위로 밀려난 데에는 이유가 있습니다. 팀의 신뢰 관계가 충분히 구축되지 않은 상태에서 프로세스를 바꾸려고 하면, 문제 발생 시 책임의 원인에 대한 추궁이 이루어지고, 원인을 만든 사람의 심리적, 육체적 부담을 가중시키는 경우가 많습니다. 이러한 행위는 팀의 분열을 심화시킬 뿐 아니라, 일단 추궁을 받은 사람은 문제를 숨기는 경우가 많습니다.

팀원들의 신뢰가 두터운 상태라면 '팀으로서의 행동'으로 사고방식이 전환되기 쉽습니다. 팀원들을 지원하고 팀원 모두가 함께 앞으로 나아간다는 의식을 가져야 합니다. 그러면 팀을 위해 생각하고 팀의 성과를 향상시킬 수 있는 행동을 검토할 수 있게 됩니다.

팀의 프로세스를 바꿀 때, '팀이 어떻게 가치를 창출하고 있는지', '일을 어떻게 진행하고 있는지'에 초점을 맞춰 아이디어를 주고받으며 변경해야 할 부분과 내용을 논의합니다.

이때 변화의 과정은 '작게, 조금씩'이 철칙입니다. 프로세스 변경 후 결과가 좋을지 안 좋을지는 아무도 모릅니다. 어떤 행동이 효과적일지는 팀의 특성, 팀의 상황과 상태에 따라 달라질 수 있습니다. 큰 변화는 실패했을 때 그 여파가 크고 되돌리기도 어렵지만, 작은 변화는 바로 되돌릴 수 있습니다. 그렇기 때문에 '변화의 범위는 작게'가 중요합니다.

회고에 필요한 것

회고를 쉽게 상상할 수 있도록, 회고에 필요한 것들과 그것이 어떻게 회고와 관련되는지 소개하겠습니다.

회고를 하기 위해 미리 확인하고 준비해야 할 것들이 있습니다. 이를 잘 준비하면 좀 더 효율적인 회고를 할 수 있습니다. 준비 과정에 수고가 많이 든다거나 시간이 오래 걸리진 않으니, 필요한 것을 확인하고 준비한 다음 회고를 시작하는 것이 좋습니다. 회고에 필요한 것은 다음과 같습니다.

- 팀
- 목적의 결정
- 일정
- 시간
- 장소
- 도구
- 회의 진행

◆ 팀

회고는 팀원들의 참여가 필수입니다. 전원이 모이지 못하더라도 최대한 많은 인원이 모일 수 있도록 조정합니다. 필요하다면 팀 관계자를 불러 의견을 들어보는 것도 좋습니다.

회고의 참여 인원은 최대 10명 정도가 적당합니다(온라인 환경은 최대 6명). 인원이 너무 많으면 충분히 의견을 말하지 못하거나 정보 공유가 부족할 수 있고, 의견이 너무 많이 나와서 회의 진행이 어려워질 수 있습니다. 특히 온라인 환경에서는 대화 전환이 원활하게 이루어지지 않거나, 효율적인 대화가 이루어지기 어려워, 6명 이상이면 소통이 어려워집니다. 오프라인과 온라인 모두 인원이 많을 경우, 그룹을 나눠서 그룹별로 회고를 진행하고 결과를 공유하는 등 회의 진행을 방식을 변경할 필요가 있습니다(*4).

◆ 목적의 결정

'무엇을 위해 회고를 할 것인가'를 사전 또는 회고 시작 시점에 결정합니다. 팀원 모두가 목적에 맞게 논의를 진행한다면 회고의 효과를 더욱 높일 수 있습니다.

◆ 일정

언제 회고를 할 것인지 일정을 미리 정해 둡시다. 매번 같은 시간에 같은 장소에서 같은 팀원이 모여서 한다는 것을 미리 합의하면 매번 일정을 조정할 필요가 없습니다. 또한 '매주 이 시간에 한다'는 식으로 리듬을 만들면 정기적이고 강제적인 멈춤의 기회를 얻을 수 있습니다. 일단 멈추는 것으로 지속적인 카이젠의 실시와 문제를 조기에 발견할 수 있는 메커니즘이 작용할 수 있습니다.

◆ 시간

회고를 지금부터 도입하는 경우에는 소수정예로, 조금 긴 시간을 들여서 진행하는 것이 좋습니다.

(*4) 인원이 많을 경우의 대처법은 11장 '회고에 관련된 고민'의 '회고 개최에 관한 고민' p.311에서 자세히 설명되어 있습니다.

기본적으로 인원이 많으면 많을수록 회고에 시간이 더 많이 걸립니다. 인원이 많으면 의견 공유와 행동 결정에 시간이 걸리기 때문입니다. 또한 회고의 대상 기간이 길어질수록 기억을 떠올리는 데 시간이 걸리기 때문에 회고에 필요한 시간이 길어지고, 회고의 진행도 어려워집니다.

회고의 시간이 충분하지 않으면 정보 공유나 의견 공유가 부족하게 되고, 행동이 구체화되지 않아 카이젠이 어려워집니다.

효과적인 회고를 위해 필요한 시간은 회고 대상 기간과 인원 수에 따라 달라집니다. 자세한 내용은 (표 1-1)을 참고하시기 바랍니다. 또한 익숙해지기 전까지는 이 표의 1.2~1.5배 정도의 시간이 소요됩니다. 시간을 길게 설정해 두었다가 익숙해지면 점차 시간을 단축하는 것이 좋습니다.

표 1-1 회고의 대상 기간과 참가자 수에 따른 필요 시간 (※시간은 저자의 경험에 의한 기준)

대상 기간	참가자 수	시간	대상 기간	참가자 수	시간
1주일	3~4명	45~60분	2주일	3~4명	45~60분
	5~9명	60~90분		5~9명	60~90분
	10~15명	90~120분		10~15명	90~120분

◆ 장소

회고를 할 수 있는 장소를 준비합니다. 회의실, 자유공간 등 어느 곳이든 상관없지만 벽이나 화이트보드 등에 스티커 메모를 붙일 수 있고 모두가 쉽게 움직일 수 있는 장소를 선택하는 것이 좋습니다. 온라인 환경에서 회고를 진행하는 경우에는 음성 대화가 가능한 도구를 활용합니다[*5].

(*5) 온라인용 회고 관련 도구는 5장 '온라인에서 회고를 진행하기 위해' p.147에 자세히 설명하고 있습니다.

◆ 도구

회고에서는 다양한 도구를 활용합니다. 도구는 사무실에서 쉽게 구할 수 있는 것들로만 구성합니다. 처음에는 스티커 메모, 펜, 화이트보드만 있으면 회고를 시작할 수 있습니다. 회고용 도구 상자를 만들어 정리해 두면 휴대가 편리합니다(그림 1-5).

온라인 환경에서 회고를 할 경우에는 온라인 화이트보드 도구나 공동 편집이 가능한 편집기 등을 준비해 둡니다[*5].

그림 1-5 휴대할 수 있는 도구 상자를 준비하면 편리하다

회의 진행

회고를 원활하게 진행하기 위해서는 회의 진행이 필요합니다. 일반적으로 생각하기 쉬운 '사회자 진행'의 의미가 아니라, **팀의 의견과 아이디어를 끌어내어 발상을 넓히고 아이디어를 수렴한다**는 의미의 회의 진행입니다. 참가자 전원이 회의 진행을 한다는 의식을 가지고 회고에 임합시다. 모두가 서로를 배려하면서 의견을 교환합시다. 그렇게 함으로써 회고는 더욱 효과적이고 즐거운 자리로 바뀝니다(*6).

(*6) 회의 진행은 7장 '회고의 진행' p.169에서 자세히 설명합니다.

왜 '회고'인가

이 책에서는 의도적으로 '회고'라는 단어를 사용했습니다. '되돌아보기'로 표기하는 웹사이트도 많기 때문에 이 표현에 익숙하신 분들도 많을 것입니다.

'되돌아보기'라는 말에서 '뒤를 돌아본다'라는 동작을 연상한다거나 '회고'가 '반성회'와 같은 활동으로 인식되어 정착해 버린 현장도 많습니다. 이런 이미지를 없애고 싶다는 생각에 부드러운 인상을 주는 표기를 사용하고 있습니다.

회고는 업계, 업종, 현장에 따라 다양한 명칭으로 불리고 있습니다. 영어 명칭도 있어 전문적이고 어려운 활동으로 여겨지는 경우가 많습니다. 적어도 이 책에서는 회고는 누구나 할 수 있는 활동이라는 것을 알아주셨으면 하는 마음으로 '회고'로 표기하였습니다.

02장

회고를 살펴봅시다

회고의 흐름

① 회고를 사전 준비한다

② 회고의 시간을 만든다

③ 사건을 떠올린다

④ 아이디어를 낸다

⑤ 행동을 결정한다

⑥ 회고를 카이젠한다

⑦ 행동을 실행한다

회고의 포인트

Agile

회고의 흐름

회고의 진행 과정을 자세히 살펴봅시다. 회고는 7단계로 진행됩니다.

단계 ① 회고를 사전 준비한다
단계 ② 회고의 시간을 만든다
단계 ③ 사건을 떠올린다
단계 ④ 아이디어를 낸다
단계 ⑤ 행동을 결정한다
단계 ⑥ 회고를 카이젠한다
단계 ⑦ 행동을 실행한다

이제부터 회고가 어떤 것인지 알기 위해 회고의 모습을 만화로 살펴보면서 회고를 어떻게 진행해야 하는지에 대한 이미지를 만들어 봅시다. 이 장에서는 어떤 팀이 회고를 도입한 지 3개월이 지난 후의 모습을 살펴봅니다.

| 팀원 소개

리카 씨
다른 사람을 잘 돌보는 타입. 팀을 잘 관찰한다

에리 씨
이번 회고 진행을 맡은 회의 진행자

의문 씨
자신의 의견을 확실하게 전달하는 타입

리더
이 팀의 리더.
신뢰할 수 있는 실력자

히카리 씨
언제나 긍정적이고 밝은 성격을 가졌다

① 회고를 사전 준비한다

이제부터 회고를 시작합니다. 회고를 시작하기 전에 도구나 장소를 미리 준비합니다.

이대로라면 자리 배치가
좋지 않을 텐데
옮길까요?
누가
좀
도와
줄래요?

네
네

영차
저도
도울게요.

도구 나눠드릴게요~
고마워요.

오늘의 주제는
대략 이런 거예요.

좋았어,
회고 시작합시다.
네!

◆ 회고 시작 전 준비는 철저히 하자

회고를 효과적으로 진행하기 위해서는 도구와 장소의 준비가 필요합니다. 사전 준비를 철저히 해두면 회고 시간을 최대한 효율적으로 활용할 수 있습니다.

회고에 사용하는 회의실에 들어가면, 비치된 화이트보드나 책상을 옮겨서 회고하기 편한 공간을 만들어야 합니다. 화이트보드가 벽에 붙어 있는 회의실이라면 화이트보드 주변의 물건을 옮겨서 움직이기 쉽도록 공간을 넓게 확보하는 것이 좋습니다. 그리고 모두가 볼 수 있도록 화이트보드에 이번 회고의 진행 계획을 적어둡니다. 또한 회고 시간에 사용할 스티커 메모나 펜을 준비해 한 명씩 나눠주도록 합니다.

회고를 원활하게 진행하기 위해 메인 진행자를 정해 두는 것도 효과적입니다.

팀의 상황과 상태에 따라 회고의 목적도 달라집니다. 먼저 회고 시간에 논의할 주제와 구성을 모두가 함께 정합니다. 미리 생각하고 준비해 오면 더욱 원활하게 회고를 진행할 수 있습니다.

◆ 함께 준비하자

모두 함께 회고를 준비해 봅시다. 만화에서는 회고가 시작되기 몇 분 전부터 모두 회의실로 이동해 회의실을 정리하고 있습니다. 회고 시작 시간에 맞춰 회고를 시작할 수 있도록 모두가 함께 협력해 준비를 진행하면 좋을 것입니다.

◆ 사전에 진행자를 정하자

이번 진행자는 에리 씨입니다. 도구와 장소를 준비하기 전에 회고의 진행 방법과 진행자를 미리 정하면 회고를 원활하게 시작할 수 있습니다.

② 회고의 시간을 만든다

회고를 시작합시다. 회고에 집중할 수 있도록 모두 함께 '회고의 시간'을 만들어 봅시다.

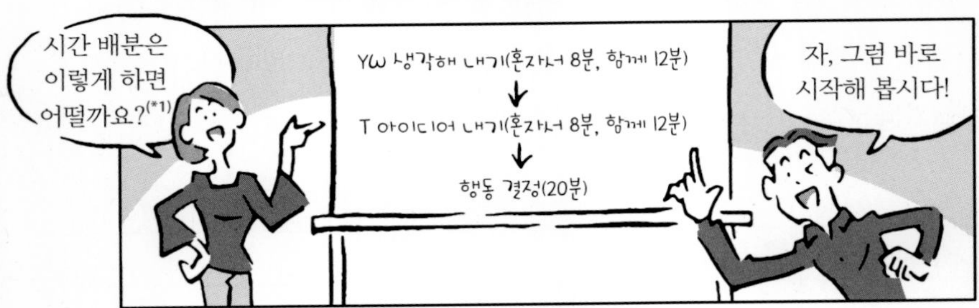

◆ 회고에 집중할 마음의 준비를 한다

모두 회고를 위해 업무를 잠시 멈춥니다. 업무가 신경 쓰여서 회고 시간 도중에 딴짓을 하는 경우도 있습니다.

그런 일이 일어나지 않고, 모두가 회고에 집중할 수 있도록 먼저 모두가 의견을 모아 주제를 정하고, '다 같이 회고를 만들어 간다'는 의식을 함양합니다. 회고 시간에 논의할 주제는 미리 정해놓은 것이 있다면 가져와서 팀원들과 함께 논의해 결정합니다. 현재 팀의 관심사, 배움과 깨달음, 문제 등을 나열해 보고 주제를 정합니다. 예를 들면 다음과 같습니다.

- 개발 진행 방식을 재검토하고 싶다
- 개발의 품질을 높이기 위해 어떻게 하면 좋을지 고민해 보고 싶다
- 회의의 효율성을 높이고 싶다

◆ 회고의 진행 방식을 모두 함께 결정한다

회고의 진행 방식과 시간 배분을 구체화하여 목표를 제시합니다. 진행 방식은 회고의 주제에 따라 달라질 수 있습니다. 개인별 회상이나 아이디어 도출을 위한 시간과 팀 전체가 공유하는 시간을 구분하여 시간을 설정합니다.

(*1) 여기서는 YWT라는 기법을 사용하려고 합니다. YWT는 Y(한 일), W(알게 된 일), T(다음에 할 일)의 3가지 질문으로 회고하는 기법입니다. YWT는 8장 '회고의 기법 알아보기'의 '12 YWT' p.238에 자세히 소개되어 있습니다.

③ 사건을 떠올린다

회고의 대상 기간에 어떤 활동을 했는지, 어떤 일이 있었는지 떠올리며 팀원들과 공유합니다. 공유와 함께 분석도 함께 진행합니다.

시간순으로 나열하면서
잘 된 부분과 잘 안 된 부분의
이유를 분석해 봅시다.

아, 그래.
이거 도와줘서
고마웠어요!
!

천만에요.
도우면서 저도 공부가
되었고 누락도
없어지니까요!
그렇다는 건...

• 둘이서 테스트
케이스 만들기
• 누락이 적어진다
이렇게 정리할 수
있겠네요.

그리고 이건 공유하고 싶어요.
채팅에도 썼는데
방치돼서요.
예약 기능에
예기치 못한
동작 발생.
하루 동안 방치돼서
슬펐어요.

아, 죄송해요!
그땐 이것저것 바빠서 채팅 내용이 흘러가 버렸을지도...

그렇구나. 채팅에 써서 안심하고 있었는데, 그게 잘못됐나 봐요.

그러면 내용을 고정할 수 있는 공간에 작성하는 규칙을 만드는 건 어떤가요?
좋은 생각이네요!

나중에 제대로 카이젠하는 게 좋을 것 같네요. 별표로 표시해 놓을게요.

◆ 팀의 활동을 기억하고 공유하자

회고 대상 기간(1주일 등) 내에 다음과 같은 사건을 떠올립니다.

- 어떤 일이 일어났는가
- 어떤 일을 했는가
- 어떻게 느꼈는가

팀의 활동은 기본적으로 '시계열 데이터', '사실', '감정'을 모아서 분석합니다. 시계열 데이터와 사실은 팀원 개개인이 무엇을 했는지 공유합니다. 또한 다른 사람이 쓴 스티커 메모를 계기로 혼자서는 잊어버렸던 사건도 떠올리는 데 도움을 줍니다. 그리고 사물의 인과관계를 파악하면 카이젠할 점을 쉽게 찾아낼 수 있습니다.

또한 감정을 표현함으로써 강한 감정에서 기억을 불러오기 쉬워지고, 팀원들이 함께 행동으로 옮기도록 동기를 부여할 수 있습니다.

◆ 혼자 회상하는 시간과 모두 함께 공유하는 시간을 만들자

회상할 때는 혼자서 회상하는 시간과 팀원들과 함께 회상한 내용을 공유하는 시간으로 나눕니다. 회상한 내용을 공유할 때는 대화에서 나온 정보를 시각화하면서 잘 된 부분과 잘 안 된 부분의 요인을 분석해 봅니다. 카이젠을 위한 아이디어로 연결될 수 있는 것은 표시를 해두고 메모를 해두면 좋습니다.

④ 아이디어를 낸다

팀원 모두가 카이젠을 위한 아이디어를 서로 제시합니다. 팀이 더 성장하기 위해 무엇을 할 수 있는지 토론해 봅시다.

제가 별표를 붙인 건 이거예요.
다들 바쁠 때나 문제가 생겼을 때도
제대로 멈출 수 있으면 좋겠어요.
저는 테스트 케이스
작성에 대한 관점을 여러분과
공유하고 싶네요.
다음 기능 테스트 때
함께 하면 좋을 것 같아요.
저는 ○○을 하면
좋을 것 같은데...
시끌 시끌
여러 가지가 나왔네요.
팀에 있어서 특히 중요한 것은
무엇일까요?
지금까지의 논의를 들어보면
이것과 이것 같은데요?
문제가 발생했을 때 정보 공유
테스트 관점의 공유
그렇군요.
문제가 발생했을 때 정보 공유
테스트 관점의 공유
찌~익

◆ 서로 아이디어를 내고 행동의 후보를 결정하자

'팀이 다음에 해야 할 일', '팀에서 해 보고 싶은 일' 등의 아이디어를 서로 논의합니다. 아이디어를 생각하는 주체는 '팀'입니다. '사건을 떠올리는 것'과 마찬가지로 혼자 생각하는 시간과 공유하는 시간을 나누어 아이디어를 도출합니다.

아이디어를 낼 때 발언과 정리를 구분합니다. 처음에는 자유롭게 의견을 내면서 팀에 중요한 아이디어를 집중적으로 논의하여 '행동 후보'로 몇 가지를 선정합니다. 여기서 결정한 '행동 후보'는 후보일 뿐, 아직 결정된 것은 아닙니다. 다음 단계에서는 구체적인 행동으로 가공해 나갑니다.

◆ 아이디어를 점점 더 시각화하자

아이디어를 논의하는 과정에서 새로운 아이디어가 떠오르는 경우가 종종 있습니다. 거론된 아이디어는 스티커 메모를 붙이거나 화이트보드에 적어 시각화해 봅시다.

새로운 정보를 추가하는 것뿐만 아니라, 아이디어끼리 선으로 연결하여 연관성을 표현하거나 관련 스티커 메모를 이동하여 가까이 붙이거나 동그라미와 기호를 써서 강조하는 등 다양한 방법으로 논의 내용을 표현합니다.

이렇게 시각화된 정보는 최종적으로 행동을 결정하고 구체화할 때 큰 도움이 됩니다.

⑤ 행동을 결정한다

즉시 카이젠이 가능하며 실행 가능한 행동을 만듭니다. 팀 전체가 함께 논의하면서 행동을 구체화합시다.

긴급
○○ 기능에서 버그가 발행하여 동작이 xx하게 된다
To Do
Wip
DONE
좋네요! 이 정도면 금방 알 수 있을 것 같아요!

좋아 보여요. 마크가 좋네요. 다만 누가 썼는지 알 수 있도록 이름이 있었으면 좋겠어요!

이건 어때요?
○○ 기능에서 버그가 발행하여 동작이 xx가 된다. -리카
좋아요.
그럼 규칙을 이렇게 정할게요
• 문제가 발생하면 긴급 선에 큰 스티커 붙이기
• 쓴 사람의 이름 쓰기
알겠습니다

다음은 테스트 관점 공유를 이야기해 보겠습니다.
네

아이디어를 구체화하고 실행 가능한 행동을 만들자

팀에서 실행할 행동(카이젠 방법)을 결정하고 구체화합니다. 구체화할 때는 '바로 실행할 수 있는가', '결과를 측정할 수 있는가'와 같은 관점을 사용합니다. 무리하게 하나의 행동으로 모든 것을 해결하려고 하지 말고, 조금이라도 좋으니 변화를 만들어낼 수 있는 실행 가능한 행동을 만들어 봅시다.

즉석에서 행동을 시도해 보자

만약 시간이 남는다면, 만든 행동을 그 자리에서 실행해 봅시다. 행동의 도입 부분만 실행해 보거나, 행동을 실행하는 모습을 상상해 보세요. 행동을 실행한 후의 변화를 상상할 수 있다면, 회고 자리에서 행동의 궤도를 수정할 수 있고, 더 구체화할 수 있습니다. 행동을 실행에 옮기기도 쉬워집니다.

마지막으로 행동을 기록해 보자

만든 행동은 스티커 메모나 카드 등에 크게 적어 둡니다. 작성한 행동을 마지막으로 모두 함께 확인하면 팀원 모두가 행동을 실행할 의식을 가질 수 있습니다. 만약 작업 보드가 있는 팀이라면 작업 보드에 작성한 행동을 붙여서 바로 실행할 수 있도록 해두면 좋습니다.

⑥ 회고를 카이젠한다

'행동을 만들면 끝'이 아닙니다. 회고도 개선해 나갑니다. 회고의 마지막에 '회고의 되돌아보기'를 해 봅시다.

(*2) 'Fun(즐거움)' 'Done(완성)' 'Learn(배움)'의 3가지 질문을 던지는 회고 기법입니다. 8장 '회고의 기법 알아보기'의 '08 Fun/Done/Learn' p.217에 자세히 설명되어 있습니다.

(*3) '+(좋았던 점)', 'Δ(카이젠 하고 싶은 점)'의 두 가지 질문으로 아이디어를 내는 기법. 8장 '회고의 기법 알아보기'의 '20 +/Δ' p.279에서 자세히 설명되어 있습니다.

◆ 회고를 되돌아보고 회고도 카이젠하자

회고가 끝나기 전에 회고의 되돌아보기를 합니다. 회고의 마지막 5분만이라도 좋으니, 회고에서 잘 된 점과 카이젠해야 할 점을 논의합니다.

'회고의 되돌아보기'를 한 후에는 그 내용을 다음번 회고에 반드시 활용합니다. 그러기 위해서는 논의한 내용을 남겨두고 다음 회고 전에 확인하거나, 행동으로 구체화하여 바로 실행에 옮기는 것이 좋습니다.

◆ 회고의 결과를 남겨두자

회고에서 논의한 결과인 '행동'과 '회고의 카이젠 내용'은 반드시 사진으로 남기거나 스티커 메모에 작성하여 바로 사용할 수 있도록 해야 합니다. 또한 논의에 사용한 화이트보드 등도 사진으로 남겨두면 나중에 다시 한번 확인하며 팀의 변화와 성장을 느낄 수 있습니다.

온라인으로 회고를 진행하는 경우, 지난 회고의 정보를 그대로 남겨두면 다음 회고의 기본 데이터로 활용할 수 있습니다. 번거롭지 않은 범위 내에서 회고의 결과를 남기고, 다음 번 회고로 연결해 봅시다.

⑦ 행동을 실행한다

만든 행동은 실행해야만 가치를 창출할 수 있습니다. 어떻게 행동을 실행하고 있는지 살펴봅시다.

○○의 기능에
관한 건데요...

그거라면 지금 시작해서
30분 정도면 고칠 수
있지 않을까요?
한번 해 보죠.
아
그러네요.

1주일 후......

결국 스티커 메모가
15장이나 붙었네요.
버그 누출은 없어졌죠.
좋은 방법이었어요.

하지만
버그가 조금 많죠?
버그를 미연에
방지할 수 있다면
좋을 텐데~

그럼 오늘은
버그를 방지하는
방법을 생각해 봅시다!
네

행동은 즉시 실행해서 카이젠으로 이어지도록 하자

회고에서 만든 행동은 가급적 회고가 끝난 후 바로 실행합니다. 만화처럼 행동 발생에 계기가 필요한 경우, 계기가 발생하면 바로 움직일 수 있도록 아침 미팅에서 행동을 공유한다든지 작업 보드에 스티커 메모를 크게 붙여놓는다든지 채팅에서 봇(bot)이 대응하도록 유도하는 등 행동을 유발할 수 있는 구조를 만들어야 합니다.

행동을 실행한 후에는 행동한 결과로 무엇이 달라졌는지 확인합니다. 행동을 실행한 직후나 아침 미팅 등 팀원들이 모이는 시점에 행동의 결과와 팀에 일어난 변화를 공유합니다.

좋은 변화나 나쁜 변화 혹은 아무 변화도 없는 경우라도 다음을 논의합니다.

- 어떤 변화가 일어났는지
- 그 변화가 왜 일어났는지 또는 왜 일어나지 않았는지
- 예상했던 변화는 이루어졌는지
- 다음에는 어떤 행동을 취하면 좋을지

한번 실행한 행동을 기반으로 행동 자체를 카이젠해도 좋고, 다시 원래대로 돌아가는 결정을 내려도 좋습니다. 이렇게 해서 팀에 조금씩 변화를 일으킵니다.

회고를 반복하자

지금까지 설명한 단계 ①~⑦이 회고의 일련의 흐름입니다. 이를 매번 반복하고 회고 자체도 카이젠하면서 좋은 팀으로 전진해 나갑니다.

행동을 쌓아가고 회고를 통해 카이젠해 나간다면, 팀은 빠르게 변화할 수 있을 것입니다.

회고 포인트

기초편의 마지막으로, 회고할 때 의식하면 좋은 포인트를 살펴봅시다.

◆ 긍정적인 면부터 찾아보자

자신과 팀의 이상향이 높으면 높을수록 '잘 안 되는 부분'은 쉽게 찾을 수 있습니다. 하지만 부정적인 면부터 찾다 보면 나중에 긍정적인 면을 찾기가 어려워집니다. 회고에서는 먼저 긍정적인 면에 초점을 맞추도록 노력해야 합니다. 그러다 보면 팀의 좋은 점을 조금씩 발견할 수 있어 '어디를 더 발전시켜 나가면 좋을지' 긍정적인 아이디어를 내기 쉬워집니다.

◆ 좋은 점을 더욱 발전시킨다

팀의 좋은 점을 찾았다면 이를 더욱 발전시킬 수 있는 아이디어를 생각해 봅시다.

팀원이나 팀원 전체가 잘한 부분을 강화할 수 있는 행동을 검토합시다. 팀이 '잘 했다', '해냈다'라고 느끼는 그 실감(자기효능감)은 팀에게 더 많은 변화와 도전을 촉진할 수 있습니다.

◆ 조금씩 변화시켜 나간다

한번에 많은 변화를 시도하면 '무엇이 잘 되었는지', '무엇이 잘못되었는지'를 알 수 없게 됩니다. 또한 행동으로 움직임을 바꿀 때, 변화가 클수록 실행에 옮기는 것이 두려운 심리적 장벽이 높아집니다.

조금씩 조금씩 변화를 시도하고, 변화하는 방식에 익숙해져야 합니다. 변화를 습관화하면 팀은 자발적으로 자신감을 가지고 더 큰 변화를 만들어 낼 수 있게 됩니다.

◆ 실패를 두려워하지 말자

회고의 행동은 '반드시 성공해야만 하는' 것은 아닙니다. '성공'을 최우선으로 생각해서 만든 행동은 보수적일 수밖에 없습니다. '기존 체크리스트에 1개 항목 추가하기'와 같이 '움직임을 거의 변화시키지 않는 행동을 계속하는' 보수적인 팀에서는 언젠가 성장의 벽에 부딪히게 됩니다. 실패를 두려워하면 벽을 넘을 수 없습니다.

회고로 실패를 잘 키워 나갑시다. 잘 될지 안 될지 모르지만 시도해 봅니다. 새로운 것에 도전해 봅니다. 회고의 진행 방식도 마찬가지입니다. 회고에서 새로운 것을 시도하고 그 결과 실패하더라도 큰 상처가 되지는 않습니다. 오히려 팀은 성장의 기회를 얻을 수 있습니다.

만약 어떤 일에 실패하더라도 '잘 된 것이 아무것도 없다, 좋은 점이 전혀 없었다'는 실패는 거의 없습니다. 얻어진 결과 중 잘된 부분을 취합하여 그것을 더 확장해 나갑시다. 혹시라도 잘 안 되는 일이 생기더라도 다시 시작하면 괜찮습니다. 실패에서 얻을 수 있는 것은 많습니다.

◆ 문제의 핵심을 해결하자

실패한 부분을 해결하려면 문제의 핵심(근본)을 해결해야 합니다. 이를 위해서는 실패한 요인을 검토할 필요가 있습니다[*4]. '왜 실패했는지'를 사람, 관계, 프로세스, 도구 등 다양한 관점에서 살펴봐야 합니다. 그러면 여러 요인들이 계층 구조로 연결되고 문제 원인이 보입니다. 서로 다른 문제들을 연결하다 보면 하나의 동일한 원인에 연결돼 있는 경우도 있습니다.

(*4) 요인의 검토는 8장 '회고의 기법 알아보기'의 '09 5Whys' p.221에 자세히 설명되어 있습니다.

해결해야 할 것은 그렇게 해서 드러난 문제의 핵심입니다. 하지만 핵심에 가까워질수록 문제 해결이 쉽지 않고 많은 노력이 필요합니다. 문제의 핵심을 해결할 때에도 한 단계씩, 조금씩 문제를 세분화하여 접근해 나가야 합니다.

경험학습 사이클

회고는 경험을 성장으로 이어지게 합니다. 데이비드 A. 콜브(David A. Kolb)는 이 경험과 성장의 주기를 하나의 모델로 제시했는데, 이를 '경험학습 사이클'이라고 합니다*. 경험학습 사이클은 구체적 경험 → 내부적 성찰 → 추상적 개념화 → 적극적 실천의 네 가지를 순환적으로 반복하는 사이클입니다. 회고의 배경이 되는 이 모델을 이해하면 회고에 대한 이해도 깊어질 수 있습니다.

'구체적 경험'은 자신이 얻은 경험입니다. 자신의 의지로 행한 일, 그로 인해 발생한 결과, 혹은 주변의 환경에 의해 수동적으로 발생한 사건이 구체적 경험에 해당합니다.

'내부적 성찰'은 무엇을 의도하고 어떤 일을 했고, 그로 인해 어떤 결과(구체적인 경험)가 나왔는지를 기억하여 회고하는 것입니다.

'추상적 개념화'는 회고의 결과와 지금까지의 경험이 섞여 한 단계 추상화된 '경험칙'이 생깁니다. 경험칙이란 '이럴 때는 이런 경향이 있을 것 같다', '이런 이유와 이론으로 이렇게 된다' 등 자신이 경험에서 발견한 법칙을 말합니다.

'적극적 실천'에서는 개념화가 진전되어 다음 행동 지침이나 행동('다음에는 이렇게 하면 잘 될지도 모른다', '다음엔 이렇게 해보자' 등)을 결정합니다. 그리고 그 행동을 실천하여 다음의 구체적인 경험으로 이어집니다.

2장에서 소개한 회고의 진행 방식도 이 경험학습 사이클에 따라 단계를 밟습니다. 회고와 행동을 실행하고 행동의 실행 결과를 다시 회고하는 활동을 반복하면 팀의 성장은 점점 더 가속화될 것입니다. 팀이 얻은 경험을 120% 활용하여 앞으로 나아갑시다.

(*) David A. Kolb & Kay Peterson. (2017). How You Learn Is How You Live: Using Nine Ways of Learning to Transform Your Life. Berrett-Koehler Publishers

03장

회고를 시작하기까지

안녕하세요
새로운 팀에서 일을 시작합니다
뭔가 순조롭지 않은 것 같네요
잠깐 멈춰봅시다
팀으로 이야기해 봅시다
소통과 협업을 다시 생각해 봅시다
회고를 되돌아봅시다
조금씩 바꿔 나갑시다

안녕하세요

이제부터 새로운 일이 시작됩니다. 우선 상황을 정리해 보겠습니다.

'지금부터 어떤 식으로 진행할까요?'

제 이름은 '리카'입니다. 이번에 제품 개발을 하는 팀에 중간에 합류하게 되어…… 중간에 들어왔다고 해도 그 팀은 한 달 전에 시작했다고 하니 아직은 신생팀이라고 할 수 있습니다. 부장님이 채팅으로 보내준 계획서를 보니 '애자일 개발을 도입한다'고 적혀 있었습니다. 현재 팀 구성도를 보면 5명의 팀원에 제가 들어가면 6명이 되는 것 같습니다. 부장님은 '팀이 아직 잘 안 돌아가는 것 같으니 어떻게든 좀 도와달라'고 하셨습니다. 제가 할 수 있는 일이 있을까요?

리카 씨

입사 5년 차 엔지니어. 현재 27세. B2B 시스템 개발 경험을 쌓으며 엔지니어로서의 경력을 쌓아왔다. 팀 전체 프로세스를 재검토하거나 팀을 활성화하는 등 여러 활동에도 관여했다. 다른 사람을 지원하거나 주변을 위해 무언가 하는 것을 좋아하고 잘할 수 있다는 것을 자각하고 있다. 리더 경험도 있고 주변에서 다른 사람들을 잘 챙긴다는 말을 많이 듣는다. 주변을 너무 신경 쓰다 보면 자신의 일을 소홀히 할 때도 있다.

여기서 이번 일의 경위를 설명해 볼게요. 저는 입사 후 지금까지 5개의 프로젝트를 담당했습니다. 모두 쉽지 않은 일이었지만, 돌이켜보면 모두 즐거웠고 좋은 팀원들과 함께 일할 수 있었던 것 같습니다.

어떤 프로젝트에서는 한동안 제품에 문제가 많이 발생해 매일 밤 늦게까지 일하며 막차를 타고 퇴근하는 생활을 한 적도 있었죠. 설계가 꼼꼼하게 검토되지 않은 부분 때문에 테스트 과정에서 버그가 빈번하게 발생했고, 버그를 고치더라도 그 영향 범위가 넓었습니다. 근본적인 구성의 재검토도 필요했고 정말 힘들었어요. 결국은 무사히 릴리스할 수 있었고 고객의 기뻐하는 얼굴을 보니 정말 다행이라는 생각도 들었습니다. 문제가 많을 때는 다들 피곤한 눈빛을 하고 있었죠.

그래서 현상을 바꾸기 위해 제품 전체의 병목현상을 찾아내어 모두 함께 논의했어요. 매일 조금씩 카이젠을 하다 보니 조금씩 문제가 해결되고 팀원들의 얼굴도 점점 밝아졌죠. 그때는 리더가 활동을 진두지휘하고 있었기 때문에 저는 이를 위해 준비하거나 계획을 함께 세우면서 팀을 지원하는 활동을 했던 것 같아요. 그때의 경험을 통해 저는 팀을 지원하는 일이 저에게 맞는 것 같다는 생각이 들었어요. 그래서 의식적으로 팀을 지원하려고 노력했습니다.

최근 업무에서는 리더도 경험해 봤어요. 계획을 세우고 팀원들을 모으고 관리한다는 게 참 힘들었네요. 계획서 작성부터 요구사항 정의, 설계, 개발, 테스트, 릴리스, 운영까지. 많은 것을 생각해야 해서 처음에는 정신이 없었어요. 그 팀에서도 우여곡절이 있었습니다. 힘든 일도 있으면 즐거운 일도 있고, 순탄하게 진행된 것은 아니었지만 그때의 경험은 분명 앞으로 잘 활용할 수 있을 거라 믿습니다.

이때 팀 만들기의 일환으로 매주 30분씩 스터디를 하면서 '애자일 개발'을 처음 알게 되었어요. 개발을 하는 동안에는 '애자일 개발'의 개념이나 프랙티스가 생소해서 잘 받아들이지 못했습니다. 하지만 제품을 출시하고 나서 '회고'라는 프랙티스를 도입해 볼 수 있는 기회가 있어서 좋았어요. 처음 해보는 '회고'였지만 '다음에는 이렇게 해볼까', '운영에서는 이렇게 할 수도 있겠구나'라는 행동도 많이 나왔고 '앞으로도 열심히 해보자'는 마음이 생겼기 때문입니다. 릴리스 후 운영 단계에 접어들면서 행동을 실행하고 카이젠하면서 팀원들의 움직임도 조금씩 좋아졌어요.

그로부터 3개월 정도 지났을 때, 부장님에게 불려가서 이런 이야기를 나눴습니다.

부장님이
부르셨다는데
무슨 일이 생겼나?

실례합니다.

어, 왔구나!

제품도 순조롭고,
팀도 안정되고,
좋은 느낌이네.

에헤헤

감사합니다.
다들 열심히 해준
덕분입니다.

거기에 제가…
투입된다는 뜻인가요?
오오
눈치가
빨라서 좋네.

예전에
애자일 스터디를
개최한 적이
있잖아?
네.
그래서 도움을
부탁하려고 해.

도움이라고 하면…
뭘 하면 되죠?

그게 말이야,
그 팀이 좀
순조롭지 못해서
리카 씨는
팀 재건에
능숙하잖아?
그래서 그 팀을
도와줄 수 있을까?

새로운 팀으로
2주 후에
합류하는 걸로 하고…
지금의 팀에는
인수인계를 부탁해…
팀장한테는
내가 잘 말해 놓을게…
알겠습니다.

라고 말했지만…
구체적으로
뭘 어떻게 해야 할까?

'알겠습니다, 열심히 해보겠습니다.' 그렇게 말하고 부장님과의 미팅은 끝났습니다. 그 후 저는 지금의 팀에 인계인수를 하면서 새로운 팀에 들어가기 위한 준비를 시작하게 되었죠. 제가 맡았던 팀은 운영 단계에 접어들었고, 고객의 요청도 어느 정도 안정화되는 시기였기 때문에 인수인계가 순조롭게 진행된 것은 다행이었어요….

부장님이 '새로운 팀이 순조롭지 못하다'고 했는데 과연 어떤 의미일까요. 그리고 어떤 식으로 접근하면 좋을까요. 우선 애자일 개발을 제대로 공부해야겠습니다. 아, 사무실에 애자일 개발 입문서가 있었을 텐데. 무엇부터 시작하면 좋을까요? 어쩌면 예전에 했던 '회고'를 활용할 수 있을지도 모르겠네요. 지난번에는 제품 릴리스 후에 해봤는데, 애자일 개발에서는 회고를 반복적으로 한다고 스터디에서 들었던 기억이 났습니다. 얼마 전에 구입한 '애자일 팀을 만드는 회고 가이드북'이라는 책도 사용할 수 있을 것 같네요. 이 책을 읽으면서 좀 공부해 봐야겠습니다.

새로운 팀에서 일을 시작합니다

리카는 새로운 팀의 리더를 만나러 갑니다. 앞으로 어떤 일을 하게 될까요?

사내에서도 최초의
애자일 개발 프로젝트여서
조금씩 공부하면서 진행 중인데,
좀처럼 잘 안 되네요…

애자일 개발 경험자가 없으니
책을 읽으면서 따라해 보려고 하는데,
방법도 어설프게 익혀서
잘하고 있는지 모르겠더라고요.
그렇군요…

리카 씨는 애자일 개발 스터디에도
참가했다는 이야기를 들었는데,
혹시 잘 알지 않을까 싶어서요.
팀 운영에 대해서도
함께 고민해 주면
좋겠어요.

그렇군요…

애자일 개발은
실제로 해본 적은 없지만
열심히 해볼게요!
에리도 함께
협력해 주면 좋겠어.
물론이죠!

우리 팀은 사내용 제품을
맡는데, 릴리스까지는 아직
시간이 많아요.
시작
현재
6개월
릴리스

하지만 그렇다고 여유롭게
기다릴 수는 없으니
빨리 팀이 톱니바퀴처럼
잘 맞물려 움직이도록
하고 싶어요.

리카 씨에게는
'스크럼 마스터'의 역할을
맡기고 싶습니다.
PO
Dev Dev
여기
Dev Dev
팀에서 스크럼을 해보자는
이야기가 나왔지만,
아직 스크럼 마스터가
없어서…

팀원들을 관찰하고
도와주는
역할이었나요…?

맞아요.
리카 씨가 그런 걸 좋아한다고
부장님한테도 들었는데,
다양한 조언을 해주면
좋겠어요.

그렇게 저는 새로운 팀에 들어가게 되었습니다. 앞으로 어떤 일들이 기다리고 있을까요? 기대와 걱정으로 가슴이 두근거립니다.

| 등장인물 소개

리카 씨

스크럼 마스터를 맡게 됐다. 하지만 애자일 개발도 스크럼도 경험해 보지 않은 신참 스크럼 마스터!

에리 씨

27세. 중도 입사자. 학창 시절부터 프로그래밍이 취미로, 기술력이 뛰어나다는 평을 받고 있다. 외부 스터디 모임에 자주 참석해 정보를 수집하고 있다. 리카 씨와는 입사 전부터 외부 스터디 모임에서 알고 지내는 사이. 리카 씨가 곤란한 일이 있을 때 상담역.

리더

31세. 중도 입사자. 팀 리더이자 프로덕트 오너. 팀의 계획과 요구사항 정의 등 이해관계자와 관련된 부분을 도맡아 하고 있다. 팀을 이끌어 주는 형님 같은 존재. 하지만 업무가 많아 팀과 함께 할 수 있는 시간은 한정돼 있다.

의문 씨

25세. 입사 3년 차. 신중한 성격으로 무슨 일을 하든 의심이 많다. 그런 성격 때문에 테스트 공정에서 각광을 받고 있고, 다른 사람이 발견하지 못한 버그를 찾아내기도 한다. 입버릇은 '의문입니다'이다.

베테랑 씨

45세의 베테랑 엔지니어. 누구에게나 친절하게 대해준다. 파트너사에서 기술 파견으로 와서 파트너사 관리도 겸하고 있기 때문에 때에 따라서는 다른 개발 거점에 있어 연락이 어려운 경우도 있다.

히카리 씨

38세. 베테랑 씨와 같은 파트너사의 UI 디자이너. 팀과 다른 거점에서 근무하고 있다. 기본적으로 온라인으로 소통하며, 일주일에 한 번씩은 사무실에 방문한다. 새로운 것을 좋아해 다양한 스터디 모임에 참석하고 있다.

스크럼, 프로덕트 오너, 스크럼 마스터란?

스크럼은 애자일 소프트웨어 개발 진행 방식 중 하나입니다. 고정된 기간으로 구분된 스프린트라는 기간을 반복하면서 제품 개발을 진행합니다. 프로덕트 오너, 스크럼 마스터는 스크럼 안에서 정의된 역할입니다.

프로덕트 오너는 어떤 제품을 만들 것인지, 어떤 순서로 만들 것인지에 대한 책임을 지고, 제품의 가치를 극대화하기 위해 최선을 다합니다.

스크럼 마스터는 스크럼을 촉진하고 지원하는 책임을 가집니다. 티칭 · 코칭 · 진행과 같은 기술을 적절히 활용하면서 스크럼 팀이 만들어 내는 가치를 극대화합니다.

이 책에서는 이러한 용어를 모르는 분 혹은 애자일 개발이나 스크럼을 모르는 분들도 읽을 수 있도록 구성했으니 안심하셔도 됩니다. 애자일 개발이나 스크럼을 더 알고 싶다면 《출근했더니 스크럼 마스터가 된 건에 대하여》를 읽어보시길 권장합니다. 이 책을 읽으면 이해가 더 깊어질 것입니다. 이 책의 만화에서 리카 씨는 '스크럼 마스터라는 팀을 더 좋게 만들기 위한 활동을 하는 역할을 맡았다'고 이해해 주시면 됩니다.

뭔가 순조롭지 않은 것 같네요

팀을 보고 있자니 왠지 먹구름이 드리워진 것 같습니다.

리더님, 상담 요청하고
싶은 것이 있는데요.
10분 정도 괜찮으세요?

미안! 지금부터
계속 회의라…
채팅으로
보내줄래요?

아~! 가버리셨다.

이 작업 끝나면
어떤 걸 해야 되나?

시무룩

리더나 베테랑 씨가
없으면 팀이
안 돌아가네…

작업을 지휘하는 건
그들이지만 두 사람 다 바빠서
좀처럼 만날 수 없으니…

팀이 잘 돌아가기
위해서 필요한 건
무엇일까?

그래서…
상담 내용은 뭐야?
사실 팀 상황을
좀 더
알고 싶어.
지금까지 어떤 식으로
일을 해왔는지…
상황?
그렇구나.
'애자일 개발이 뭐지?'부터
시작해서 어떻게 움직여야
할지도 모르는 상황이야.
사실 애자일 개발은
우리 팀 모두 처음이야.
일단은 리더와 베테랑 씨가
작업을 배분하고 나서야
움직이기 시작하지.
그랬구나
애자일에도 여러 가지
방법이 있잖아?
그래서 일반적인 스크럼을
조금씩 시작해
보려고 해.
그래서 아직 손도 안 댄
이벤트도 있어.
아… 맞다!

'회고'라든지
말이죠!

아하,
그런 뜻이었군요.

에리 씨, 우리 팀이 함께
잘 성장할 수 있도록
도와줄 거죠?
네?

막 새로 들어온 저만으로는
잘 안 될지도 모르니까,
에리 씨한테도
부탁하고 싶어서…
좋아요! 맡겨주세요!

이렇게 결정하고 나니
왠지 모르게
설레기 시작하네요!
정말 고마워요!
먼저 해야 할 일은…

잠깐 멈춰봅시다

에리 씨의 도움을 받아 팀의 상황을 파악할 수 있게 되었습니다. 여기서부터 어떻게 바꾸면 좋을까요?

회고 말인데요…

방식을 바꿔서
다시 한번
해 보는 것은
어떨까요?
지난 1주일 동안 팀이
잘 안 돌아가는 것 같은 느낌을
받았어요. 잠깐 멈춰서
함께 이야기해 보면 어떨까요?

저도 동감이예요.
리카 씨도
새로 들어왔으니
복습도 겸해서!

하지만 지금까지의 방식으로는
힘들 것 같은데…

그것도 조금씩
개선했으면 좋겠어요.
저도 공부하면서
앞으로 나아갈
생각이예요.

리카 씨도 합류한 지금이
팀을 바꿀 수 있는
기회라고 생각합니다.

회고를 통해 지금보다 더 좋은 팀을 향해
나갑시다!

그래요. 원래 그런 생각으로
시간을 확보해 두었으니까요.
오랜만에 회고를
진행해 볼까요?
네!

다들 어때요?
네, 좋아요…

◆ 우선 멈추는 것부터 시작하자

방금 만화에서 본 팀의 상황이 1장에서 설명한 '멈춰야 할 때'입니다. 팀의 현재 상태를 바꾸기 위해서는 먼저 회고부터 시작해 봅시다.

회고는 변화를 일으킬 계기입니다.

회고는 팀의 상황을 극적으로 개선할 수 있는 활동은 아닙니다. 그런 특효약은 존재하지 않습니다. 팀이 변화하기 위해서는 시간이 필요합니다. 그 시간을 회고를 통해 의미 있고 전략적으로 활용할 수 있다면, 팀의 변화 속도를 가속화할 수 있습니다.

회고가 팀의 습관으로 자리 잡으면 팀의 상황은 조금씩 좋아집니다. 이는 애자일 개발이나 스크럼을 도입한 팀에만 해당되는 이야기가 아닙니다. 모든 팀에 공통적으로 적용되는 이야기입니다.

◆ 회고는 작게 시작하자

회고를 시작할 때 '회고가 모든 문제를 해결해 줄 것'이라는 과도한 기대를 갖기 쉽습니다. 회고를 통해 문제를 파악하고 다음 행동을 함께 고민할 수는 있지만, 행동을 실행하고 문제를 해결하는 것은 어디까지나 팀원들 스스로의 노력입니다.

처음에는 기대치를 너무 높이지 않는 것이 좋겠군요.

회고도 처음부터 잘 할 수 있는 것은 아닙니다. 생각처럼 되지 않고 효과가 없다고 느끼는 경우가 더 많을 것입니다. 과도한 기대감을 가지고 회고를 시작하면, 이상과 현실의 큰 차이를 느껴서 '회고는 가치가 없다'라고 느끼기 쉽습니다. '처음에는 잘 안 될 수도 있지만 함께 해보자'라는 마음으로 시작합시다.

◆ 주변 사람들을 조금씩 불러오자

팀에 변화를 일으킬 때, 리카 씨처럼 주변 사람들을 한 명이라도 끌어들이면 훨씬 더 쉽게 진행할 수 있습니다. 회고에 조금이라도 관심을 가지는 사람을 끌어들여 팀을 조금씩 변화시켜 나갑시다[*1]. 만약 혼자 시작해야 하는 상황이라면 회고를 하는 목적과 팀을 변화시키기 위해 회고를 시작하고자 하는 마음을 자신의 말로 전달합시다. 모두가 움직이지 않을 수도 있지만 작게 시작하는 것은 할 수 있을 것입니다.

그럼 지금부터 리카 씨의 팀이 회고를 시작해 나가는 모습을 살펴봅시다.

(*1) 회고를 조직 전체로 확산하고 싶을 때도 같은 사고방식을 적용할 수 있습니다. 14장 '회고를 조직에 확산시키기 위해' p.343 에서 자세히 설명합니다.

팀으로 이야기해 봅시다

모두 함께 회고를 하기로 했습니다. 회고는 어떤 것부터 시작하면 좋을까요?

먼저 팀 상황을
모두 공유해 보는 건 어떨까요?
저도 아직 팀원들이 무엇을 하고 있는지
전체적인 부분이 보이지 않고,
다들 무슨 생각을 하고 있는지
알고도 싶습니다.
이번 한 주 동안 다들 무엇을 했는지,
어떤 생각을 했는지 공유하는
것만으로도 충분히 의미 있는
일이라고 생각해요.
물론 회고의 방식도
조금씩 개선해 나가고 싶어요!
분명 팀에 맞는 방식이
있을 테니까요.
끄덕
끄덕
그럼 그렇게 해봅시다.
리카 씨에게 진행을
부탁해도 될까요?
네, 저도 책으로 배운 지 얼
마 안 돼서 아직 익숙하지 못한
부분이 많지만, 다들 협조해 주시면
감사하겠습니다.

우선 이번 주에는 팀이
어떤 일을 해왔는지
모두 스티커 메모에 적어
공유해 봅시다!
날짜는 대충 맞으면 되니까
기억나는 대로 붙여주세요.
월요일
금요일(오늘)
네!

어떤 식으로 쓰면
좋을까요?
○○이 있어서
기뻤다.
이런 식으로 사건과 감정을
함께 써주세요.

그럼 함께 공유해 봅시다.
스티커 메모를
서로 읽고
대화해 봅시다.

그렇구나. 저도 혼자서
마음대로 진행하지 말고
에리 씨에게 물어봤더라면
좋았을 텐데…

◆ 회고로 팀의 활동을 되돌아보자

팀으로 함께 활동하더라도 분업화되어 있거나 온라인 환경에서 따로따로 활동할 경우, 다른 팀원들이 '어떤 일을 하고 있는지', '어떤 부분에 문제가 있는지', '어떤 부분을 걱정하고 있는지'는 잘 보이지 않습니다. 그런 '보이지 않는' 부분이 있기 때문에 팀 활동에서 잘 안 돌아가는 부분이 발생합니다. 이를 팀원들에게 깨닫게 해주는 것이 바로 회고입니다. 회고의 시간을 마련하여 팀의 활동 내용을 공유하는 것부터 시작해 봅시다.

팀의 현황을 이야기해 보면 좋을 것 같네요.

팀이 막 결성됐을 때나 뭔가 잘 안 돌아간다는 생각이 들 때는 팀 내 신뢰 관계가 아직 충분히 형성되지 않았기 때문일지도 모릅니다. 혹시 문제를 공유하면 화를 낼까봐 위축되거나 자신의 업무 상황이나 생각을 전달하는 것이 가치 없는 일이라고 생각하지는 않았는지요?

이럴 때일수록 조금씩 신뢰 관계를 쌓아가는 것이 중요합니다.

- 지금 어떤 일을 하고 있는지
- 어떤 상황인지
- 어떤 생각을 하고 있는지
- 지금 어떤 부분에 어려움을 겪고 있는지

위의 예처럼 팀의 현재 상황을 이야기할 수 있는 부분부터 이야기해 보세요. 서로의 상황과 생각을 털어놓다 보면 팀원이나 팀의 현 상황이 조금씩 드러나게 됩니다. 상대를 알 수 있고 나를 알 수 있다면 '보이지 않는 것'에 대한 불안감은 줄어들 것입니다. 그리고 서로 협력할 수 있는 관계로 발전하면서 상대에게 '보여주려고 하는 것'의 가치를 깨닫게 됩니다.

팀원들과 팀의 현황을 공유하고 분석하다 보면, 팀 내에서 서로 도와줄 수 있는 부분이 무엇인지 자연스럽게 이야기하게 됩니다. 자신의 일에만 집중하는 방식에서 팀 전체의 일과 가치 창출에 집중하는 방식으로 변화해 갑니다. 자신의 시점에서 팀의 시점으로 바뀌는 것이죠.

이러한 변화를 거치면서 회고 이외의 공간에서도 자연스럽게 소통과 협업이 늘어나게 됩니다. 그 첫걸음으로 먼저 팀의 현황에 대해 이야기해 봅시다.

서로의 일과 생각을 공유하면 좋겠군요.

한 사람 한 사람이 어떤 활동을 했고, 그 결과 어떤 일이 일어났는지, 그때 어떤 생각을 했는지 공유해 봅시다. '나는 기뻤다', '이것은 힘들었다'와 같은 감정을 함께 공유하는 것도 효과적입니다(*2). 자신과 타인의 감정을 계기로 팀에게 중요한 사건을 떠올릴 수 있는 계기가 될 수 있습니다.

팀의 활동을 서로 공유하다 보면 자연스럽게 문제도 공유하게 됩니다. 단, 주의해야 할 점이 있습니다. 누군가를 비난해서는 안 됩니다. 문제 요인을 파헤치는 것은 문제 해결에 도움이 되지만, 문제의 책임을 추궁하고 비난하는 것은 피해야 합니다. 자기 방어의 스위치가 켜져 팀원들의 의견을 받아들이기 어려워지고, 그런 상태에서는 새로운 아이디어가 나오기 힘들어집니다.

또한 문제 해결을 혼자만의 과제로 만들어서는 안 됩니다. '누군가 한 사람이 할 수 있다'가 아니라 '팀 전체가 어떻게 하면 더 잘할 수 있을까'라는 방향으로 생각해 봅시다. 회고가 익숙하지 않은 초기에는 구체적인 행동으로까지 이어지지 않더라도 괜찮습니다. 사건과 감정을 공유하면서 '어떻게 하면 좋을까?'라고 팀원들과 함께

(*2) 부정적인 감정을 전달하거나 끌어내는 데는 요령이 있습니다. 6장 '회고의 마음가짐' p.157에 자세히 설명되어 있습니다.

생각하게 되면 자연스럽게 다음 행동이 유발됩니다.

화이트보드를 잘 활용하면 좋겠네요.

리카 씨처럼 팀의 활동 내용이나 의견, 감정을 스티커 메모에 적어 시간순으로 붙여보는 것도 좋습니다. 먼저 혼자 작업할 시간을 마련해 스티커 메모에 적은 다음, 모두 화이트보드에 붙이면서 공유하면 좋습니다. 적극적으로 발언하는 것을 어려워하는 사람에게 갑자기 구두로 의견을 발표하라고 하면, 발언을 피하게 됩니다. 이럴 때일수록 먼저 혼자서 천천히 생각할 수 있는 시간을 확보한 후, 모두 함께 의견을 나누도록 합시다.

만약 온라인 환경에서 회고에 참가하는 팀원이 있다면, 화이트보드 도구와 화상회의 도구[*3]를 사용하면 편리합니다. 모두 화이트보드 도구에 스티커 메모를 붙이면서 화상회의 도구로 대화하면서 진행하면 좋습니다.

화이트보드에 붙인 의견을 공유할 때는 스티커 메모에 적힌 내용만 공유하는 것이 아니라 팀원들끼리 서로 의견을 주고받으며 공유해 보세요. 공유를 하다 보면 스티커 메모에 적힌 내용보다 더 많은 정보가 나옵니다. 그 정보를 화이트보드나 스티커 메모에 순차적으로 기록해 나갑니다.

(*3) 온라인에서의 회고에 관한 도구는 5장 '온라인에서 회고를 진행하기 위해' p.147 에서 자세히 설명되어 있습니다.

소통과 협업을 다시 생각해 봅시다

팀의 상황은 공유되었습니다. 다음에는 어떤 부분을 논의하면 좋을까요?

팀의 소통 방법을
자세히 알아볼까요?

잘 된 부분, 잘 안 된 부분을
각각 스티커 메모에
써 봅시다.

네

리카 씨가 합류하고
나서부터 문제를
알아챘다

내 조작을
내 생각만으로
진행했다

베테랑 씨와
깊게 논의하는 게
오래간만이다

업무를 받을 때
정보가 부족하다

연락이 안 될
때 어떻게
해야 할까요

여러 가지가 나왔네요.

모두 함께 공유합시다!

연락이 안 될
때 어떻게
해야 할까요
이건 누군가 곤란한 상황이라는 걸
바로 알아챈다면 좋을 텐데요?

작업 보드에 스티커
메모를 붙여 놓는 건
어때요?
좋아요!

벌써 시간이
다 되어 버렸네요!

오늘의 내용은
사진으로
남겨두겠습니다.
하루에 한 번씩만 되돌아봐도
변화가 일어날 거예요.

아침 회의마다
다시 한번 살펴볼까요?
좋습니다!

◆ 팀 현황을 분석하자

팀 초기에 발생하는 문제는 보통 팀의 소통과 협업이 잘 이루어지지 않는 것이 원인입니다. 먼저 다음을 생각해 봅시다.

- 팀원들끼리 어떻게 소통하고 있는지
- 팀의 소통 방식을 어떻게 바꾸면 좋을지
- 어떻게 하면 팀 내에서 더 많은 협업을 할 수 있을지

정보 공유뿐만 아니라 팀의 소통에 대해서도 이야기해 보면 좋을 것 같네요.

팀원들끼리 진행 상황, 업무, 애로 사항 등의 정보를 어떻게 공유하고 있는지 이야기해 봅시다. 또한 잡담이나 업무 중 대화 등 소통 전반에 대해서도 살펴봅니다. 그 중 좋은 행동과 나쁜 행동이 무엇인지, 왜 그것이 팀에 좋은 영향과 나쁜 영향을 미쳤는지, 그리고 더 나은 방향으로 발전시키기 위해 무엇을 할 수 있는지에 대해 검토합시다.

협업에 대해서도 논의합니다. 어디서 누구와 협력 · 협조 · 연계하여 일을 진행했는지, 어떤 방식으로 협업을 진행하면 팀에 도움이 될지. 이런 관점으로 논의하면서 앞으로 어떻게 할 것인지 검토해 봅시다.

처음에는 행동까지 만들지 못해도 괜찮다는 거군요.

어떤 카이젠을 할 것인지 구체적인 '행동'을 만들고 실행으로 옮길 수 있다면, 분명히 팀은 변화할 것입니다. 다만 회고에 익숙하지 않은 상태에서는 거기까지 도달하지 못할 수도 있습니다. 우선은 팀원들끼리 서로 정보를 공개하고 공유하는 것만

으로도 충분합니다. 서로의 상황을 파악하고 '어떻게 바꾸면 좋을지' 방침이 대략적이라도 보이면 '바꿔 보자'는 분위기가 조성되고 행동이 일어나기 쉬워집니다.

팀원 모두가 소통과 협업을 재점검하다 보면, 팀원 한 명 한 명이 다른 구성원과의 소통과 협업을 의식적으로 하게 됩니다. 그러다 보면 조금씩 팀의 문제점이 회고가 아닌 자리에서도 공유되기 시작하면서 자연스럽게 문제가 해결될 수 있게 됩니다.

결과를 수정할 수 있도록 해 두면 좋겠군요.

회고에서 공유한 정보나 작성한 아이디어를 화이트보드에 그대로 붙여서 언제든 수정할 수 있도록 해 둡시다. 행동을 스티커 메모로 작성하여 팀의 작업 보드에 붙여서 모두가 실행할 수 있도록 하는 것이 바람직하지만, 행동까지 이야기가 진행되지 않았다면 언제든 회고의 내용을 수정할 수 있는 상태로 만들어서 수정할 타이밍을 정합시다. 수정 타이밍은 팀 정기회의(스크럼의 경우 데일리 스크럼의 타이밍), 출근 직후 등입니다. 행동이 바로 눈에 보이도록 해두면 자연스럽게 팀의 행동에 변화가 일어나기 시작합니다.

회고를 되돌아봅시다

회고를 통해 서로의 마음을 전달했습니다. 마지막으로 회고의 방법도 카이젠해 나갑니다.

'내 문제는 내가 해결해야 한다'고 생각했는데, 이 회고는 이상한 압박감이 없어서 좋았어요.
좀 더 즐거운 이야기를 할 수 있으면 좋겠네요!

다음에는 '무엇을 카이젠할 것인가'를 제대로 제출하고 싶어요.
그 부분은 다음 주에도 회고를 해 봅시다!
모두 정리하고 해산합시다!

회고 자체도 카이젠하자

회고는 '팀 활동을 카이젠하는 자리'이지만 '회고 자체'도 제대로 카이젠해야 합니다. 회고를 카이젠하면 더욱 효과적인 회고를 할 수 있습니다.

회고의 진행 방식과 주제, 이야기한 내용, 소통과 협업이 어떻게 이루어졌는지 이야기한 후 다음 회고에 활용해 봅시다.

잠깐만이라도 '회고의 되돌아보기'를 실행하면 좋아요.

회고의 마지막 3~5분 동안 '이번 회고의 소감'을 서로 이야기하는 것만으로도 회고를 카이젠할 수 있는 아이디어가 나오고, 다음 회고를 카이젠하는 효과가 있습니다. 만약 회고 시간 내에 이야기하지 못했다면, 채팅 등을 통해 한 마디씩 소감을 나누는 것만으로도 비슷한 효과를 기대할 수 있습니다.

회고도 팀에 맞는 형태로 하면 되겠군요.

'회고의 되돌아보기'를 하다 보면 회고가 조금씩 팀에 익숙해집니다. 처음에는 대화도 어색하고 효과도 잘 보이지 않지만, 회고를 모두 함께 카이젠하는 활동을 반복하다 보면 회고에 대한 참여 의식이 강해져 '팀에 의한, 팀을 위한 활동'으로 바뀌게 됩니다.

조금씩 바꿔 나갑시다

팀원들과 함께 처음으로 회고를 진행한 다음 주. 1주일 동안 어떤 변화가 있었는지 확인해 봅시다.

이번 주에 제가 여러분에게
내용을 잘못 전달해서
프로그래밍이 잘못된 부분도
있었어요.
어떻게 잘 전달할 수
없을까?

전달하는 방식과 받는 방식을
수정하면 되는 걸까?
좀 더 깊게
생각해 볼까요?

여러 가지가 나왔네요.
이 정도면 개선할 수
있을 것 같네요

이번 주에는 한 가지 행동을
정해서 함께 실천해 보는 건
어떨까요?
좋아요!

리더 님의 요구사항은
'저희도 설명하면서 확인'하는 것이
좋을 것 같아요.
그렇네요.
그거라면 바로 할 수
있겠네요.

아, 저도 말하고
싶은 게 있는데
괜찮을까요?
Wiki
정보의 배치 장소를
정리하고 싶어요.
요즘은 어수선하고
복잡해서요.
그렇네요.
이것저것
섞여 있네요…
그럼, 정보의
관리 정책을
생각해 봅시다!
좋아요!
시끌벅적
시끌벅적
그럼
결정하겠습니다!
행동은
이 두 가지입니다.
• 요건을 우리들이 리더 님
에게 반대로 설명한다.
• 정보의 정리 방법을 수정
한다.
바로 사용하도록
합시다!
좋습니다!

◆ 작은 변화를 함께 확인하자

팀에 어떤 변화가 있었는지 확인해 봅시다. 지난 회고와 이번 회고까지의 차이점을 팀원 개개인의 관점에서 이야기해 보는 것도 좋은 방법입니다.

- 어떤 것이 잘 되었는가
- 어떤 것이 잘못되었는가
- 어떤 것에 도전해 보았는가
- 어떤 것을 알 수 있었는가

어떤 관점이든 상관없이 '변화'를 공유하면 그 변화를 더 크게 만들거나 또 다른 변화를 일으킬 수 있는 계기를 발견할 수 있습니다.

행동하는 것이 중요하군요.

리카 씨의 팀에 변화가 일어난 것은 '행동으로 옮겼기 때문'입니다. 서로의 상황과 생각을 공유하고 '해보자'고 결심하면 바로 실행합니다. 행동한 결과가 좋은 방향이든 예상치 못한 방향이든 변화는 바로 일어날 것입니다.

회고 자리에서 구체적인 행동이 결정되지 않았더라도, '이런 것을 해보고 싶다'는 이야기가 나오면 평상시 대화에서 팀원 모두가 시도해 보도록 권유해 보세요. 행동으로 옮길 수 있는 계기가 될 것입니다.

만약 예상치 못한 방향으로 변화가 일어났다면 변경한 내용을 되돌리면 됩니다. 실패한 원인을 분석하면서, 일어난 변화를 좋은 방향으로 전환하기 위해 무엇을 할 수 있는지 생각해 봅시다. 여기서의 핵심은 작은 행동입니다.

◆ 작은 행동을 하나 정해 보자

팀에서 '더 좋은 방법이 없을지' 논의한 후, 행동으로 옮길 내용을 '행동'으로 하나 정해봅시다. 리카 씨의 팀에서는 '베테랑 씨 한 명이 아닌, 모두가 함께 업무를 진행하자'라는 행동을 결정하고 바로 실행에 옮겼습니다. 이렇게 바로 행동으로 옮길 수 있는 작은 행동을 만듭니다. 그리고 그 행동이 새로운 변화를 만들고 그 변화가 새로운 아이디어를 낳으며 팀의 변화는 더욱 가속화됩니다.

작은 행동들을 쌓아가는 것이 중요하군요.

팀의 프로세스 전체를 바꾸는 큰 행동은 어디서부터 손을 대야 할지 모르거나 심리적 장벽이 높아 '결국 아무것도 할 수 없었고, 아무것도 변하지 않았다'는 일이 발생하기 쉽습니다.

큰 변화를 일으킬 때에도 먼저 작은 첫걸음을 내딛는 것이 중요합니다. 큰 변화를 일으킬 때 작은 행동으로 나누어서 진행하면 작은 변화가 쌓여 궤도 수정도 쉽게 할 수 있습니다. 작은 첫걸음을 내딛을 수 있는 작은 행동을 만들어 보세요. 그렇게 팀원들과 함께 행동을 결정한 후, 그 첫걸음을 회고의 다음 바로 실행에 옮기는 것입니다.

팀원 모두가 함께 변화해 나가는군요.

팀원 중 한 명이 해낸 일을 팀원 전체로 퍼트릴 수 있는 행동, 큰 문제를 해결하기 위한 첫걸음을 내딛는 행동 등 무엇이든 상관없습니다. 무언가에 도전하는 것도 좋습니다.

중요한 것은 '한 사람이 행동을 바꾸는 것'이 아니라 '팀 전체가 행동을 바꾸는 것'입니다. 혼자서 하는 행동은 팀의 일체감이 형성되지 않았을 때처럼 '저 사람이 하는 행동(과제)이니까 나와는 상관없어'라는 생각을 만들어 팀을 더욱 분열로 이끌게 됩니다. '○○ 씨가 XX을 한다'와 같이 누군가 한 사람의 행동을 변화시키는 행동이라도 팀원 모두가 함께 이루고자 하는 의식을 가져야 합니다. 팀원들끼리 서로 도와주면서, 애초에 속인화되어 있는 부분을 없애는 등 팀 전체가 함께 할 수 있는 일들이 많습니다.

◆ 변화와 성장의 실감을 소중히 하자

회고로 인한 팀의 변화는 팀 외부인이 보면 작고 가치 없는 변화로 보일 수도 있습니다. '한 시간 동안 토론하고 나온 결과가 이 정도 행동으로 괜찮을까'라고 불안해하는 사람도 있겠지만 괜찮습니다. 그동안 변화가 적었던 팀에 팀원들이 스스로의 힘으로 변화를 만들어냈다는 것에 자신감을 가지세요. 팀원들이 '변화할 수 있었다', '성장할 수 있었다'는 것을 인정하고 실감하고 자각할 수 있을 때, 그 경험이 새로운 변화의 기폭제가 될 것입니다.

변화를 반복하는군요.

처음에는 작은 변화일지라도 회고를 할 때마다 조금씩 변화를 반복하고 쌓다 보면 그것이 큰 변화로 이어집니다. 어느 순간, 예전의 자신은 상상할 수 없었던 변화와 성장을 느낄 수 있을 것입니다.

회고의 행동은 '할 수 있었다', '할 수 없었다'라는 단기적인 관점에서 바라보기 쉽습니다. 그러나 장기적인 관점에서 보면 행동이라는 한 걸음을 내딛을 수 있었다는 것, 그리고 그 결과를 통해 궤도를 수정할 수 있었다는 것이 결과적으로 큰 변화와 성장의 계기가 되었다는 것을 종종 느낄 수 있습니다.

행동이 실패하더라도 괜찮습니다. '지금까지 바꿀 수 없었던 부분을 우리 손으로 바꿀 수 있었다', '어떤 변화를 일으켰을 때 실패하기 쉬운지 이해할 수 있었다'는 관점에서 바라본다면, 그 행동은 결코 헛되지 않습니다.

'우리는 이 부분이 바뀌었고 다음에는 이 부분을 바꿔보자'라는 식으로 팀원 모두가 동기부여를 하고 차례차례 변화를 일으켜 나갑시다. 그것이 팀을 더 높은 성과로 이끌고 애자일 팀을 만들어 냅니다.

이러한 긍정적인 사고방식은 회고 이외의 다른 자리에서도 팀원들에게 배움과 깨달음의 기회를 제공하여 변화와 성장의 계기를 만들어 줍니다.

회고 말고도 변화할 수 있게 되는군요.

회고의 진정한 가치는 '회고 이외의 부분에서의 변화를 촉진하는 것'에 있습니다. 일주일에 한 번 회고를 하는 팀의 회고가 1시간이라고 가정했을 때, 회고 이외의 시간은 30시간 이상 있습니다. 그 '회고 이외의 시간'의 활동에 회고에서 얻은 변화와 성장에 대한 감각이 활용되는 것입니다. 일상적으로 작은 카이젠과 변화가 유발되어 변화와 성장의 속도가 더욱 빨라질 것입니다.

회고는 팀을 극적으로 변화시키진 않지만, 팀의 변화를 가속화하는 효과가 있습니다. 한 번의 회고 결과에 일희일비하지 말고, 장기적인 관점에서 그리고 혼자가 아닌 팀의 관점에서 조금씩 변화하고 성장해가는 자신의 모습을 즐겨보세요.

04장

회고의 진행 방법

04장 회고의 진행 방법

지금까지 배운 내용을 되짚어보며, 회고의 진행 방식에 대한 이해를 넓혀봅시다.

이 장에서는 팀에서 회고를 진행하기 위한 구체적인 방법을 소개합니다. 팀의 회고는 다음 7단계로 진행됩니다.

단계 ❶ 회고를 사전 준비한다.
단계 ❷ 회고의 시간을 만든다.
단계 ❸ 사건을 떠올린다.
단계 ❹ 아이디어를 낸다.
단계 ❺ 행동을 결정한다.
단계 ❻ 회고를 카이젠한다.
단계 ❼ 행동을 실행한다.

2장에서 회고의 흐름을 간략하게 설명했는데, 여기서는 각 단계를 좀 더 자세히 설명하겠습니다.

단계 ❶ 회고를 사전 준비한다

사전 준비라고 간단히 정리했지만, 이 단계에서 해야 할 일이 제법 많습니다.

- 도구를 준비한다
- 장소를 준비한다
- 목적을 생각한다
- 구성을 생각한다
- 진행자를 결정한다

처음부터 리더나 스크럼 마스터가 혼자서 이 모든 것을 하려고 하면 힘듭니다. 회고를 거듭하면서 조금씩 할 수 있는 일을 늘려나가야 하며, 이 일들은 팀 전체가 함께합니다. 팀원 모두가 한 번씩 경험하다 보면 회고의 준비도 함께 즐겁게 할 수 있게 됩니다.

◆ 도구를 준비한다

회고에서는 도구가 중요한 역할을 합니다. 적절한 도구가 있으면 더 많은 아이디어를 쉽게 이끌어낼 수 있습니다. 따라서 미리 도구를 준비해 두면 원활히 회고를 시작할 수 있습니다. 매번 사용하는 도구는 거의 비슷하기 때문에 도구를 한곳에 모아두면 편리합니다.

회고에는 어떤 도구가 필요한가요?

아래는 회고에 자주 사용하는 도구들입니다. 미리 준비해 둡시다.

❶ 화이트보드, 화이트보드 시트, 모조지 등 큰 캔버스가 될 수 있는 것

이 도구들은 사무실 환경에 맞게 준비해 두면 좋습니다. 모조지를 사용하는 경우에는 모조지 종이를 붙일 수 있는 마스킹 테이프나 자석도 함께 준비합시다.

❷ 스티커 메모

너무 작으면 쓰기 어려우므로 한 면이 75mm 이상인 것을 준비합니다. 접착력이 강한 것을 사용하면 잘 떨어지지 않아 편리합니다. 스티커 메모를 4색으로 준비하면 아이디어를 작성할 때 분류하기 쉽습니다.

❸ 검은색 사인펜

스티커 메모에 아이디어를 적는 데 사용합니다. 볼펜은 선이 가늘어 화이트보드에서 스티커 메모를 볼 때 글씨가 잘 보이지 않을 수 있으므로 굵직한 펜을 준비합니다. 잉크가 잘 안 나오거나 흐려진 경우, 회고 시작 전에 잉크를 보충하거나 펜을 교체하는 것이 좋습니다. 또한 펜은 인원수만큼 준비해 둡시다.

❹ 화이트보드 마커

화이트보드에 글씨를 쓸 때 사용합니다. 검정, 빨강, 파랑 세 가지 색상이 있으면 편리합니다. 모조지의 경우 종이용 굵직한 펜을 준비합니다.

❺ 도트 스티커

문구점이나 다이소 등에서 구입할 수 있습니다. 투표나 자신의 마음을 표현하기 위해 사용합니다.

그림 4-1 회고에 필요한 도구

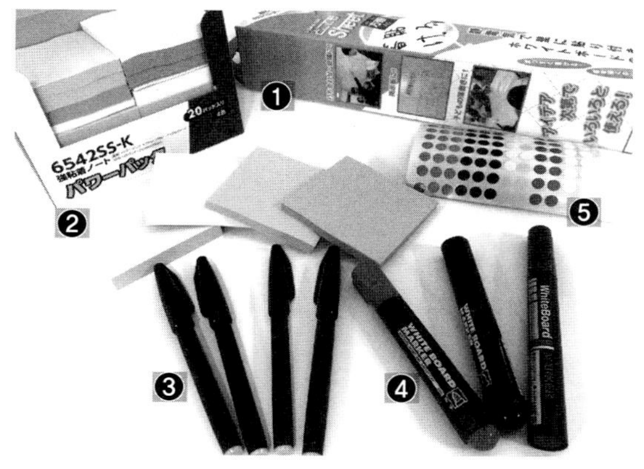

이 밖에도 편리한 도구가 있나요?

회고의 보조 도구로 있으면 유용한 것들을 소개합니다. 필요에 따라 조금씩 구비해 두면 좋을 것 같습니다.

❶ 타이머

회고를 할 때 작업 시간을 구분하기 위해 사용합니다. 휴대폰의 타이머 기능도 좋고, 주방 타이머나 탁상시계도 좋습니다. 모두가 볼 수 있는 곳에 설치하면 시간을 의식할 수 있습니다.

❷ 다양한 종류의 스티커 메모

큰 사이즈의 스티커 메모를 준비하면 아이디어에 라벨을 붙일 때 유용하게 사용할 수 있습니다. 말풍선 등 다양한 도형 스티커나 캐릭터가 그려진 화려한 스티커는 회고를 더욱 즐겁게 해줍니다.

❸ 순서표

손바닥에 쏙 들어가는 크기의 봉제 인형 등을 준비합니다. 가지고 있는 사람이 발언하고, 발언이 끝나면 다음 사람에게 건네는 식으로 사용합니다. 대화가 끊어지기 쉬운 팀에 유용합니다.

❹ 다과

간식을 먹거나 마시면서 회고하는 시간을 가져봅시다. 사람은 음식을 먹거나 마시면 부교감 신경이 우세하게 작용해 긴장을 풀기 쉽습니다. 간식이나 음료를 준비해 편한 상태를 만들면 아이디어가 쉽게 떠오를 수 있습니다.

❺ 음악 재생용 플레이어

음악 또한 긴장을 풀어주는 역할을 합니다. 단, 음악의 종류에 따라서는 회고를 방해할 수도 있으므로 선곡에 주의해야 합니다. 이에 대해서는 '장소를 준비하기'에서 다루겠습니다.

❻ 스티커 메모 용기

스티커 메모나 모조지를 많이 사용하기 때문에 다 쓴 스티커 메모를 담을 수 있는 용기를 준비합니다. 용기에 회고에 사용한 스티커 메모를 모아둡니다. 쌓인 스티커 메모는 회고를 많이 시행해 왔다는 증거입니다. 용기가 가득 차면 모두 함께 축하하는 것도 즐거운 방법입니다.

온라인에서 회고할 때는 어떤 준비를 하면 좋을까요?

요즘은 사무실에서 얼굴을 맞대고 회고를 하는 것뿐만 아니라 온라인으로 회고를 하는 기회도 많아지고 있습니다. 온라인으로 회고를 하는 경우, 화이트보드에 스티커 메모를 주고받는 대신 온라인에서 사용할 수 있는 화이트보드 도구나 공동 편집이 가능한 편집기 등을 준비해 둡니다. 소수의 인원이라면 채팅 도구를 통해 발언하는 형식으로도 가능합니다.

또한 음성을 공유할 수 있는 상태로 유지합니다. 음성 통신을 위한 도구를 사용해 음성 + 시각 두 가지로 회고를 할 수 있도록 합니다.

온라인에서 회고할 때 필요한 도구와 기법은 5장 '온라인에서 회고를 진행하기 위해' p.147에서 자세히 소개하고 있기에 참조해 주세요.

장소를 준비하기

회고를 위한 최적의 공간을 만들어 보세요. 사무실의 한구석, 회의실 등 팀원들이 모두 모일 수 있는 장소를 준비합니다. 회고에서는 많은 양의 스티커 메모를 사용하거나 화이트보드 앞에 모두 모이는 경우가 많으므로 팀원 수보다 조금 더 많은 인원이 들어갈 수 있는 공간을 마련하는 것이 좋습니다. 회사 사정에 따라 확보할 수 있는 공간이 작거나 장비가 없을 수도 있지만, 주어진 공간을 최대한 활용하여 팀이 회고를 진행하기 좋은 환경을 만들어야 합니다.

장소가 확보되면 공간 레이아웃을 짜기 시작합니다.

어떤 레이아웃으로 하면 좋을까요?

다양한 아이디어를 도출하기 위해 '문제 대 우리'의 관점에서 생각하면 긍정적인 아이디어가 나오기 쉽습니다. 팀원 전체가 조금씩 변화를 일으키기 위한 행동은 '사람 대 사람'으로 토론을 한다고 해서 만들어지지 않습니다. '문제 대 우리'라는 의식을 만들기 위해서는 공간 레이아웃이 효과적으로 작용합니다(그림 4-2).

사람과 사람이 마주보고 대화하면, 회고 중에 무의식적으로 '사람 대 사람'의 구도가 물리적으로 만들어집니다. 팀 전체의 토론을 해야 한다는 것을 머릿속에서 생각하고 있지만, 마주보는 레이아웃으로 이야기를 하다 보면 어느 순간 작은 것에도 흥분하게 되고, 어느 한 사람에 대한 지적이 시작될 수 있습니다. 또한 눈이 마주치는 시간이 길어지면 심리적 부담을 느끼는 사람도 있습니다. 특히 직장 내 상하관계나 계약관계와 같은 관계성이 있는 경우, 마주보고 앉으면 위압감을 줄 수 있으니 레이아웃에 주의해야 합니다.

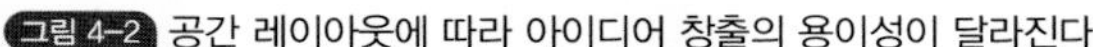

그림 4-2 공간 레이아웃에 따라 아이디어 창출의 용이성이 달라진다

'문제 대 우리'의 상태를 쉽게 만들려면 화이트보드를 중심으로 반원형으로 모여서 대화할 수 있는 레이아웃을 만들어야 합니다. 이 레이아웃에서는 한 사람 한 사람에게 말을 거는 것이 아니라 자연스럽게 모두에게 말을 거는 듯한 분위기를 만들 수 있습니다.

또한 넓은 공간을 활용해 자유롭게 움직이며 대화할 수 있는 레이아웃으로 구성하면 대화가 더욱 활발하게 이루어질 수 있습니다. 모두가 항상 의자에 앉아서 책상이나 벽을 바라보고 회고를 하는 상황에서는 소통이 활발하게 이루어지기 힘듭니다. 모두가 서서 모이면 보다 쌍방향적인 커뮤니케이션이 이루어질 수 있습니다. 다만 회고 시간 내내 서 있는 것도 힘들 수 있으므로, 지치면 앉을 수 있도록 주변에 의자를 준비해 두는 것도 좋습니다. 의자를 참가한 인원수대로 준비하면 한 사람이 앉은 것에 이끌려 모두 앉게 되므로, 인원의 절반 정도만 준비하여 지친 사람이 앉는 스타일로 진행하는 것도 좋습니다.

> 편안하게 휴식을 취하며 회고하고 싶어요.

공간 연출의 일환으로 음악을 틀어놓는 것도 편안한 분위기를 조성하는 데 도움이 됩니다. 적당한 릴랙스는 집중력을 높이고, 무음으로 인한 긴장감을 완화하고, 대화를 쉽게 할 수 있게 하는 등의 효과를 기대할 수 있습니다. 포인트는 은은하게 들리는 정도의 작은 음량으로 재생하는 것과 힐링 음악 등의 가사 없는 음악을 틀어놓는 것입니다. 너무 큰 볼륨은 대화를 방해할 수 있습니다. 또한 가사가 있는 곡이나 누구나 따라 부를 수 있는 유명한 노래라면 음악에 심취해 집중력이 흐트러져 생각에 방해가 될 수 있기 때문에 음악 선택에 주의해야 합니다. 사람에 따라서는 무음일 때 더 집중할 수 있는 사람도 있으니, 음악을 어떻게 이용할지는 팀에 맞게 활용하시기 바랍니다.

회고 초반에 분위기가 경직되어 있을 때는 음악을 틀어주고, 개인별 작업시간에 모두가 집중했다고 느껴지면 볼륨을 낮추거나 음악을 끄는 등의 배려를 하면 팀원들이 보다 쉽게 아이디어를 도출할 수 있는 환경을 만들 수 있습니다. 팀의 상황에 따라 음악의 사용법을 달리하는 것도 좋은 방법입니다.

◆ 목적을 생각한다

이번 회고의 목적을 생각해 봅시다. 팀의 상황과 상태에 따라 '어떤 회고가 팀의 변화와 성장에 도움이 될지'는 달라질 수 있습니다. 매주 회고를 하는 팀이라도 그 목적은 주마다 조금씩 달라질 수 있습니다.

1장에서는 회고의 목적과 단계로 다음 세 가지를 꼽았습니다.

- 멈춰 선다
- 팀의 성장을 가속화한다
- 프로세스를 카이젠한다

이를 좀 더 세분화하면 여러 가지 목적을 생각해 볼 수 있습니다.

대표적인 8가지 목적을 소개합니다.

❶ 팀의 상황과 상태를 공유하고 싶다
❷ 팀의 성공을 지속하고 싶으며, 좋은 점을 발전시키고 싶다
❸ 팀의 실패를 피하고 문제를 해결하고 싶다
❹ 배움과 깨달음을 공유하며 새로운 실험을 진행하고 싶다
❺ 팀의 신뢰감을 높이고 싶다
❻ 평소에는 언급하지 않는 다양한 시점에서 팀을 분석하고 싶다
❼ 팀의 장기적인 변화를 회고하고 싶다
❽ 팀의 미래와 목표상을 그려보고 싶다

상황과 상태에 따라 목적이 달라지는군요.

팀의 그때그때 상황이나 상태에 따라 논의해야 할 내용이 달라질 수 있기 때문에, 회고의 전날~당일에 목적을 정하도록 합니다. 목적은 혼자 고민해도 상관없지만, 가능하면 팀 전체가 함께 결정하는 것이 좋습니다.

회고의 목적을 이해해야 하는군요.

회고에 있어 매우 유명한 기법으로 KPT(케이피티)가 있습니다. 회고에 대해 조사하면 반드시 KPT를 찾을 수 있을 정도로 일본에서는 정착되어 있습니다.

KPT는 'Keep(계속하기)', 'Problem(문제가 되는 것)', 'Try(시도하기)'의 세 가지 질문에 차례로 답하면서 팀의 활동을 카이젠하는 방법으로, 매우 간단하면서도 강력한 기법입니다(*1).

다만 '유명한 기법이라서' 기법의 방식만 모방하고 '기법을 시도하는 것'이 목적이 되어서, 무엇을 위해 회고를 하는 것인지가 보이지 않는 팀들이 있는 것도 사실입니다.

회고에서 중요한 것은 '무엇을 위해 회고를 하는지' 팀원 모두가 이해하고 납득하는 것입니다. 단순히 방법을 따라하는 것만으로는 당장 눈에 보이는 효과가 나타나지 않았을 때 '회고를 했지만 의미가 없었다'고 판단하고 다음부터는 회고를 건너뛰기 쉽습니다. 한 번 건너뛰면 다음에도 건너뛰고, 또 건너뛰고, 그러다 보면 언젠가는 하지 않게 됩니다. 그렇게 되면 다시 원점으로 돌아가게 됩니다. 여러분의 팀이 그렇게 되지 않도록, 만약 회고의 효과를 느끼지 못한다면 회고의 목적에 대해 다시 한번 생각해 보시기 바랍니다(*2).

(*1) KPT는 8장 '회고의 기법 알아보기'의 '11 KPT' p.231에 자세히 설명되어 있습니다.

(*2) 회고의 목적은 1장 '회고란 무엇인가?'의 '회고의 목적과 단계' p.24에 자세히 설명되어 있습니다.

◆ 구성을 생각한다

목적에 따라 효과적인 진행 방법이 다릅니다. 목적에 맞게 회고를 진행하는 방법을 생각해 봅시다. 구성에 관해서는 이 장에서 설명한 7단계 중 실제로 회고를 진행하는 단계 ❷~❻에 따라 결정합니다.

- 단계 ❶ 회고를 사전 준비한다
- 단계 ❷ 회고의 시간을 만든다
- 단계 ❸ 사건을 떠올린다
- 단계 ❹ 아이디어를 낸다
- 단계 ❺ 행동을 결정한다
- 단계 ❻ 회고를 카이젠한다
- 단계 ❼ 행동을 실행한다

이 책에서는 8장에서 단계별로 활용할 수 있는 기법을 소개합니다. 회고의 목적을 달성할 수 있도록 방법을 조합하면서 회고의 구성을 만들어 나갑니다.

구성을 생각한다는 것은 어려울 것 같아요!

이제 막 회고를 시작해서 익숙하지 않고, 팀에 충분한 시간을 할애할 수 없을 때, 혹은 어떻게 구성해야 할지 고민이 될 때는 팀원 모두가 함께 회고의 목적을 정한 후, 한 가지씩 방법을 시도해 보는 것이 좋습니다. 시도해 본 방법 중 팀에 맞는 것을 골라 조금씩 카이젠해 나가면 됩니다. 하나씩 시도하다 보면, 각 방법이 회고의 목적에 어떤 효과를 발휘하는지 알 수 있을 것입니다.

방법은 어떻게 조합할 수 있나요?

단계에 따라 회고의 방법을 조합하여 진행하면 효과적으로 회고를 진행할 수 있습니다. 각 단계에 따라 각 방법을 조합하여 진행해 봅시다.

예를 들어 표 4-1과 같은 구성을 생각할 수 있습니다.

어떤 조합으로 진행하면 좋을지는 8장 '회고의 기법 알아보기'의 '회고 기법의 선택 방법' p.182 과 10장 '회고 기법의 조합' p.297 에 몇 가지 예시를 소개하니 참고하시기 바랍니다. 다양한 조합을 시도하다 보면 목적에 맞게 자유자재로 회고를 진행할 수 있게 됩니다.

표 4-1 단계에 따라 방법을 조합한다

단계	방법 ※각 방법은 8장에서 소개	목적
단계 ❷ 회고의 시간을 만든다	신호등	회고 전의 기분을 듣는다
단계 ❸ 사건을 떠올린다	KPT	팀에서 일어난 일을 공유한다
단계 ❹ 아이디어를 낸다	KPT 도트 투표	좋았던 점, 나빴던 점을 공유하고, 팀으로서 Try를 내고, 좁혀나간다
단계 ❺ 행동을 결정한다	KPT SMART한 목표	Try를 구체적인 행동으로 만들기
단계 ❻ 회고를 카이젠한다	신호등 +/Δ (플러스/델타)	회고 후의 느낌을 물어 본다 회고를 카이젠한다

아, 이 방법은 이런 도구도 필요하구나!

구성을 결정했으면 그 구성에 필요한 도구를 추가로 준비합시다. 각 기법에 필요한 도구는 8장에서 기법별로 소개하고 있습니다. 예를 들어 KPT를 하기로 결정했다면 활동을 기억할 수 있는 틀이나 'Keep / Problem / Try'의 틀을 그린 화이트보드를 미리 준비해 두면 좋습니다.

필요한 도구를 모두 준비했으면 구성도 화이트보드에 적습니다(그림 4-3). 무엇을 할 것인지가 보이지 않는 상태에서 회고를 진행하면 목표가 보이지 않아 불안해하는 참가자도 있습니다. 구성을 언제든 볼 수 있는 곳에 게시하면 참가자는 안심하고 회고에 참여할 수 있습니다. 또한 '어떤 목적으로 어떤 방법을 할 것인가'를 눈에 보이는 곳에 표시하고 설명하는 것도 중요합니다.

그림 4-3 회고의 구성을 화이트보드에 적어두자

그림 4-3과 같이 기법명을 그대로 쓰는 것은 주의해야 합니다. 회고에 익숙하지 않은 사람은 기법명만 보고는 '무엇을 하는 것인지'를 알 수 없어 불안감을 느낄 수 있습니다. 회고를 시작한 지 얼마 되지 않았거나 어떤 방법론을 처음 시도하는 경우, '어떤 것을 할 것인지'만 기재하는 것이 좋습니다. 팀의 상황과 상태에 따라 구성의 기재 방법이나 어디까지 설명할 것인지를 검토합시다.

회고 방법의 내용을 바꿔도 되나요?

회고에 익숙해지면 회고 기법들을 각각 연속적으로 연결하는 것이 아니라 회고 기법들을 섞어서 사용하거나, 기법 없이 회고를 할 수 있게 됩니다.

팀원들끼리 회고의 목적을 인식하고 있다면, 그때그때 팀 상황에 따라 회고 방법을 자유자재로 바꿀 수 있습니다. '새로운 방식을 계속 시도하고 싶다'는 분위기가 있다면 그 자리에서 방법을 알아보고 함께 시도해 보십시오.

◆ 진행자를 결정한다

회고를 원활히 진행하기 위해 초창기에는 진행자를 한 명 정해 두는 것이 좋습니다. 진행자는 시간 관리, 아이디어 도출, 아이디어 발산과 수렴 등을 통해 팀원들의 회고를 촉진하는 역할을 합니다.

진행자를 한 명으로 정하더라도 '다른 멤버들도 진행자의 보조자다'라는 의식을 공유합시다. 진행자 한 명에게만 맡기지 말고, 서로 의견을 주고받으며 진행에 신경을 쓰는 등 회고에 적극적으로 참여를 유도하는 것이 좋습니다.

진행자는 회고 전에 정해두면 원활하게 진행할 수 있습니다. 회고가 끝날 때 다음 진행자를 결정하는 것이 좋습니다. 익숙해지면, 회고의 시작 후에 진행자를 결정해도 문제없습니다.

진행자라고 하면 어려운 이미지가 있잖아요.

처음부터 완벽한 진행자를 목표로 하거나 팀원들이 완벽한 진행을 기대하다 보면 진행자를 맡는 것 자체가 부담스러워집니다. '잘 될지 모르겠지만 한번 해보자', '서로 응원하고 도와주자'라는 말을 건네며 부담 없이 도전할 수 있는 환경을 만들어야 합니다.

진행자는 평소 업무와는 조금 다른 능력이 요구됩니다. 해보고 나서 처음으로 '이런 질문을 하면 어떨까', '여기는 진행이 어렵네' 등 여러 가지를 알 수 있습니다. 따라서 진행자를 고정적으로 정하지 말고, 한 명씩 돌아가면서 담당해보는 것이 좋습니다. 팀원 모두가 진행자의 관점을 가질 수 있게 되고, 서로 부족한 부분을 보완할 수 있게 됩니다. 그러다 보면 좀 더 원활하게 회고를 진행할 수 있게 됩니다.

단계 ❷ 회고의 시간을 만든다

이제부터는 회고의 시작을 위한 단계가 시작됩니다. 가장 먼저 할 일은 '회고의 시간을 만드는 것'입니다. 회고 시간을 의미 있게 사용할 수 있도록 모두가 집중할 수 있는 상태를 만드는 것입니다.

효율적인 회고를 위해서는 세 가지를 수행합니다.

- 주제를 정한다
- 진행 방식을 결정한다
- 회고에 집중한다

'회고의 사전 준비하기'와 비슷한 내용도 있지만, 회고 시작 전 팀원 모두가 다시 한번 논의함으로써 '우리 스스로가 회고를 만들고 있다'는 의식을 심어줄 수 있습니다. 회고의 첫 5~15분이면 충분하니 꼭 해줬으면 하는 단계입니다.

◆ 주제를 정한다

단계 ❶의 '목적을 생각한다'에서 검토한 목적대로 좋은지 다시 한번 회고에서 결정합니다. 만약 팀의 현재 상황이나 상태가 처음에 생각했던 목적과 다르다면, 이 자리에서 주제를 다시 정하고 회고를 재구성합니다.

팀의 상황과 상태, 목표가 일치할 때, 이 자리에서 새로운 주제가 나오면 그 주제에 맞는 질문도 회고에서 다루도록 합니다.

사전에 목적에 대해 논의하지 못했는데 괜찮을까요?

미리 목적을 정하지 않았다면, 이 자리에서 팀원 모두에게 회고의 목적을 질문해 봅니다. '오늘 회고에서 어떤 이야기를 나누고 싶은지', '현재 어떤 고민이 있는지', '팀의 현재 관심사는 무엇인지', '팀에서 성취하고 싶은 것은 무엇인지' 등의 질문을 통해 팀 회고의 목적을 재확인합니다.

◆ 진행 방법을 결정한다

단계 ❶의 '구성을 생각하기'에서 검토한 구성으로 괜찮은지 확인하거나 '주제를 정한다'에서 결정한 내용에 따라 회고의 구성을 바꾸기도 합니다.

진행 방법은 어떻게 이야기하면 좋을까요?

회고의 진행 방식을 결정할 때, 어떤 논의에 얼마나 많은 시간을 할애할 것인지 시간표를 고려해 봅시다(그림 4-4). 세부적인 시간표를 정하고 그 시간표를 하나하나 엄격하게 지킬 필요는 없지만, 회고의 전체적인 시간은 지켜야 합니다. 따라서 각 단계에 할애하는 시간 외에 어느 정도 여유를 두고 시간을 확보해 두는 것이 좋습니다. 토론이 격렬해지는 경우가 종종 있습니다. 이때 시간을 미리 정해두면 끝없이 이야기를 이어가는 것을 피할 수 있습니다.

회의실을 빌린 경우, 뒷정리할 시간도 필요하니 잊지 말고 여유 시간을 추가해 둡니다.

그림 4-4 각 단계에 소요되는 시간을 명시합니다

회고의 진행 방법

신호등 (3분)

KPT (60분)

SMART한 목표 (20분)

신호등 (3분)

+/Δ (3분)

뒷정리

회고에 집중한다

회고에서는 '긍정적으로' 생각합니다. '성공을 지속하고 연속시키기 위해 무엇을 할 수 있을까'를 생각하기 위해서는 '긍정적'인 사고가 필요합니다. 부정적인 사건에 대한 행동을 생각할 때에도 긍정적인 마음으로 임하면 더 좋은 아이디어가 나오기 쉽습니다. 이를 위한 준비를 하는 것이 바로 '분위기 만들기'입니다.

또한 회고에서는 '대화'를 하게 됩니다. 서로의 의견을 존중하고, 각자의 생각만으로는 나올 수 없었던 아이디어를 만들어 낼 수 있는 것이 대화입니다. '이것이 더 낫다', '저것은 안 된다'는 식의 의견 대립을 하는 자리와는 다르다는 점에 주의해야 합니다.

이를 합친 '긍정적 대화'가 가능한 환경을 조성하면 자연스럽게 소통량이 늘어나고 활발한 의견 교환이 이루어질 수 있습니다. 그리고 아무리 사소한 일이라도 공유하고 아이디어로 전환하는 흐름이 생겨납니다. 이런 상태가 되면, 굳이 회고의 진행 방식에 신경을 쓰지 않아도 자연스럽게 회고의 목적을 달성하기 쉬워집니다. 진행자가 부드럽게 이끌어 주기 시작하면 좋은 아이디어와 좋은 행동이 나오게 됩니다.

긍정적 대화를 위해 필요한 준비는 무엇일까요?

이 '긍정적 대화'를 준비하기 위해 회고의 첫 번째로 회고의 분위기를 만들기 위한 활동을 합니다. 회고의 분위기를 만들기 위한 방법으로는, DPA p.184, 행복 레이더 p.198, 감사 p.202 등 다양한 기법이 있습니다. 방법이 궁금하다면 8장 '회고의 기법 알아보기'를 참고하세요.

회고 시간에는 모두가 집중할 수 있도록 하고 싶어요.

회고 시간에는 모두가 집중해야만 좋은 아이디어가 나올 수 있습니다. 회고 도중에 다른 일을 하고 있거나 집중하지 않는 사람이 참여하면 그 사람에게서 좋은 아이디어가 나올 수 없고, 다른 팀원들의 집중력도 흐트러집니다.

회고 시간에는 회고에만 집중할 수 있도록 유도하거나 노트북을 덮거나 회고할 때의 마음가짐을 이야기하는 등 팀원 모두가 회고에 집중할 수 있도록 노력해야 합니다.

회고를 시작할 때 모두가 한 마디씩 발언하는 방법도 효과적입니다. 한 마디씩 말함으로써 '나도 회고에 참여하고 있다', '내가 회고에 기여하고 있다'는 느낌을 만들어 줍니다. 모두가 회고에 대한 참여 의식을 가지고 회고의 분위기를 함께 만들어 갑시다.

단계 ❸ 사건을 떠올린다

이 단계에서는 회고의 목적과 주제에 따라 회고 대상 기간(예: 1주일 등)에 있었던 사건을 떠올리고, 스티커 메모에 적고 서로 공유합니다. 기억하는 것은 '사실', '감정', '배움과 깨달음'과 같은 요소입니다. 사건을 떠올릴 때 활용할 수 있는 몇 가지 기법을 소개합니다. 모든 기법을 다 사용할 필요는 없으며, 선택한 기법이나 회상 상황에 따라 적절히 활용하면 됩니다.

- 시간순으로 떠올리기
- 사실, 감정, 학습, 깨달음, 성공, 실패를 통해 떠올리기
- 연상하며 떠올리기
- 혼자서 사건을 떠올리기
- 팀원들과 사건을 공유하기
- 대화의 내용을 시각화하기
- 사건을 파헤치기

◆ 시간순으로 떠올리기

회고 대상 기간 중 '자신과 팀에 무슨 일이 일어났는지', '어떤 일을 했는지'를 떠올리며 시간순으로 기록해 나갑니다. 이로써 '월요일에는 이런 일을 했다', '화요일에는…' 등 날짜, 요일, 시간을 기준으로 정보를 떠올리기 쉬워집니다.

◆ 사실, 감정, 학습, 깨달음, 성공, 실패를 통해 떠올리기

이것들을 기반으로 기억을 떠올려 봅니다. 방식에 따라 다른 요소가 포함되는 경우도 있습니다. 여기서는 위의 내용 중 특히 중요한 '사실'과 '감정'에 대해 설명합니다.

평소 일할 때는 '감정'이라 하면 익숙하지 않죠?

강한 감정이 담긴 기억은 쉽게 잊히지 않습니다. 그래서 회고를 통해 감정을 표현하면 기억을 떠올리기 쉽고 팀원들과 함께 행동으로 옮길 수 있는 동기를 부여하는 데 도움이 됩니다.

또한 사실과 감정을 연결하여 기억하는 것이 좋습니다. 스티커 메모에 '○○이 있어서 기뻤다'와 같이 사실과 감정을 함께 적습니다. '사실'과 '배움', '깨달음'도 마찬가지로 묶어서 떠올릴 수 있습니다.

이 방법은 '시간순으로 떠올리기'와는 달리 인상적인 사건부터 순서대로 회상하는 방식입니다. 시간순으로 떠올리기와 감정적 회상을 번갈아 가며 팀원들에게 일어난 일들을 떠올려보는 것이 좋습니다.

이외에도 이야기를 나누면 좋을 내용을 자세히 알고 싶어요.

여기서 소개한 요소와 그 외의 요소에 대해, 어떤 질문을 하면 의견을 끌어낼 수 있는지를 9장 '회고의 요소와 질문' p.283 에서 자세히 설명합니다. 9장도 참고하시기 바랍니다.

◆ 연상하며 떠올리기

떠올린 사건에서 연상하여 또 다른 사건을 떠올리는 방법입니다. '○○씨와 대화하면서 이런 이야기를 했었지', '그러고 보니 ○○씨라고 하면…' 식으로 기억이나 단어를 연상시켜 기억해 내는 방식입니다. 연쇄적으로 연결되는 사건도 있고, 전혀 다른 사건으로 연결되는 경우도 있습니다. 혼자서 떠올릴 수 있는 사건이 없어지면 자신이나 다른 사람이 쓴 스티커 메모를 보면서 연상해 기억을 떠올려보는 것도 좋습니다.

◆ 혼자서 사건을 떠올리기

우선 혼자서 떠올려 봅니다. '자신이 왜 그런 행동을 했는지', '어떤 감정을 느꼈는지' 등을 차분히 자신과 마주하며 생각하는 시간을 가져봅시다. 혼자서 떠올리는 시간을 가지면 팀원 모두에게서 정보를 끌어낼 수 있습니다.

처음부터 다 같이 이야기하면 되지 않나요?

우선 혼자서 떠올려 보는 데는 이유가 있습니다. 여러 가지 의견이나 아이디어를 생각해서 바로바로 말할 수 있는 사람, 한 가지 의견을 내기까지 오랜 시간 고민하는 사람 등 생각의 유형은 다양합니다. 혼자 생각하는 시간을 갖지 않으면 후자 같은 사람의 의견은 모으기 힘듭니다.

참고로 일주일간의 일을 떠올리는 경우, 혼자서 사건을 떠올릴 시간을 8~15분 정도 가지는 것이 좋습니다.

◆ 팀원들과 사건을 공유하기

기억에 남는 사건을 공유합니다. 공유할 때 모두가 자발적으로 의견을 말할 수 있는 구조를 만듭니다.

'자발적으로 말해 주세요'라고 해도 좀처럼 따라 주지 않아서…

각자 기억에 떠올린 사건을 적은 스티커 메모를 화이트보드에 붙이고, 시간순으로 공유하는 장면을 상상해 봅시다. 진행자가 '다음은 이 스티커 메모를 쓴 사람 부탁합니다'라고 발언을 유도하는 것이 아니라, '왼쪽 상단의 스티커 메모부터 순서대로 작성한 사람이 자율적으로 발언해 주세요. 순서는 정확하지 않아도 되니, 자신의 차례라고 생각되면 발언이 중복된다고 두려워하지 말고 발언해 주세요'라고 유도합니다. 또한 어떤 스티커 메모를 말하는지 알 수 있도록 말하는 사람은 스티커 메모를 가리키며 말하도록 합니다.

◆ 대화의 내용을 시각화하기

아까 좋은 말씀이 있었는데 뭐였죠?

사건을 공유하다 보면 스티커 메모에 적히지 않은 정보가 떠오르기도 합니다. 그 내용을 새로운 스티커 메모에 적거나 화이트보드에 직접 적어서 시각화해 나갑니다. 발언자가 발언과 시각화를 동시에 진행하기 어렵기 때문에, 발언자 외의 사람이 적극적으로 정보를 적어 나가도록 합니다.

나중에 자세히 듣고 싶은 이야기나 아이디어를 얻기 위해 기억하고 싶은 내용이 있다면 기호나 표시를 통해 나중에 알 수 있도록 하는 것도 좋은 방법입니다. 회고에서는 여러 방향으로 이야기가 흘러가기 때문에 조금 전에 이야기한 내용이 무엇인지, 화이트보드의 어느 곳에 정보가 적혀 있었는지 잊어버리기 쉽습니다. 기억하고 싶은 내용에 기호나 표시를 해두면 그 부근을 보고 이야기한 내용을 바로 떠올릴 수 있습니다.

◆ 사건을 파헤치기

사건을 공유하다 보면 '왜 그런 일이 일어났을까?', '그 결과 어떻게 되었을까?'와 같은 논의가 필요한 내용이 나오게 됩니다. 그런 내용은 서로 질문하면서 사건을 더 깊이 파고들어야 합니다. 팀이 성공한 것과 실패한 것, 그리고 그 이유를 살펴보면 '팀이 다음에 무엇을 할 것인지' 아이디어를 생각해 내는 데 도움이 됩니다.

단계 ❹ 아이디어를 낸다

기억에 남는 사건에 대해 '어떤 행동을 취하고 싶은지' 아이디어를 생각해 봅시다. 아이디어를 서로 주고받는 데에도 몇 가지 포인트가 있습니다. 그 포인트를 하나씩 짚어보겠습니다.

- 팀을 위한 아이디어를 생각한다
- 나를 위한 아이디어를 생각한다
- 혼자서 아이디어를 생각한다
- 팀으로 아이디어를 생각한다
- 아이디어를 공유한다
- 아이디어를 발산한다
- 아이디어를 넓혀나간다
- 아이디어를 심화시킨다
- 아이디어를 분류한다
- 아이디어를 정리한다

◆ 팀을 위한 아이디어를 생각한다

아이디어를 생각하기 위한 첫 번째 주체는 '팀'입니다. '팀이 다음에 해야 할 일', '팀이 하고 싶은 일'과 같은 아이디어를 생각합니다.

◆ 나를 위한 아이디어를 생각한다

물론 자신이 하고 싶은 일을 아이디어로 내도 상관없습니다. 이 아이디어를 파생시켜 팀을 위한 아이디어로 전환하는 것도 가능합니다.

◆ 혼자서 아이디어를 생각한다

'사건을 떠올리는 것'과 마찬가지로 혼자서 아이디어를 생각할 시간을 만듭시다. 처음부터 모두 함께 토론을 시작하면 첫 번째 사람이 발언한 내용이나 발언력이 강한 사람의 의견에 영향을 받아 아이디어의 방향성이 한쪽으로 쏠리기 쉽습니다. 또한 의견이 강한 사람의 아이디어만 선택될 수도 있습니다.

◆ 팀으로 아이디어를 생각한다

팀으로 아이디어를 검토합니다. 팀원들끼리 대화하면서 새로운 아이디어를 만들어 갑니다. 발언한 아이디어는 시각화하여 흩어지지 않도록 주의해야 합니다.

◆ 아이디어를 공유한다

팀원들과 아이디어를 공유합니다. 모든 아이디어를 하나씩 설명하거나, 시간이 부족하다면 아이디어를 적은 스티커 메모를 화이트보드에 붙여놓고 모두 함께 스티커 메모를 살펴봅니다. 의도를 알 수 없는 아이디어가 있다면, 아이디어의 세부 사항과 의도를 서로 물어보면서 이해도를 높여 갑니다.

◆ 아이디어를 발산한다

아이디어를 발산하고 생각해 봅시다. 브레인스토밍처럼 자유로운 의견을 환영하고, 다양한 아이디어를 내봅시다. 아무리 엉뚱하다고 느껴지거나 효과가 없을 것 같은 아이디어라도 계속 써 내려갑니다. 아이디어를 낼 때는 머릿속에 있는 것을 먼저 손으로 써 봅시다(*3).

◆ 아이디어를 넓혀나간다

자신이 낸 아이디어나 누군가가 낸 아이디어에 새로운 내용을 덧붙여 아이디어를 만듭니다. 또는 일부분을 수정한 것을 새로운 아이디어로 만들기도 합니다.

◆ 아이디어를 심화한다

하나의 아이디어를 구체적으로 파고들어야 합니다. '그 아이디어는 어떤 것인가', '왜 그 아이디어가 중요한가', '아이디어를 어떻게 실현할 것인가'와 같은 질문을 던져보는 것이 좋습니다. 심화한 정보는 잊지 말고 시각화해야 합니다.

(*3) 아이디어의 발산에는 브레인스토밍 규칙을 사용하는 것이 좋습니다. 브레인스토밍의 규칙은 8장 '회고의 기법 알아보기'의 '15 작은 카이젠 아이디어' p.255에 자세히 설명되어 있습니다.

아이디어를 분류한다

아이디어를 공유하거나 정리하기 위해 아이디어를 분류합니다. '우선순위', '효과', '영향력', '노력' 등 몇 가지 기준을 이용해 화이트보드에 아이디어를 분류합니다[(*4)].

아이디어를 정리한다

아이디어 중 팀에서 실행해야 할 것, 또는 팀에 중요한 아이디어를 몇 개 선택합니다. 만약 선택한 아이디어에 한 사람만 진행하는 행동이 포함되어 있더라도 팀에 중요하다고 판단되면 문제가 되지 않습니다. 아직 행동이 구체화되지 않았어도 괜찮습니다. 행동의 구체화는 다음 단계인 '행동을 결정한다'에서 진행합니다.

(*4) 아이디어의 분류는 8장 '회고의 기법 알아보기'의 '16 노력과 고통(Effort & Pain) / 실현 가능성과 유용성(Feasible & Useful)' p.258, '17 도트 투표' p.262의 기법을 사용할 수 있습니다. 자세한 내용은 해당 내용을 참고하시기 바랍니다.

단계 ❺ 행동을 결정한다

아이디어 중에서 팀이 실행할 아이디어를 선택해 '행동'으로 구체화해 결정합니다. 행동을 결정할 때 고려해야 할 7가지 포인트가 있습니다.

- 행동을 구체화한다
- 실행 가능한 작은 행동을 만든다
- 측정 가능한 행동을 만든다
- 모든 아이디어를 행동으로 옮기려고 하지 않는다
- 단기, 중기, 장기적인 행동을 만든다
- 즉석에서 행동을 시도해 본다
- 행동을 명문화한다

◆ 행동을 구체화한다

아이디어를 구체화하고 실행할 수 있도록 5W1H(Why, What, Who, When, Where, Where, How)를 명확히 하고, 다음에 설명할 '실행 가능', '측정 가능' 등의 관점으로 구체화합니다(*5).

(*5) 행동의 관점에서는 8장 '회고의 기법 알아보기'의 '19 SMART한 목표' p.273가 도움이 됩니다. 자세한 내용은 해당 내용을 참고하시기 바랍니다.

◆ 실행 가능한 작은 행동을 만든다

항상 행동이 실행되지는 않아요.

구체화한 행동은 회고가 끝나면 바로 팀원들과 함께 실행에 옮깁니다. 조직에 속한 큰 문제를 모두 해결하려는 행동이나 한 달이 지나야 완료할 수 있는 행동은 결국 실행하지 못하고 아무런 변화도 만들어내지 못하는 경우가 많습니다. 하나의 행동으로 모든 것을 해결하려고 하지 말고, 조금이라도 좋으니 변화를 만들어낼 수 있는 실행 가능한 작은 행동을 만들어 봅시다.

◆ 측정 가능한 행동을 만든다

'○○을 의식한다'는 행동을 실행할 수 있었나요?

행동을 실행했을 때, 행동으로 인한 변화를 측정할 수 있는 내용의 행동이 되어야 합니다. '○○을 의식한다', '○○을 조심한다'와 같이 의식적인 측면이 전면에 내세워진 행동은 그 결과를 당사자만 측정할 수 있습니다. 명확한 행동으로 옮길 수 있고, 그 결과를 알 수 있는 행동을 만들어 봅시다.

◆ 모든 아이디어를 행동으로 옮기려고 하지 않는다

한번에 많은 행동을 실행하면 어떤 행동이 팀에 좋은 영향을 미쳤는지, 나쁜 영향을 미쳤는지 파악하기 어렵습니다. 그리고 그중 실패한 행동이 있는 경우 '그 하나만 원래대로 되돌리기'가 어려워집니다. 또한 행동이 많을수록 하나의 행동에 집중하기 어렵고, 행동의 실행이 쉽게 잊힌다는 단점도 있습니다.

좋은 아이디어가 가득해서 버리기가 아까워요!

생각해 낸 아이디어를 모두 사용하고 싶은 마음은 이해하지만, 모든 아이디어를 검토하고 실행하기에는 시간이 부족합니다. 우선순위를 정하고 팀에 가장 필요한 아이디어부터 구체화하도록 하세요. 한 번의 회고에서 내놓을 수 있는 행동은 최대 3개 정도로 제한하는 것이 좋습니다. 회고가 익숙하지 않은 초기에는 하나의 행동으로도 충분합니다.

◆ 단기, 중기, 장기적인 행동을 만든다

회고의 행동은 3가지로 분류하여 만듭니다.

- 단기적 행동: 즉시 실행할 수 있고 효과를 바로 확인할 수 있는 것
- 중기적 행동: 당장 실행할 수는 없지만 언젠가 실행하여 효과를 측정하고 싶은 것
- 장기적 행동: 큰 변화를 만들기 위해 단계적으로 진행하는 것

회고에서 매번 만드는 것은 단기적 행동입니다. 단기적 행동은 회고 후 바로 실

행하거나 다음 회고까지 실행할 수 있도록 과제화하여 모두가 함께 노력합니다(*6).

앞으로의 행동을 결정하고도 잊어버리고 맙니다.

당장 실행하기 어려운 것들은 중기적 행동으로 분류하여 잊지 않도록 기록해 둡니다. 조직적인 문제나 프로세스의 대대적인 개조에 큰 노력이 필요한 장기적 행동은 팀의 목표로 만들어서 팀원들이 참조할 수 있는 곳에 게시해 두세요.

장기적 행동은 구체화되지 않아도 상관없습니다. 매번 회고 때마다 장기적 행동을 조금씩 줄여나가기 위해 어떤 단기적 행동을 실행하면 좋을지 고민해 보는 것이 좋습니다. 단기적 행동의 결과로 장기적 행동의 궤도 수정이 필요하다면 주기적으로 행동을 수정하는 것이 좋습니다.

◆ 즉석에서 행동을 시도해 본다

시간이 허락한다면, 만든 행동을 회고 중에 실행해 봅니다. 예를 들어 '작업 보드 레이아웃 변경'과 같은 행동이라면 그 자리에서 작업 보드의 레이아웃을 변경하거나, 변경 후의 작업 보드 레이아웃을 그려본 후 '팀이 새로운 작업 보드를 사용했을 때의 모습'을 상상해 보면 됩니다. 그 자리에서 사용하기 편한 레이아웃이라고 판단되면 그대로 사용하면 되고, 조금 수정하는 것이 좋다고 판단되면 그 자리에서 수정할 수 있습니다.

실제 행동으로 옮기기 전에 이러한 과정을 통해 불명확한 부분을 파악할 수 있을 뿐만 아니라, 팀이 더 쉽게 움직일 수 있는 행동을 만들 수 있습니다.

(*6) 스크럼은, 회고의 행동을 스프린트 백로그에 반영하여 다음 스프린트에 실행할 수 있습니다. 스크럼을 실행하고 있는 분들은 12장 '스크럼과 회고' p.325 도 참고해 보시기 바랍니다.

◆ 행동을 명문화한다

만든 행동은 스티커 메모나 카드 등에 크게 적어 둡니다. 만약 작업 보드가 있는 팀이라면, 만든 행동을 작업 보드에 붙여 넣어 바로 실행할 수 있도록 합니다.

포인트는 팀원들의 눈에 잘 띄는 곳에 붙이는 것입니다. 언제든 눈에 잘 띄게 하면 무의식적으로 행동이 실행에 옮겨지기 쉽습니다. 하루에도 몇 번씩 보는 업무 게시판, 자주 지나다니는 복도, 팀에서 사용하는 채팅 도구의 머리글, 항상 접속하는 위키 홈페이지 등 다양한 곳에 게시할 수 있도록 노력해 보세요.

단계 ⑥ 회고를 카이젠한다

지금까지의 일련의 흐름에서 진행했던 회고를 다시 한번 검토해 봅니다. '어떤 목적을 가지고 어떤 구성으로 했는가. 그것은 잘 되었는가', '각 방법론의 특성은 무엇이었나? 다음은 무엇을 카이젠하면 더 좋아질 수 있을까?' 등 '회고의 되돌아보기'를 함으로써 회고는 더 좋아집니다. 회고의 사진을 남기는 것만으로도 팀의 변화를 정성적으로 관측할 수 있습니다.

이 단계에서는 '회고 자체'와 '진행자'에 대한 피드백을 제공합니다. 여기서 얻은 피드백은 다음번 카이젠 사항으로 회고 자체의 개선으로 이어집니다.

이 단계의 요점은 다음 네 가지입니다.

- 회고 그 자체를 되돌아본다
- 회고의 모습을 남긴다
- 긍정적인 마음으로 업무를 시작할 수 있도록 한다
- 다음 회고에 활용한다

◆ 회고 그 자체를 되돌아본다

'회고 그 자체'를 되돌아봅니다. 이 활동이 빠지게 되면 회고는 점차 팀의 현재 상황과 맞지 않는 내용으로 변질되어 회고가 형식적으로 되어 버립니다. 회고의 마지막 5분만이라도 좋으니 회고에서 잘된 점과 개선하고 싶은 점을 이야기해 봅시다. 회고의 진행 방법, 회고 중 팀원들 간의 상호작용, 질문하는 방법 등에 대해 논의하는 것이 좋습니다.

이번 회고는 잘 된 것일까요?

회고의 구성과 방법에 대해 느낀 점을 이야기해 봅시다. 오늘의 회고가 팀의 상황과 상태에 맞는 피드백이었는지, 다른 관점에서 되돌아보는 것이 더 좋았을지, 이번 기법은 실천해 보니 어떠했는지 등을 이야기하다 보면 회고 자체와 방법에 대한 이해가 깊어질 것입니다.

또한 진행자와 진행에 대한 피드백을 서로 주고받도록 합시다. 어떤 질문이 기억에 남았는지, 어떤 발언이 분위기를 활성화시켰는지 등을 이야기하면 다음 회고에서도 팀원 모두가 좋은 분위기를 만들려는 의식이 작용하기 쉬워집니다.

또한 회고 준비나 도구에 대한 이야기를 나누는 것도 좋습니다. 어떻게 준비하면 좋을지, 부족한 도구는 없었는지, 다음에 해보고 싶은 것은 무엇인지 등을 이야기합니다. 만약 혼자서 미리 준비했다면 어떻게 사전 준비를 했는지 이 자리에서 공유하면 팀원들의 협조를 얻기가 더 쉬워질 것입니다.

논의한 내용은 그 자리에서 바로 카이젠으로 옮기거나, 다음번 회고를 위해 스티커 메모로 남겨두면 좋습니다.

◆ 회고의 모습을 남긴다

회고를 할 때 찍은 사진, 회고에 사용한 화이트보드, 온라인에서 사용한 텍스트 메모 등을 남겨 두면 좋습니다. 다소 수고스럽더라도, 다음 회고를 시작하기 전에 되돌아보면 '회고의 되돌아보기'를 한 결과를 활용하기 쉬워집니다. 또한 시간이 지나고 나서 되돌아보면 자신의 회고가 어떻게 달라졌는지 확인할 수 있어 성장을 실감할 수 있습니다.

◆ 긍정적인 마음으로 업무를 시작할 수 있도록 한다

회고 마지막에는 서로 감사한 마음을 전하거나 앞으로의 기대를 이야기하는 것도 좋습니다. 긍정적인 대화를 나누고 회고를 마치면 다음 업무도 긍정적으로 시작할 수 있습니다. 회고의 마지막에 기분 전환을 위한 대화를 해봅시다.

◆ 다음 회고에 활용한다

'회고의 되돌아보기'를 하고, 다음 회고에서 카이젠해야 할 내용이 나오면 다음 회고에 활용합니다. 이 카이젠 내용도 행동과 마찬가지로 구체적으로 할 수 있으면 좋습니다.

회고의 카이젠은 언제하나요?

회고의 카이젠 내용을 다음 회고 전에 확인하면 '회고 사전 준비'를 위한 정보로 유용하게 활용할 수 있습니다. 즉시 실행할 수 있는 내용이라면, 회고 종료 후 바로 실행에 옮기는 것이 좋습니다.

단계 ❼ 행동을 실행한다

회고가 끝난 후에 '행동 결정하기'에서 결정한 행동을 팀원 전체가 함께 실행합니다. 행동을 실행하면 결과의 좋고 나쁨에 관계없이 팀에 변화가 일어나고 팀을 발전시킬 수 있습니다. 행동을 실행할 때의 포인트는 다음 6가지입니다.

- 행동을 최우선 과제로 설정한다
- 즉시 행동으로 옮긴다
- 팀 전체가 함께 행동 실행을 돕는다
- 행동을 실행한 결과를 되돌아본다
- 업무 중 행동을 카이젠한다
- 주기적으로 행동의 효과를 점검한다

◆ 행동을 최우선 과제로 설정한다

행동은 했지만, 일이 먼저라고 생각하나요?

행동을 팀의 최우선 과제로 취급합니다. 일을 시작하기 전에 회고의 카이젠을 먼저 실행할 수 있도록 합시다[*7].

(*7) 스크럼은, 회고의 행동을 스프린트 백로그에 반영하여 다음 스프린트에 실행할 수 있습니다. 스크럼을 실행하고 있는 분들은 12장 '스크럼과 회고' p.325 도 참고해 보시기 바랍니다.

◆ 즉시 행동으로 옮긴다

회고에서 결정한 행동은 회고 종료 후 바로 실행합니다. 카이젠이 뒷전으로 밀려나면 '다음 회고 전까지 아무것도 변하지 않았다'는 상황이 발생하기 쉽습니다. 모두가 협력하여 적극적으로 행동을 실행합시다.

그렇다고 해도 행동을 즉시 실행하기는 힘들 것 같은데…

행동보다 일을 우선시하고 싶은 마음이 생기는 이유는 무엇일까요? 행동이 너무 크거나 구체적이지 않아서 '행동은 어렵다'는 인식이 생겼기 때문일 수 있습니다. 처음에는 5~10분 안에 실행할 수 있는 행동으로 시작합니다. 한 걸음씩이라도 나아가서 실천할 수 있는 행동을 만들어 회고 직후에 실행에 옮기도록 합시다. 회고 직후 10분 정도의 시간을 할애하는 것에 대한 거부감은 적을 것입니다. 행동을 만들면 반드시 실행한다. 그것이 중요하다는 것을 명심합니다.

지금 당장 할 수 없는 행동은 어떻게 해야 하나요?

'다음 ○○이벤트 때 ○○하기'와 같이 행동 실행에 트리거가 있는 경우에는 트리거가 발생하면 바로 움직일 수 있도록 아침 미팅(*8)에서 매번 행동을 공유하거나, 작업 보드에 크게 스티커를 붙여놓거나, 채팅으로 bot이 행동을 알리는 등 행동을 유도하는 구조를 만드는 것이 좋습니다.

(*8) 스크럼의 경우 데일리 스크럼에서 확인하는 것도 좋습니다.

◆ 팀 전체가 함께 행동 실행을 돕는다

행동은 팀 전체가 함께 하는 것과 혼자 하는 것으로 나뉩니다. 혼자 하는 것은 실행 여부가 그 사람에게 의존하기 쉽지만, '그 사람의 책임이니까'라는 이유로 무관심해서는 안 됩니다. 혼자서 하는 행동이라도 '팀을 변화시키기 위한 행동'이라는 점에는 차이가 없으므로, 행동을 실행할 수 있도록 팀원들이 함께 돕습니다.

도와주는 방법은 무엇이든 상관없습니다. 응원하거나 행동을 돕는 등 팀원들이 각자 할 수 있는 방식으로 도움을 줍시다.

◆ 행동을 실행한 결과를 되돌아본다

행동을 실행한 후 어떤 변화가 있었는지 확인합니다. 확인은 아무리 늦어도 다음 회고까지는 마쳐야 합니다. 가능하면 행동을 실행한 직후 팀원들과 함께 변화를 말해보거나 아침 회의(*9)에서 행동의 결과를 논의하는 등 변화에 대해 공유합시다.

행동의 결과를 어떻게 다음 단계로 연결할까요?

좋은 변화를 얻었든 나쁜 변화를 얻었든 아무것도 변하지 않았든 다음에 대해 논의합니다.

- 어떤 변화가 일어났는지
- 왜 그 변화가 일어났는지 (혹은 일어나지 않았는지)
- 목표한 변화는 일어났는지
- 다음에는 어떤 행동으로 이어질 수 있을지

(*9) **(*8)**과 마찬가지로 스크럼의 경우 데일리 스크럼으로 확인하는 것도 좋은 방법입니다.

실행한 행동을 바탕으로 행동 자체를 카이젠해도 좋고, 원래되로 되돌리는 판단을 내려도 좋습니다. 행동을 실행한 결과 어떤 반응이 일어났는지 경험을 쌓아감으로써 다음 행동을 계획하는 능력을 기를 수 있습니다. 이를 반복하다 보면 팀의 변화를 조금씩 더 크게, 그리고 더 잘 변화시킬 수 있게 됩니다.

업무 중 행동을 카이젠한다

만약 다음 회고 전까지 행동을 실행했다면, 다음 회고까지 기다리지 않고 바로 행동의 결과를 검토해 카이젠하는 것도 좋습니다. 카이젠은 큰 변화가 아니라 궤도 수정 정도로 합니다. 팀에게 좋은 결과를 얻을 수 있도록 또는 배움을 얻을 수 있도록 조금씩 궤도를 수정해 나갑니다.

주기적으로 행동의 효과를 점검한다

행동을 여러가지 하고 있는데 어떤 것이 잘 되고 있는 걸까요?

한 달에 한 번 등 중장기적인 타이밍에 지금까지 실행한 여러 행동의 결과와 효과를 되돌아봅니다. 발생한 효과나 행동이 지속적으로 이루어지고 있는지 여부를 확인하고, 향후 행동을 정할 때의 방침과 행동을 정하는 과정을 수정하는 계기로 삼습니다[*10].

또한 장기적인 목표가 있다면 그 목표를 향해 나아가고 있는지 점검하고 목표를 다듬는 한편, 단기적인 행동 방침을 세우는 데도 활용합니다.

(*10) 행동의 검토는 8장 '회고의 기법 알아보기'의 '10 행동의 후속 조치' p.226에서 자세히 설명되어 있습니다.

회고의 대상 기간을 바꿔보자

회고를 정기적으로 할 수 있게 되었다면, 회고의 대상 기간을 바꿔봅시다. 회고의 빈도나 횟수는 그대로 유지하되, 사건을 떠올리는 대상 기간을 바꿔봅니다. 지금까지 일주일에 한 번, 일주일 분량의 회고를 했다면 한 달에 한 번씩 한 달 분량의 회고를 하는 식입니다.

회고의 대상 기간을 바꿔보면, 짧은 주기의 회고에서는 보이지 않았던 팀의 변화와 성장을 확인할 수 있습니다. 보이지 않던 리스크나 문제를 발견할 수 있는 계기가 될 수도 있습니다. 또한 평소와는 다른 미래지향적인 아이디어도 쉽게 떠올릴 수 있습니다.

대상 기간이 긴 경우 중장기적인 행동을 검토하도록 합니다. 회고에서 지난 중장기 행동의 실행상황을 확인하는 것도 좋은 방법입니다.

회고의 대상 기간은 1주일, 1개월, 3개월, 6개월, 1년을 추천합니다. 점차적으로 긴 기간을 회고함으로써 다양한 경험이 통합되고, 보다 구체적이고 반복 가능한 지식과 경험에서 얻을 수 있는 지혜를 얻어 팀의 역량이 강화될 수 있습니다.

05장

온라인에서 회고를 진행하기 위해

온라인에서 회고를 진행하기 위해 필요한 것은?

사전 준비를 철저히 하자

1 대 1 대 1 레이아웃을 만들자

지시어를 사용하지 않고 말이나 커서로 전달하자!

익숙해지기 전까지는 평소보다 더 많은 시간을 할애하자

문자와 음성 커뮤니케이션을 적절히 구분해서 사용하자

음악을 틀 때 주의하자

다양한 도구의 장점을 이해하고 활용하자

온라인에서 회고를 진행하기 위해 필요한 것은?

얼굴을 맞대고 회고를 진행하기 어려운 환경이라면 어떤 점에 유의해야 할까요?

어라?
히카리 씨는?
오늘 올 수 없어서
온라인으로 회고에
참가하기로 했어요.
히카리 씨, 들리세요?
들립니다!

그럼 다들 제가 보내드린
링크로 위키에 들어가
주시겠어요?
어라, 이거 어떻게
들어가는 거지?
사용자 등록이
필요한가요?
나도 등록해야지.
음…
어떻게 조작하는 거지…

아…
먼저 모두 함께 해놓을 걸
그랬네요….
죄송합니다.

그리고
이 부분을 잘 카이젠 할 수 없을까요?
Keep problem
어, 어디 어디? 어느 것?
아, 마우스를 움직일게요. 이거요.
알겠습니다! 고마워요!

또 그리고
찌직...... 이 잘... 찌직......더...
죄송합니다. 히카리 씨, 다시 한번 부탁드려요!
아, 회선이 끊어졌네요… 기다릴까요?
네

사전 준비를 철저히 하자

온라인으로 회고를 할 경우, 사용할 도구의 로그인과 동작 확인은 미리미리 해두는 것이 좋습니다. 처음 사용하는 사람이 한 명이라도 있으면 설정하는 데만 5~10분 정도 시간이 소요될 수 있습니다.

미리 초대 링크를 보내 모든 사람이 로그인할 수 있는지 확인하고, 온라인 화이트보드 도구로 스티커 메모를 만드는 테스트를 해 보는 등 바로 회고를 시작할 수 있도록 미리 준비해 둡시다.

1 대 1 대 1 레이아웃을 만들자

한 명만 온라인에 있고 다른 팀원들이 사무실에 모여 있는 '1 대 다' 상태에서는 사무실 쪽 팀원끼리만 이야기가 활발해져 온라인으로 참여한 팀원이 따라가지 못하는 상황이 발생하기 쉽습니다. 만약 이런 문제가 발생할 것 같다면, 모두가 온라인용 도구를 이용해 대화하는 '1 대 1 대 1' 레이아웃으로 설정하는 것도 효과적입니다 (그림 5-1). '1 대 1 대 1' 레이아웃에서는 모두가 한 가지 주제만 이야기하기 때문에, 이야기 흐름을 따라가지 못하고 집중력이 떨어져서 뒤처지는 것을 방지할 수 있습니다.

또 다른 경우[*1]로는 사무실 간 통신을 하는 '다 대 다' 패턴도 있습니다. 이 경우는 모든 사람이 자신의 PC에서 접속하여 '1 대 1 대 1'의 레이아웃으로 구성하거나, 대형 디스플레이와 카메라를 통해 하나의 사무실에 있는 것처럼 보이게 하는 것이 좋습니다.

(*1) 온라인 환경에서의 다양한 레이아웃 사례는 아래 웹사이트에서 확인할 수 있습니다. 이 사이트에서 소개하는 레이아웃 사례는 'Satellite workers', 'A multi-site team', 'A Remote-first team'입니다.
Remote versus Co-located Work
https://www.martinfowler.com/articles/remote-or-co-located.html

팀의 특성과 숙련도에 따라 하기 쉬운 온라인 레이아웃이 달라집니다. 그러므로 레이아웃도 회고 진행 중에 조금씩 카이젠해 나가야 합니다.

그림 5-1 온라인 레이아웃도 회고하기 쉬운 형태로 만들자

① 1 대 다수의 온라인 레이아웃

② 1 대 1 대 1 온라인 레이아웃

◆ 지시어를 사용하지 않고 말이나 커서로 전달하자

모두가 같은 장소에 참석하여 회고를 진행하면 손가락을 가리키며 '저것, 이것'과 같은 지시어로도 통하던 것이 온라인에서는 전달되지 않습니다. 지시어를 피하고, 하나하나 제대로 전달할 수 있도록 해야 합니다. 또한 공동 편집형 도구를 사용하다 보면 도구에 따라서는 참여자의 커서 위치가 보이기도 합니다. 커서 위치를 움직이면서 말해야 어디를 말하는지 전달할 수 있습니다.

◆ 익숙해지기 전까지는 평소보다 더 많은 시간을 할애하자

온라인에서는 네트워크 문제로 대화가 끊기거나 동시에 대화가 이루어지지 않는

등 시간이 오래 걸리기 마련입니다. 익숙하지 않은 상태에서 오프라인에서 하던 내용을 온라인에서 똑같이 하려고 하면 평소보다 1.2~1.5배는 더 걸립니다. 시간을 넉넉히 계획하여 충분히 대화할 수 있는 시간을 확보하는 것이 좋습니다.

◆ 문자와 음성 커뮤니케이션을 적절히 구분해서 사용하자

온라인의 장점은 문자를 통한 커뮤니케이션입니다. 토론 중에도 화이트보드 도구나 위키 등 공동 편집이 가능한 도구를 이용해 모두가 댓글을 계속 쓰면 오프라인의 스티커 메모로는 표현할 수 없는 막대한 양의 정보를 표현할 수 있습니다. 음성 커뮤니케이션을 하는 사람 외에는 문자로 정보를 보조하는 등 적절히 활용하면서 토론을 진행합시다.

◆ 음악을 틀 때 주의하자

오프라인과 달리 음악은 네트워크를 통해 상대방의 귀에 전달되기 때문에 소음이 되어 스트레스를 주기 쉽습니다. 음악을 틀고 싶을 때는 모든 사람에게 방해가 되지 않는지 확인한 후 음악을 틀어야 합니다. 만약 한 사람이라도 스트레스를 받는 사람이 있다면 음악을 끄도록 합니다.

◆ 다양한 도구의 장점을 이해하고 활용하자

환경에 따라서는 사내 보안 규칙 등으로 인해 특정 도구만 사용할 수도 있습니다. 이 경우에는 각 도구의 장점을 이해한 후 사내에서 사용할 수 있는 도구를 최대한 활용합시다. 각 도구의 장점과 간단한 사용법은 다음과 같습니다.

음성 통화 도구

Zoom, Microsoft Teams, Google Meet, Discord 등의 도구. 대부분 음성 통화 외에도 영상통화, 화면 공유 기능을 사용할 수 있는 것이 대부분입니다. 화상회의 중에는 모두 마이크를 상시 착용하고, 가능한 얼굴도 보이도록 하면 커뮤니케이션이 훨씬 수월해집니다(*2).

어떤 도구든 앞서 언급한 기능들은 대부분 갖추어져 있습니다. 그러므로 얼굴을 표시해 서로의 반응을 쉽게 알 수 있게 한다든지, 필요에 따라 화면 공유를 하는 등 사용할 수 있는 기능을 파악해 다양하게 사용해 보는 것이 좋습니다. 스탬프나 이모티콘 등으로 '반응'을 보낼 수 있는 기능이나 데스크 톱의 조작 권한을 획득할 수 있는 기능이 있는 도구도 있습니다. 이를 이용하면 오프라인에서는 할 수 없었던 커뮤니케이션도 가능해집니다.

채팅 도구

Slack, Microsoft Teams, Google Chat, Chatwork 등의 도구가 있습니다. 채팅 도구를 통해 회고를 진행할 때는 여러 아이디어를 한꺼번에 작성하는 것보다는 한 개씩 나눠서 댓글을 다는 것이 좋습니다. 댓글 하나하나에 이모티콘 등으로 반응을 표시하면 어떤 아이디어가 좋은지 한눈에 파악할 수 있습니다. 스레드 기능이 없는 채팅 도구는 토론이 흘러가기 쉬우므로, 음성으로 정보를 보완하면서 진행하는 것이 좋습니다.

공동 편집형 텍스트 도구, 위키

Confluence, Google Docs 등의 도구와 Box 등의 파일 공동 편집이 가능한 파일 공유 도구. 비교적 자유도가 높은 회고가 가능합니다. 글자 강조, 밑줄, 글자색 등을 잘 활용하면 입력한 사람을 구분할 수 있으며, ● 표시를 도트 스티커 대신 사용해

(*2) 얼굴을 비추는 것이 부담스럽다면 FaceRig(가상 아바타를 표시하고 얼굴의 움직임과 아바타를 연동하는 도구)를 사용해도 얼굴을 표시하는 것과 거의 비슷한 효과를 기대할 수 있습니다. 얼굴과 입의 움직임, 시선 등을 파악하는 것만으로도 커뮤니케이션이 훨씬 수월해집니다.

투표를 하는 것도 가능합니다. 도구에 따라서는 누가 어느 곳을 편집하는지 시각화하는 커서를 제공하여, 팀원들이 문서를 동시 작성하는 모습을 확인할 수 있습니다.

텍스트 도구의 장점은 스티커 메모보다 정보량을 쉽게 늘릴 수 있고, 표나 이모티콘 등을 사용하면 오프라인에서는 할 수 없는 커뮤니케이션이 가능하다는 점입니다.

| 작업 관리 도구

Jira, Trello 등의 도구. 태스크의 스윔레인[*3]을 활용하면 KPT p.231와 같은 방법도 가능합니다. 작업 제목으로 하나의 아이디어를 표현하는 것이 좋습니다.

| 공동 편집형 화이트보드 도구

Miro, MURAL 등의 도구. 오프라인에서 스티커 메모를 사용하는 상태와 거의 동일한 커뮤니케이션이 가능합니다. 스티커 메모의 색상이나 크기를 달리하면 쓰는 사람을 구분하거나 내용을 분류할 수 있습니다. 다음과 같은 오프라인에서는 실현하기 어렵거나 번거로운 조작 또한 도구로 해낼 수 있습니다.

- 여러 개의 스티커 메모를 선택해 일괄 이동
- 스티커 메모 내용 수정하기
- 스티커 메모 색상 변경
- 누가 썼는지 알 수 있도록 태그를 삽입
- 이모티콘을 통한 커뮤니케이션
- PDF 파일로 내보내기

이러한 도구의 특징을 활용해 온라인에서만 가능한 회고 방법을 찾아보시기 바랍니다.

도구에서 제공하는 회고용 템플릿을 사용하면 회고의 사전 준비를 단축하거나 새로운 회고 기법을 발견할 수도 있습니다. 혹은 여러분의 회고에 접목할 수 있는 아이디어를 발견하게 될지도 모릅니다.

(*3) (역주) 스윔레인(Swimlane): 칸반 보드를 여러 열(Column)로 구분해 작업(이슈)를 구분하는 방법

온라인 화이트보드 도구 활용법

온라인 화이트보드 도구의 편리한 사용법을 몇 가지 소개합니다.

다양한 모양의 스티커 메모. 흔히 스티커 메모라고 하면 사각형 모양의 스티커를 떠올리기 쉽지만, 도구에 따라 원형 스티커 메모도 사용할 수 있습니다. 원형 스티커는 상하좌우 어느 위치에나 스티커를 연결하기 쉬워 스티커 간의 연관성을 표현하기 쉽습니다. 또한 사각형 스티커에 비해 톡톡 튀고 부드러운 인상을 주기 때문에 아이디어를 많이 내는 자리에서 사용하면 평소와 다른 관점의 아이디어가 나오기 쉽습니다.

타이머 기능. 시간을 설정하고 타이머를 켜면 모든 사람의 화면에 표시할 수 있습니다. 타이머가 0이 되면 소리가 울리도록 설정할 수 있는 것도 있어 시간 관리에 도움이 됩니다.

이모티콘을 이용한 투표. 스티커 메모에 이모티콘으로 반응할 수 있는 기능을 사용하면 이모티콘으로 투표할 수 있습니다. 이 기능이 없다면 원형 오브젝트나 이모티콘 오브젝트를 사용하여 투표합니다.

마인드맵, 칸반 등의 템플릿. 글자를 입력하면 자동으로 이 템플릿에 맞게 정형화하는 도구도 있습니다. KPT p.231와 같이 질문의 수가 정해져 있다면, 칸반의 템플릿에 맞춰서 할 수도 있습니다.

온라인 화이트보드 도구에는 이 외에도 많은 기능이 있으니, 도구의 공식 문서를 읽어보면서 다양한 사용법을 시도해 보시기 바랍니다.

06장

회고의 마음가짐

변화와 성장을 가속화하는 마음가짐

수용하기

다각도로 바라보기

배움을 축하하기

작은 발걸음을 내딛기

실험하기

빠른 피드백을 얻기

변화와 성장을 가속화하는 마음가짐

회고에서는 실패를 마주해야 할 때도 있습니다. 이럴 때 어떤 마음가짐을 가져야 할까요?

히카리 씨…!
히카리 씨 같은 시점이 좋네요.

의문 씨나 히카리 씨처럼 사람마다 다른 관점을 가지고 있네요. 여러 측면에서 보면 또 다른 깨달음을 얻을 수 있을 것 같네요.
사건

저는 낙천적인 면이 있어서 의문 씨처럼 확실하게 말해주면 도움이 돼요!
그런 건가요?

사람마다 관점이 다르니까요.
관점이나 마음가짐을 바꾸어 보는 것은 회고에서도 중요한 일이구나!

관점을 바꾸어 보자, 라고…

요즘 일감이 부족했었는데 이 정도가 딱 좋아요.
그런 거야?

팀에서 회고를 진행하는 데 있어 중요하게 생각해야 할 마음가짐이 있습니다. 이 장에서는 이를 하나씩 소개하고자 합니다. 회고를 진행하기 전에 팀원들과 함께 이러한 마음가짐을 확인하거나 '회고의 시간을 만들 때' 팀원들과 함께 논의해보는 것도 좋습니다.

- 수용하기
- 다각도로 바라보기
- 배움을 축하하기
- 작은 발걸음을 내딛기
- 실험하기
- 빠른 피드백을 얻기

◆ 수용하기

회고에서는 자신과 팀이 경험한 성공과 실패 등 모든 사건을 마주하게 됩니다. 이때 내가 관여한 실패가 있다면, 어쩔 수 없이 외면하고 싶은 마음이 들기 마련입니다. 예기치 못한 실수를 저질렀거나 여러 가지 사건들이 겹쳐서 발생한 실패의 원인이 바로 나 자신이었다고 상상해 보세요. 이런 생각하고 싶지 않은 사건들을 회고의 자리에서 마주하게 되면, 자신이 비난을 받는 것 같아서 괴로운 마음이 드는 사람도 있을 것입니다. 하지만 실패로부터 계속 도망치면 다음 카이젠으로 이어지지 않을 뿐만 아니라, 같은 실패를 반복하게 될 수도 있습니다.

이때 중요한 것은 있는 그대로의 모습을 팀원들과 함께 받아들이는 것입니다. 혼자서는 그 사실을 받아들이지 못해도 팀이라면 받아들일 수 있습니다. '일어나 버린 실패'를 하나의 '사건'으로 객관적으로 바라보고 받아들입니다. 사물을 객관적으로 바라보고, 자신을 '사건 속 등장인물 중 한 명'으로 거시적 관점으로 바라봄으로써 냉정하게 사건을 분석하는 의식을 가질 수 있습니다. 냉정해진 상태에서 다음을 분석합니다.

- 왜 그런 일이 일어났는지
- 다음에 더 잘할 수 있는 것은 무엇인지

그 '무엇을 할 것인가'라는 미래의 행동이 실패를 성공의 힘으로 바꾸어 줍니다.

자신이 다른 팀원들의 실패를 마주할 때에도 팀으로서 있는 그대로를 받아들이는 것이 중요합니다. 개인의 실패가 아닌 '팀에서 발생한 실패'로 받아들이는 것입니다.

실패에 대한 비난이나 인격을 부정하는 발언을 한 경험이 있나요? 혹은 주변에서 그런 행동을 하는 사람을 본 적이 있나요? 그런 말과 행동은 사람을 위축시키고 성장을 저해합니다. 주변 사람들도 듣기 싫은 소리입니다. 비난이나 부정이 아닌 사실을 팀원들이 있는 그대로 받아들이고 객관적으로 바라보며 냉정해져야 합니다. 그리고 다음에는 어떻게 해야 할지 고민하는 것이 더 생산적이고 더 나은 팀을 만들어 나갈 수 있습니다.

'있는 그대로를 팀원들이 받아들이는' 수용의 정신으로 자신과 팀의 현재를 인식하는 것을 반복해 나가면 '이럴 때 자신과 팀은 이렇게 생각하고 행동하는 경향이 있다'는 메타인지(metacognition)가 생기게 됩니다. 메타인지를 통해 팀의 행동 원리를 객관화할 수 있게 되면, 팀의 행동을 보다 의식적으로 카이젠할 수 있으며 팀의 성장을 촉진시킵니다.

◆ 다각도로 바라보기

모든 일에는 양면성이 있습니다. 어떤 사건을 바라볼 때, 보는 각도에 따라 '잘 안 된' 부분도 있고 '잘 된' 부분도 있을 것입니다.

어린 아이가 페트병에 담긴 물을 컵에 붓는 모습을 상상해 봅시다. 아이는 물을 컵에 따르는 데는 성공했지만, 너무 세서 물이 넘쳐 버렸습니다. 그 모습을 지켜보던 당신은 그 아이에게 어떤 말을 할까요? 상상해 보세요.

몇 가지 답변 예시를 살펴봅시다.

- 물이 넘쳐 버렸네 / 컵에 물을 따랐네
- 아~ / 대단하네!
- 조심하자 / 다시 한번 해볼까?
- 다음에는 어떻게 하면 흘리지 않을까? / 물을 전부 따르려면 어떻게 해야 할까?

'물을 엎질러 버린 것'을 문제 삼아 '다음부터는 엎지르지 않도록 조심해'라고 부드럽게 주의를 주는 사람도 있습니다. 그러면 아이는 물을 흘리지 않도록 조심스럽게 물을 따르거나, 주의를 받지 않기 위해 컵을 가지고 노는 것을 그만두게 될 수도 있습니다.

관점을 바꿔봅시다. 조금이라도 물을 컵에 직접 따르는 것은 성공했습니다. 물을 엎질러 버렸지만 컵에 물은 남아있습니다. 아이에게는 '컵에 물을 잘 담았어. 어떻게 하면 다음에는 물을 흘리지 않고 모두 컵에 담을 수 있을까?'와 같이 잘한 부분과 다음 카이젠을 위한 생각의 계기를 주는 방법도 있습니다. 그러면 아이는 따르는 높이를 바꿔본다든지 더 큰 컵으로 바꿔본다든지 하는 식으로 시행착오를 겪으며 실험하기 시작합니다.

이것이 바로 '다각도로 바라본다'입니다. 그리고 이 이야기는 팀에서도 마찬가지입니다. 사람마다 사고방식이 다르기 때문에 어떤 사건을 앞에 두고 어떤 사람은 '잘 안 됐다'라는 실패에 주목하고, 어떤 사람은 '잘 됐다'라는 성공에 초점을 맞춥니다. 대부분의 일에는 100% 실패, 100% 성공은 없습니다. 나쁜 점만 바라보고 있다면 의식적으로 좋은 점을 찾아보거나, 반대로 성공이라고 생각되는 것들에서 문제점을 찾아보거나 하는 사고방식을 가져봅시다.

다각적으로 바라보기 위한 첫 번째 포인트는 보는 입장을 바꾸어 보는 것입니다. 앞서 말한 아이의 예에서 '부모의 입장이었다면', '아이의 입장이었다면'. '아이의 친구의 입장이라면', '선생님이나 보육교사의 입장이었라면'이라고 입장을 바꾸면 보이는 것이 달라집니다. 팀으로 회고할 때에도 자신의 시선, 팀원의 시선, 팀의 시선, 이해관계자의 시선 등 입장을 바꿔보면 다양한 아이디어가 나올 수 있을 것입니다.

두 번째 포인트는 자신의 사고와 발상의 습관을 아는 것입니다. 그리고 자신이 자주 생각하는 방향과 다른 방향으로 생각을 돌려봅시다. 평소와 다른 관점을 사용하면 새로운 발견이 있을 것입니다. 다양한 관점을 사용하면 성공 사례를 더 카이젠하고 발전시키거나 실패에서 얻은 교훈을 더 극대화하여 다음에 활용할 수 있게 됩니다.

세 번째 포인트는 팀원들끼리 서로를 끌어내는 것이다. '자신의 생각과 발상의 습관을 아는 것'과 마찬가지로 팀원들의 습관에도 주목해 봅시다. 상대방의 발언을 존중하면서 다른 관점으로 질문을 던집니다. 팀원들끼리 서로에게 질문을 던지게 되면, 혼자서는 예상하지 못했던 의견과 아이디어를 끌어낼 수 있게 됩니다.

◆ 배움을 축하하기

보통 실패는 두려운 것입니다. 실패를 비난하는 사람이 있는 직장에서 부하직원은 실패하지 않기 위해 '지금까지 혼나지 않았던 행동을 답습하는' 보수적인 사고방식을 갖게 됩니다. 혼나지 않기 위해 실패를 숨기게 되고, 심각한 문제의 발견이 늦어지는 폐해가 발생하기도 합니다.

이를 해소하는 것이 '배움을 축하한다'는 사고 방식입니다. 자신과 팀에 일어난 사건을 '배움이 있었다', '카이젠할 수 있는 기회가 생겼다'고 인식하고, 그 배움을 서로 축하하는 것입니다. 배움을 축하하게 되면 성공과 실패를 팀의 배움으로 전환할 수 있습니다. 실패조차도 초기에 팀원들과 공유할 수 있게 되고, 더 큰 피해를 입기 전에 대책을 세울 수 있게 됩니다. 또한 실패를 두려워하지 않고 새로운 일에 도전할 수 있게 됩니다. 새로운 도전은 또 다른 배움과 깨달음의 기회가 되고, 그 배움과 깨달음은 새로운 도전을 낳는 좋은 순환의 고리를 만들 수 있습니다.

'배움을 축하한다'는 사고 방식을 팀의 지침으로 삼으면 성공이나 실패에 상관없이 보다 긍정적인 아이디어를 만들어 내기 쉬워질 것입니다.

◆ 작은 발걸음을 내딛기

회고에서는 한 걸음씩 변화하는 것이 중요합니다. 경험을 통해 얻은 배움에서 내일의 자신과 팀이 조금이라도 성장할 수 있는 카이젠 아이디어를 만들어 낼 수 있습니다.

팀에 문제가 생겼을 때, 모든 문제를 해결하려고 하면 문제가 너무 커서 해결하기 어렵거나 문제가 해결할 수 없어 의욕이 떨어질 수 있습니다. 이럴 때는 모든 문제를 다 해결하려고 하지 말고, 한 군데라도 변화를 일으킬 수 있는 아이디어를 내봅시다. 변화를 시도해 보면 문제를 어떻게 풀어나가야 할지 실마리를 찾을 수 있을 뿐만 아니라, 문제의 본질을 파악할 수 있어 본질에 접근하기 쉬워지는 경우도 있습니다.

회고 진행 중에 '지난 한 주 동안 좋은 점은 하나도 없었다'는 분위기가 계속되는 상황에서도 '1%의 변화를 찾아 1%만이라도 어딘가를 바꿔보는 것'은 그리 어렵지 않습니다. 수면에 조약돌을 던져 파문을 일으키면 그 파문이 겹쳐서 큰 파문이 되듯이, 조금씩 변화를 이어갑시다. 성장을 느낄 수 없을 만큼 작은 변화라 할지라도 그 변화를 지속하다 보면 어느새 큰 변화가 생겨날 것입니다. 그리고 그 변화를 체감할 수 있게 되면 성장의 실감으로 이어져 '새로운 것을 해보자'라는 더 큰 성장의 동기가 생기게 됩니다.

회고에서 큰일을 하려고 할 필요는 없습니다. 조금씩이라도 좋으니 일상 활동 속에서 배우고 깨달음을 얻어 다음 행동으로 이어가면 됩니다.

◆ 실험하기

작은 실험을 해 봅시다. 실험이란 성공할지 실패할지 모르지만 무엇인가 변화를 일으키기 위해 도전하는 것입니다. 1%의 변화를 위한 팀의 행동은 실험이라고 말할 수 있을까요? 확실한 성공이 눈에 보이는 카이젠을 계속하다 보면 언젠가는 벽에 막혀 성장이 멈춰버릴 수 있습니다. 이때 벽을 넘어 앞으로 나아가기 위해 필요한 것이 바로 '실험'입니다.

큰 실험을 하려고 하면 대부분 실패하기 마련입니다. 작은 실험을 반복하면서 '어떻게 하면 실패하기 쉬운지', '어떻게 하면 실패해도 손해를 보지 않는지'를 경험에서 팀이 배워나가는 것이 중요합니다.

또한 실험은 팀에 동기부여를 가져옵니다. '하고 싶다', '해보자'라는 새로운 시도를 계속하다 보면 '더 해보고 싶다', '더 새로운 시도를 해보고 싶다'는 의욕이 생깁니다. 실험은 실험을 가속화시킵니다.

실험의 반복을 통해 얻은 성공과 실패는 더 큰 배움으로 전환될 수 있습니다. 이러한 실험을 통해 얻은 배움은 벽을 넘어 비약적인 성장으로 이어집니다.

◆ 빠른 피드백을 얻기

행동을 통해 얻은 결과에 대해 가능한 한 빨리 피드백을 받도록 합니다. 행동의 결과를 객관적으로 보고 팀 내에서 서로 피드백을 주고받거나, 다른 사람의 조언이나 의견을 구해 피드백을 받는 것도 좋습니다. 피드백이 빠르고 신선할수록 피드백을 통한 카이젠이 더 쉽게 이루어질 수 있습니다. 그 카이젠이 다시 다음 행동을 낳고, 큰 배움과 깨달음을 만들어내는 선순환이 이루어집니다.

빠른 피드백을 얻기 위해서는 행동의 결과를 빨리 알 수 있는 상태로 만들어야 합니다. 행동이 한 달은 지나야 가능한지, 아니면 지금 당장 실행할 수 있는지에 따라 피드백을 받을 수 있는 시간은 크게 달라집니다. 가능한 한 빨리 피드백을 받을 수 있는 행동을 만들고, 즉시 행동을 실행하는 것을 의식해야 합니다.

중장기적인 행동도 단기적인 행동으로 세분화하여 조금씩 피드백을 받을 수 있도록 합니다. 중간에 피드백을 받을 수 있다면 궤도 수정이 쉬워지고 이상적인 목표에 더 가까이 다가갈 수 있을 것입니다.

서로 피드백을 주고받을 수 있는 관계가 형성되면 소통이 활성화되고 협업이 잘 이루어질 수 있습니다. 팀원들끼리 자주 피드백을 주고받을 수 있는 환경을 만들어 나갑시다.

단일 루프 학습과 이중 루프 학습

이 장에서 소개한 회고의 마음가짐을 갖추는 데 있어 배경 지식으로 알아두면 좋은 것이 단일 루프 학습과 이중 루프 학습입니다.

단일 루프 학습은 행동으로 인해 발생한 결과를 받아들여 카이젠하는(전략을 바꾸고 행동을 바꾸는) 싸이클을 말합니다.

이중 루프 학습은 단일 루프 학습에 더해 행동의 결과를 받아들여 전제와 목적으로 돌아가는 것을 말합니다. '애초에 왜 그런 행동을 했는가', '어떤 목적으로 그런 행동을 했는가'로 되돌아가는 것입니다. 그리고 카이젠으로 전제와 목적을 수정한 후 새로운 전략을 수립하고 행동으로 옮깁니다.

전제와 목적으로 돌아가지 않으면, 카이젠은 어딘가에서 소진되고 멈춰버릴 수도 있습니다. 거기서 벗어나기 위해서는 이중 루프 학습과 실험하는 p.165 마음가짐을 가지고 기존과 다른 전략을 수립해 보는 것도 필요합니다.

2장 칼럼에서 설명한 경험학습 사이클 p.62 와 함께 이중 루프 학습도 의식한 회고를 통해, 회고의 효과를 더욱 높일 수 있습니다.

07장

회고의 진행

진행이 두렵지 않아

진행자의 마음가짐!

진행자는 '촉구'하는 사람

정답을 요구하지 않는다

모두가 진행자

Agile

진행이 두렵지 않아

회고를 시작한 지 얼마 되지 않았을 때, 진행에 대한 고민이 많이 생깁니다. 어떻게 팀 안에서 대면하면 좋을까요?

◆ 진행자의 마음가짐

여러분이 회고의 진행자를 맡게 된다면, 우선 부담감은 갖지 마세요. 사전 준비부터 회고 진행, 팀원들에게 질문하는 것까지 모두 혼자서 해야 한다고 생각하면 진행자는 매우 힘들고 어려운 존재가 될 수 있습니다.

진행자를 처음 할 때는 아마도 불안감이 많을 것입니다. 먼저 그 불안감을 팀원들에게 털어놓으세요. 불안한 부분은 서로 도와주면 됩니다. 실패를 하더라도, 실패를 만회할 필요는 없습니다. 그 실패도 경험과 배움으로 전환하고, 당신의 깨달음을 팀원들에게 환원하거나 팀원들의 깨달음을 가르쳐 받으면, 팀의 회고는 조금씩 더 좋은 쪽으로 바뀌어 갈 것입니다.

◆ 진행자는 '촉구'하는 사람

회고에서 진행자의 역할은 사회 진행이 아닙니다. 자리를 촉진하는 것이 진행자입니다. 발언을 유도하고, 토론을 유도하고, 깨달음을 유도하고, 발산과 수렴을 촉진하고, 행동의 구체화를 촉진하고, 또한 회고의 다양한 정보에 대해 접근합니다. 팀이 회고를 진행하는 상황이나 팀원들의 표정, 몸짓 등을 관찰하고 대화를 촉진시킵니다.

평소 업무에서 잘 사용하지 않는 능력이 필요할 수도 있습니다. 하지만 이를 부담스러워하지 말고, 꼭 즐기시기 바랍니다. 당신이 회고를 즐기는 자세가 회고를 좋은 방향으로 이끌 수 있을 것입니다.

◆ 정답을 요구하지 않는다

회고나 회고에서 만든 행동에 정답은 없습니다. 만약 여러분이 마음속에 '팀원들이 회고에서 만들었으면 하는 행동'이 있다면, 그것을 마음속에서 버리는 것부터 시작해야 합니다. '회고의 정답'을 요구하게 되면 팀을 그 방향으로 무리하게 견인하고 유도하게 됩니다. 자신이 유도되었다고 느낀다면 팀원들은 좋은 감정을 가질 수 없으며, 모두가 함께 회고를 하고 있음에도 불구하고 당신 혼자 처음부터 결정한 결론 이상의 성과를 낼 수 없습니다.

팀을 신뢰하고 팀에 맡겨봅시다. 새롭고 흥미로운 의견을 환영하고 모두 함께 논의해 봅시다. 그렇게 하면 상상하지 못했던 놀라운 결과를 만들어 낼 수 있을 것입니다.

◆ 모두가 진행자

리더나 스크럼 마스터가 계속 진행자를 맡는 것도 흔한 고민입니다. 팀원들이 '회고 진행자는 다른 사람이 하는 것'이라는 의식이 있으면, 리더나 스크럼 마스터가 휴가 등으로 자리를 비웠을 때 회고가 열리지 않게 됩니다. '회고는 강요당하는 것'이라는 의식이 생겨, '우리가 자발적으로 하는 것'이라는 의식이 만들어지기 어렵습니다.

팀원들에게 팀원 모두가 진행자라는 생각을 심어 줍시다. 주체가 되는 진행자가 한 명 있고, 나머지 팀원들은 자신이 잘 할 수 있는 분야에서 회고를 진행합니다. 다음과 같이 자신만의 방식으로 진행하면 됩니다.

- 의견을 화이트보드나 스티커 메모로 시각화하기
- 의견을 이끌어 내기 위한 질문 던지기
- 궁금한 점을 파헤쳐 보기
- 발언을 그림으로 표현하기

- 회의를 관찰하기
- 회의에서 나온 정보 정리하기

모두가 진행자 역할을 하는 것에 익숙해지면 주체가 되는 진행자도 바꿔봅시다. 진행자를 경험하면 지금보다 더 다른 사람을 배려하고, 다른 사람에게 도움을 줄 수 있게 됩니다.

08장

회고의 기법 알아보기

회고의 기법을 다양하게 시도해 봅시다

01 DPA(Design the Partnership Alliance)
02 희망과 우려
03 신호등
04 행복 레이더
05 감사
06 타임라인
07 팀 스토리
08 Fun / Done / Learn
09 5Whys
10 행동의 후속 조치
11 KPT
12 YWT
13 열기구 / 돛단배 / 스피드카 / 로켓
14 Celebration Grid
15 작은 카이젠 아이디어
16 노력과 고통(Effort and Pain) / 실현 가능성과 유용성(Feasible and Useful)
17 도트 투표
18 질문의 고리
19 SMART한 목표
20 + / Δ

Agile

회고의 기법을 다양하게 시도해 봅시다

회고에도 익숙해졌습니다. 하지만 조금 매너리즘에 빠진 느낌. 더 좋은 방법이 없을까 싶을 때. 이럴 때는 다양한 방법을 시도해 봅시다.

(*1) (역주) YWT는 일본 도요타에서 유래한 회고 방식으로 '한 일', '깨달은 것', '다음에 할 일'을 약어로 표기한 것입니다.

◆ 회고의 기법을 알아보자

회고에는 100가지가 넘는 다양한 방법이 있습니다. 대표적인 예로는 KPT(케이피티)[*2]가 있고, KPT에도 다양한 변형이 있습니다[*3]. 왜 이렇게 다양한 종류가 있는 것일까요?

그것은 팀의 특성이나 상황에 따라 새로운 기법이 만들어지거나 변형되기 때문입니다. 새로운 기법은 웹사이트나 블로그 등을 통해 공개되어 많은 사람들이 접할 수 있게 되고, 보다 효과적이거나 범용화된 기법은 책으로 남게 됩니다.

회고의 방법을 아는 것은 팀이 회고의 '목적'을 달성하기 위한 '수단'을 늘리는 것입니다. 팀의 상황과 상태는 날마다 변합니다. 회고를 하는 '목적'도 팀의 상황과 상태에 따라 달라집니다. 현재 팀의 '상황과 상태(목적)'에 맞게 '방법(수단)'을 선택할 수 있다면, 회고는 더욱 즐겁고 효과적일 수 있습니다.

팀에서 사용할 수 있는 수단을 늘리려면, 솔직하게 '새로운 회고 방법을 시도해 보는 것'도 좋은 방법입니다. 새로운 것을 몇 가지 시도하다 보면 어떤 상황에서 그 기법을 사용할 수 있는지 조금씩 알 수 있을 것입니다. 더 좋은 방법은 그 회고 기법이 어떤 목적으로 만들어진 것인지, 어떤 상황에서 사용해야 하는지를 이해한 후 사용하는 것입니다. 기법의 목적과 자신의 팀 상황이나 상태가 완벽하게 일치하는 경우는 드뭅니다. 기법을 실제로 시도해 보고, 기법의 목적과 팀의 상황과 상태의 차이, 그리고 기법의 실천 결과에서 얻은 학습을 연결하면 기법을 팀의 상황과 상태에 맞게 변형할 수 있게 됩니다.

(*2) 'Keep(계속할 것)', 'Problem(문제가 되는 것)', 'Try(시도할 것)'의 3가지 질문으로 회고하는 기법. 이 장의 '11 KPT' p.231에 자세히 설명되어 있습니다.

(*3) KPTA, KPTT, TKPT, KWT, KJPT, KWS, KPT as ART 등이 있습니다. 여기서는 자세히 설명하지 않으니 관심이 있다면 인터넷에서 찾아보시기 바랍니다.

이 장에서는 20가지의 회고 기법을 이용 상황별로 소개합니다. 어떤 상황에서 사용할 수 있는지, 어떤 목적의 기법인지, 그리고 어떻게 진행해야 하는지 자세히 설명합니다. 팀의 상황과 상태에 따라 조금씩 새로운 기법을 시도해보고, 효과적인 회고를 진행하는 데 도움이 되길 바랍니다.

이 장에서 소개하는 기법들은 표 8-1에 정리되어 있습니다.

표 8-1 이 책에서 소개한 20가지 방법론

기법		단계 ❶ 회고를 사전 준비한다	단계 ❷ 회고의 시간을 만든다	단계 ❸ 사건을 떠올린다	단계 ❹ 아이디어를 낸다	단계 ❺ 행동을 결정한다	단계 ❻ 회고를 카이젠 한다	단계 ❼ 행동을 실행한다
01	DPA		○					
02	희망과 우려		○					
03	신호등		○		○	○	○	
04	행복 레이더		○	○				
05	감사		○	○	○		○	
06	타임라인			○				
07	팀 스토리			○	○			
08	Fun / Done / Learn			○	○			
09	5Whys			○	○			
10	행동의 후속 조치			○	○	○		
11	KPT			○	○	○		
12	YWT			○	○	○		
13	열기구 / 돛단배 / 스피드카 / 로켓			○	○	○		
14	Celebration Grid			○	○	○		
15	작은 카이젠 아이디어				○	○		

16	**노력과 고통(Effort & Pain) / 실현 가능성과 유용성(Feasible & Useful)**				○	○		
17	**도트 투표**		○		○	○		
18	**질문의 고리**				○	○		
19	**SMART한 목표**					○		
20	**+ / △**			○			○	

◆ 회고의 기법을 읽는 방법

이 장에서는 기법의 내용을 다음 항목으로 설명합니다.

| 이용 장면

4장에서 설명한 '회고의 진행 방법' 중 어느 단계에서 활용할 수 있는 방법인지 소개합니다. 대상 단계는 ❷~❻단계의 5가지입니다.

- 단계 ❶ 회고를 사전 준비한다
- 단계 ❷ 회고의 시간을 만든다
- 단계 ❸ 사건을 떠올린다
- 단계 ❹ 아이디어를 낸다
- 단계 ❺ 행동을 결정한다
- 단계 ❻ 회고를 카이젠한다
- 단계 ❼ 행동을 실행한다

여러 단계에 걸쳐 사용할 수 있는 기법도 있습니다. 각 단계에서 사용할 수 있는 기법을 선택해 내용을 확인하고 일련의 흐름을 상상해 보면 좋을 것입니다.

| 개요 · 목적

기법의 개요와 어떤 용도로 사용하는지 목적을 설명합니다. 여기서는 다른 기법과 조합하는 방법도 설명하고 있습니다. 다양한 조합을 시도해 보는 것도 좋습니다.

| 소요시간

기법을 사용하기 위해 필요한 시간을 기재하고 있습니다. 이 시간은 5~9명 정도의 팀이 1주일의 회고를 할 때 필요한 시간을 기재한 것입니다. 그보다 인원이 많거나 긴 기간을 회고하는 경우에는 기재된 시간보다 더 많은 시간이 필요하므로 주의하시기 바랍니다(*4).

| 진행 방법

방법을 어떻게 진행해야 하는지에 대한 절차와 대략적인 시간을 기재하고 있습니다. 회고 진행 중 질문 내용과 주의점도 기재되어 있으므로, 처음 해당 방법을 다루는 경우 '진행 방법'에 따라 사용해 보시면 좋을 것입니다. 팀에서 한번 실천해보고, 다음에는 팀의 상황과 상태에 맞게 변형시켜 보시기 바랍니다.

| 리카 씨의 원포인트 조언

방법을 사용하는 데 있어 중요한 포인트를 설명합니다. 흔히 접하기 쉬운 문제에 대한 해결책을 제시하는 경우도 있으니 '진행 방법'과 함께 읽어보시기 바랍니다.

(*4) 회고의 대상 기간과 인원수별 필요 시간은 1장 '회고란 무엇인가?'의 '회고에 필요한 것' p.29에서 자세히 설명하고 있습니다.

◆ 회고 기법의 선택 방법

| 처음 회고를 진행하는 경우

이제부터 처음으로 팀에서 회고를 진행하는 데에 불안감이 있다면, 아래 구성에 따라 회고를 실천해 보세요.

DPA → KPT → + / Δ
DPA → YWT → + / Δ

DPA p.184에 의해 회고의 규칙을 설정하고, KPT p.231, YWT p.238라는 알기 쉬운 방법으로 행동을 결정하고, 마지막에 + / Δ p.279로 회고를 카이젠을 하는 구성입니다.

두 번째부터는 DPA를 감사 p.202로 바꿉니다. KPT, YWT를 실시한 후 도트 투표 p.262로 아이디어의 구체화 및 SMART한 목표 p.273에 의해 행동을 구체화합니다. 회고에 익숙해질 때까지는 이 방법을 반복해 봅시다.

감사 → KPT → SMART한 목표 → + / Δ
감사 → YWT → SMART한 목표 → + / Δ

회고에 익숙해지면 각 단계에 가장 적합한 기법을 찾아 새로운 기법으로 바꿔 시도해 보시기 바랍니다. 회고 기법의 조합에 대해서는 10장에서 구성 예시를 몇 가지 소개합니다. 그쪽도 함께 시도해 보시면 좋을 것입니다.

| 이미 여러 번 회고를 실시한 경우

만약 여러분이 이미 회고를 실행하고 있고 새로운 방법을 찾고 있다면, 20가지 기법의 '개요 · 목적'이나 도표를 간단히 훑어보시기 바랍니다. 그리고 회고의 각 단계에 가장 적합한 방법을 찾거나 마음에 드는 방법의 페이지를 열어 자세히 읽어보세요. 읽은 후에는 바로 팀원들과 함께 시도해 보세요. 처음 시도하는 방법은 잘 안 될 수도 있으니, '회고를 카이젠한다' p.139 를 잊지 말고 실행합시다.

다양한 기법을 시도해 보고, 팀의 상황과 상태에 따라 잘 활용할 수 있게 되면, 이 책에서 벗어나 다양한 기법을 찾아보거나 직접 기법을 만들어 보시기 바랍니다. 이 책에서 소개하는 기법은 세상에 널려 있는 기법의 일부에 불과합니다. 팀원들과 함께 즐거운 회고를 목표로 자신들 팀만의 회고를 만들어 가시기 바랍니다. 그리고 어려운 일이 생기면 이 책을 펼쳐 회고의 기본을 다시 한 번 검토해 보세요. 분명 처음 읽었을 때는 보이지 않던 것들이 눈에 들어오기 시작할 것입니다.

만약 회고의 세계를 더 깊이 탐구하고 싶다면 13장 '회고의 수파리(守破離)' p.335 도 읽어보시기 바랍니다. 또한 책 말미에 있는 '참고문헌' p.356 에도 회고의 세계에 접근하기 위한 정보를 담았습니다.

기법 01

DPA (Design the Partnership Alliance)

◆ 이용 장면

단계 ❷ 회고의 시간을 만든다

◆ 개요 · 목적

DPA(Design the Partnership Alliance)는 모두가 함께 회고의 규칙을 만드는 방식입니다. 모두가 함께 규칙을 만들면서 참여자 모두가 스스로의 의지로 회고를 만들어가고 있다는 의식이 형성됩니다. 그 결과, 회고 진행 중에 활발한 의견 교환이 이루어질 수 있습니다.

작성한 규칙은 다음 회고 시간 처음에 확인합시다. DPA는 첫 번째 회고를 진행할 때 활용하면 좋으며, 한번 만든 규칙은 팀원 교체 시기나 1~3개월에 한 번씩 다시 작성하는 것이 좋습니다.

DPA에서 결정하는 것은 두 가지뿐입니다.

- 어떤 분위기에서 회고를 진행하고 싶은지
- 그 분위기를 조성하기 위해 무엇을 할 것인지

이 내용에 대해 의견을 나누고 모두가 동의할 수 있는 내용을 선택합니다.

◆ 소요 시간

사전 준비는 필요 없습니다. 설명을 포함하여 10~20분 정도 소요됩니다.

그림 8-1 DPA 예시

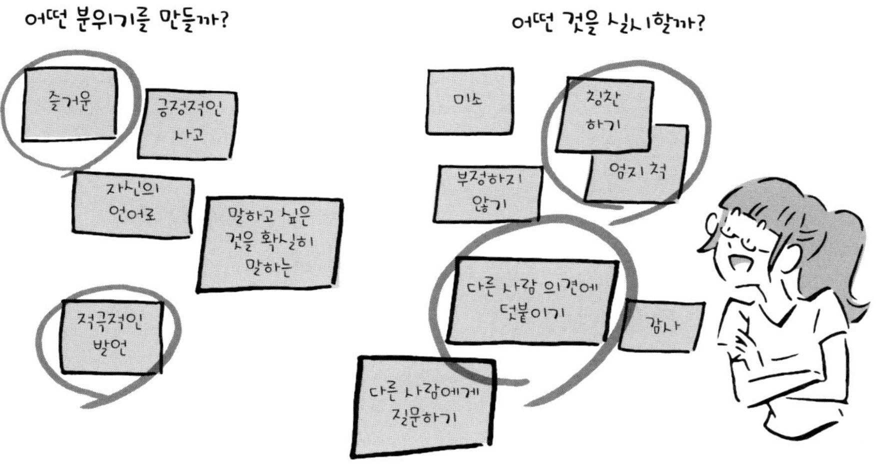

◆ 진행 방법

❶ 첫 5분 동안 '어떤 분위기로 회고를 진행하면 좋을지' 논의합니다. 5분 중 2분 정도는 혼자서 스티커 메모에 의견을 적고, 나머지 3분 정도는 공유와 합의를 위한 시간으로 활용합니다. 모두가 쓴 스티커 메모를 공유하고 '모두가 동의할 수 있는 것'만을 선택합니다. 합의된 의견은 동그라미를 치거나 표시를 해, 쉽게 알 수 있게 합니다.

❷ 다음 5분은 '그 분위기를 만들기 위해 무엇을 할 것인가'에 대해 논의합니다. 아까처럼 2분 정도 혼자서 작업하고, 나머지 3분 정도는 공유와 합의를 위한 시간

으로 합니다. '무엇을 할 것인가'에 대해서도 합의가 되면, 잘 알아볼 수 있도록 합의된 내용에 표시합니다.

❸ 최종적으로 합의된 의견은 회고를 진행하는 동안 눈에 잘 띄는 곳에 붙입니다. 그리고 모두가 합의한 내용을 낭독합니다. 합의한 분위기와 행동을 팀원들이 함께 의식하면서 회고를 진행하도록 유도합니다.

누군가가 규칙을 어겼을 때, 말없이 규칙을 가리키는 것이 좋습니다. 말로 지적하지 않더라도 말없이 규칙을 가리키는 것만으로도 규칙을 어긴 사람에게 전달됩니다. 분명 '지키지 못했네, 미안해', '아하하, 규칙을 어겼네. 다음부터는 지킬게'라며 웃는 얼굴로 대화가 오갈 것입니다. 온라인에서 회고를 진행하는 경우, 규칙을 어겼을 때 팀원들이 볼 수 있는 곳에 규칙을 적은 스티커 메모나 문자열 오브젝트를 이동시키는 것이 좋습니다. 이에 대해 이모티콘이나 스탬프 등으로 반응하면 좋은 분위기를 만들 수 있습니다.

◆ 리카 씨의 원포인트 조언

먼저 혼자 생각하는 시간을 만드세요.

사람마다 생각하는 방식이 다르잖아요. 히카리 씨처럼 머릿속에 떠오른 아이디어를 몇 개씩 바로 내놓을 수 있는 사람이 있는가 하면, 의문 씨처럼 머릿속으로 충분히 생각한 후 하나의 의견을 내놓는 사람도 있습니다. 모두가 히카리 씨 타입이라면 문제가 없지만, 의문 씨 타입의 사람이 있는 경우 혼자 생각할 시간을 가지지 않고 갑자기 토론을 시작하면 목소리가 큰 사람의 분위기에 휩쓸려 자신의 의견을 말하기 어려워지죠. 반드시 먼저 혼자 생각하는 시간을 만들도록 합시다.

모든 사람이 한 마디 이상 말합시다.

이 규칙을 회고 시작할 때 미리 말해두면 그 다음부터는 모두가 의견을 말하기 쉬워져요. 아마 회고에 참여하고 있다는 의식이 생기기 때문일 거예요. 작성한 스티커 메모를 한 사람 한 사람이 큰 소리로 공유합니다. 그렇게 해서 합의에 도달하면 이후 의견 교환이 활발해져서 회고를 원활하게 진행하기 쉬워질 거예요.

규칙이 너무 많으면 곤란해요!

합의할 수 있는 것들을 모아서 이것도 좋고, 저것도 좋고, 해서 10가지 정도의 규칙을 만든 적이 있어요. 하지만 회고 시간 동안 모든 규칙을 의식하며 진행하기에는 무리가 있었죠. 기껏해야 한두 개 정도만 의식할 수 있었고, 게다가 대부분의 사람들은 회고 도중에 규칙을 잊어버리기도 합니다. 회고를 진행하다가 문득 규칙이 눈에 들어와서야 비로소 규칙이 있다는 것을 기억하기도 하죠. 그때 동그라미나 표시가 10개 이상 붙어 있으면 규칙이 너무 많아서 볼 엄두가 나지 않아요. 규칙은 '팀에게 가장 중요한 것이 무엇인지'를 선택해서 한두 가지로. 많아야 3개 정도로 합시다.

빠르게 합의하는 방법을 사용합시다.

짧은 시간에 여러 의견 중에서 모두가 합의할 수 있는 것을 선택하는 것은 쉽지 않아요. 의견이 강한 사람이 '이것으로 합의해도 괜찮을까?'라고 물으면, 좀처럼 반대 의견을 말하기 어려운 분위기가 형성되어 그 의견이 그대로 결정되는 경우도 있습니다. 그리고 마음속으로는 '사실 합의하지 않았는데…'라고 생각하는 사람도 있어요. 그런 장면을 종종 봅니다. 이럴 때는 Roman Voting(로만 보팅)을 잘 활용해 보세요.

Roman Voting은 주먹을 쥐고 엄지손가락을 위로 올릴지(썸즈업), 아래로 내릴지(썸즈다운)로 합의 여부를 판단하는 방법입니다. 다만 엄지손가락을 아래로 내리는 것에 그다지 좋은 인상을 받지 못하는 사람도 있습니다. 그럴 때는 손으로 ○×(오, 엑스)를 만드는 제스처를 활용해도 됩니다. 한 명이라도 동의할 수 없는 아이디어가 있으면 채택하지 맙시다. 모두가 일치단결하여 '하자!'라고 말할 수 있는 것을 선택합시다.

합의해서 만든 규칙은 모두가 지킵시다.

'별로 내키지 않았지만 일단 합의한 것'이더라도, 모두가 함께 결정한 것은 아무리 작은 것이라도 지키겠다는 의식을 가져 보죠. 우선은 규칙을 지켜보고, 행동으로 옮겨봅시다. 그런 작은 행동들이 쌓이면 팀에 변화를 일으킬 수 있다고 생각해요. 행동해 보고, 그것이 싫었다면 무엇이 싫었는지 회고 시간을 통해 공유하면 됩니다. 그리고 규칙을 조금씩 바꿔나가면 되는 거죠.

규칙은 정기적으로 갱신합시다.

처음 만든 규칙은 추상적인 표현이 많아서 '이걸 정말 할 수 있을까?'라고 생각할지도 몰라요. 나중에 팀에 합류한 사람은, '왜 이런 규칙을 지켜야 하는 걸까'라고 생각할 수도 있어요. 하지만 괜찮아요. 규칙은 한번 만들었다고 해서 그대로 유지되는 것은 아니니까요. 팀원이 늘어나거나 교체되는 시점에 회고의 시작에 다시 DPA를 통해 규칙을 갱신해 보죠.

규칙을 갱신할 때는 이전 규칙을 보면서 새로운 규칙을 생각해도 좋고, 처음부터 다시 만들어도 좋아요. 규칙 만들기를 여러 번 반복하다 보면 규칙도 구체화되고, 팀에 지금 필요한 규칙이 만들어져, 회고에 대한 참여 의식도 달라지죠.

팀이 안정적이라 하더라도 3개월에 한 번씩은 규칙을 재검토하거나 수정해 봅시다.

기법 02

희망과 우려

이용 장면

단계 ❷ 회고의 시간을 만든다

개요 · 목적

희망과 우려는 회고의 주제를 결정하는 데 적합한 방법입니다. 팀이 이렇게 되고 싶다는 '희망'과 팀이 가지고 있는 '우려'를 서로 이야기하면서 회고에서 논의할 주제를 결정합니다.

'희망'과 '우려'를 병렬적으로 제시해도 좋고, '우려'를 제시한 후 팀이 어떻게 변화하고 싶은지 '희망'을 논의하고 그 다음 방법으로 '희망'을 어떻게 실현할지 논의하는 것도 좋습니다. 또는 '희망'을 제시한 후 이에 대한 '우려'를 제시하고, '우려'를 불식시킬 방법을 논의할 수도 있습니다. 팀의 상황과 상태에 따라 접근 방식을 달리하는 것이 좋습니다.

이 기법을 이용해 회고의 시작에 주제를 정하면, 그 자리에서 정해진 주제에 맞춰 회고의 구성과 질문을 바꾸어 나가는 것도 가능합니다. 다만 즉석에서 구성을 짜는 것이 어렵다면, 회고를 시작하기 전에 희망과 우려를 모두 함께 적어보고, 회고의 구성을 미리 생각해 두는 것이 좋습니다.

◆ 소요 시간

사전 준비와 설명을 포함해 10~15분 정도 소요됩니다.

그림 8-2 희망과 우려의 예시

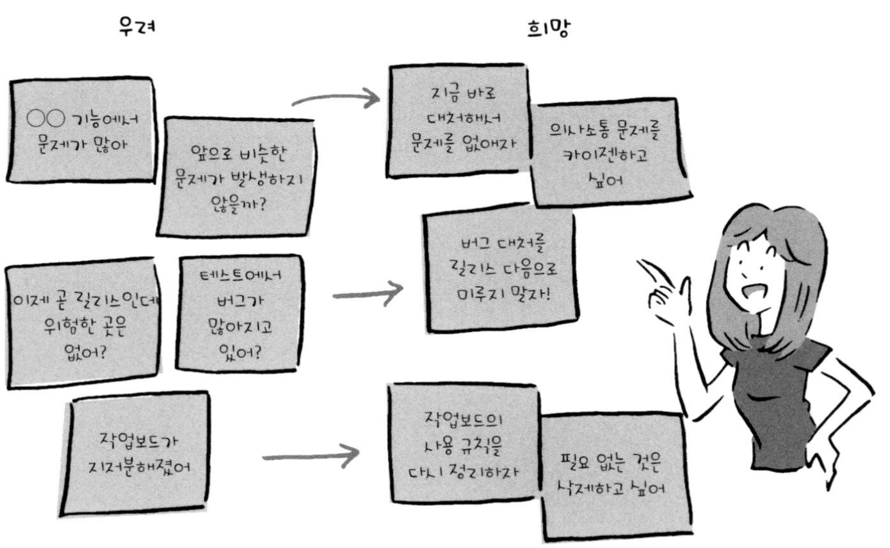

◆ 진행 방법

여기서는 '우려'에 대해 '희망'을 제시하는 접근 방식을 설명하겠습니다.

[사전 준비] 화이트보드에 희망과 우려를 쓸 수 있는 공간을 준비합니다.

❶ 먼저, 2분 정도 한 명씩 '우려'를 스티커 메모에 적습니다. 다음과 같이 질문에 대한 의견을 스티커 메모에 적어봅시다.

- 어떤 우려사항이 있는지

- 어떤 문제가 있는지
- 어떤 불안이 있는지
- 앞으로 어떤 우려가 생길지

❷ 다음으로 2~5분 정도 '우려'를 공유합니다. 한 사람당 한장씩 간결하게 스티커 메모에 적은 내용을 공유하면서 화이트보드에 붙입니다.

❸ '우려'의 공유가 끝나면 2분 정도 '희망'을 각자 스티커 메모에 적습니다. 다음과 같이 질문에 대한 의견을 스티커 메모에 적어봅시다.

- 현재 상황을 어떻게 바꾸고 싶은지
- 어떻게 달라지면 좋을지

❹ 다시 한번 2~5분 정도 '희망'을 공유합니다.

❺ 마지막으로 모두가 작성한 '우려'와 '희망' 중에서 이번 회고에서 논의할 주제를 최대 2개까지 결정합니다. 주제는 토론으로 결정해도 좋고, 투표로 결정해도 됩니다[*5]. 결정된 주제는 화이트보드에 크게 적고, 회고할 때 질문으로 사용할 수 있도록 합니다.

리카 씨의 원포인트 조언

문제를 너무 깊이 파고들지 않도록 주의하세요!

'우려'는 공유하는 데서 멈추고, 더 깊이 파고드는 것은 후속 방법에 맡겨야 해요.

(*5) 투표 방법은 이 장의 '17 도트 투표' p.262에 자세히 설명되어 있습니다.

흔히 '우려'를 이야기하다가 한 가지 개인적 문제를 깊이 파고들기 시작해, 목표를 정하지 못한 채 엉뚱한 토론이 계속되는 경우가 있어요. 희망과 우려는 표면적인 주제를 결정하는 데는 적합하지만, 문제를 깊이 파고드는 데는 적합하지 않아요. 희망과 우려만으로는 문제의 요인과 구조를 정확히 가시화하기 어렵고, 토론이 중구난방이 되기 쉬워지죠. 이 자리에서는 참여자 모두가 공감대를 형성할 수 있을 정도의 논의로 국한합시다.

지금 발생한 문제에만 너무 집착하지 말죠.

'우려'를 적기 시작하면, 아무래도 현재의 문제에 초점을 맞추기 쉬워요. 하지만 이 방법은 미래의 불안과 우려도 함께 언급할 수 있다는 점에서 가치가 있어요. 질문을 던지는 과정에서 '장래'에 대한 불안과 우려도 함께 언급하도록 유도해 봅시다. 방법을 변형하면 의도적으로 '현재의 우려'만을 모을 수도 있고, 의도적으로 '미래의 우려'만 모아서 주제를 정할 수도 있어요. 팀의 상황과 상태에 따라 질문을 바꿔봅시다.

억지로 우려를 생각해 내지 않아도 괜찮아요.

만약 '우려'나 불안이 떠오르지 않는다면 '희망'을 중점적으로 언급해도 괜찮아요. '(지금○○이 안 되어 있으니) ○○을 하고 싶다'와 같이 '희망'이 '우려'의 반대말이 될 수도 있어요. '우려'가 나오지 않더라도 '희망'만을 제시하다 보면 '우려'와 연결되는 의견이 나올 수도 있죠. 팀의 특성에 따라 '희망'에 강하게 초점을 맞출지 여부도 고려해 봅시다.

기법 03

신호등

이용 장면

단계 ❷ 회고의 시간을 만든다 | 단계 ❹ 아이디어를 낸다 | 단계 ❺ 행동을 결정한다 | 단계 ❻ 회고를 카이젠한다

개요・목적

신호등은 현재의 심경을 신호등 색깔에 비유해 표현하는 기법입니다. 도트 스티커를 사용해 회고의 시작과 끝에 신호등의 세 가지 색(빨강, 노랑, 파랑)으로 심경을 표현합니다. 회고 전후에 두 번씩 실시하면 심경의 변화를 시각화하는 데 도움이 됩니다. 또한 팀의 심리적 건강 상태를 파악하는 데 사용할 수 있으며, 팀원들이 회고의 효과를 체감하는 데에도 효과적입니다.

만약 색(심경)이 좋아졌다면 무엇인가 좋은 효과가 있었다고 생각할 수 있습니다. 만약 색(심경)이 나빠졌다면 무엇인가 불안감이 커진 것일 수도 있습니다. 지금까지 보이지 않던 문제의 전체상이 보임으로써 불안감이 커졌을 수도 있습니다. 이 경우는 문제에 대한 공통된 인식을 가졌다는 것으로, 앞으로 한 걸음 나아갔다는 점에서 회고의 효과가 있었다고 볼 수 있습니다. 단순히 논의가 부족해서 불안감이 커진 경우도 있으므로, 이 경우 회고의 진행 방식을 재검토할 수 있는 계기가 될 수 있습니다.

회고를 통해 모든 문제를 해결하기란 쉽지 않습니다. 하지만 신호등으로 긍정적인 변화의 조짐을 느낄 수 있다면, 문제 해결을 위한 한 걸음을 내딛는 팀의 변화를 실감할 수 있습니다.

◆ 소요 시간

사전 준비와 설명을 포함해 10분 정도 소요됩니다.

그림 8-3 신호등 예시

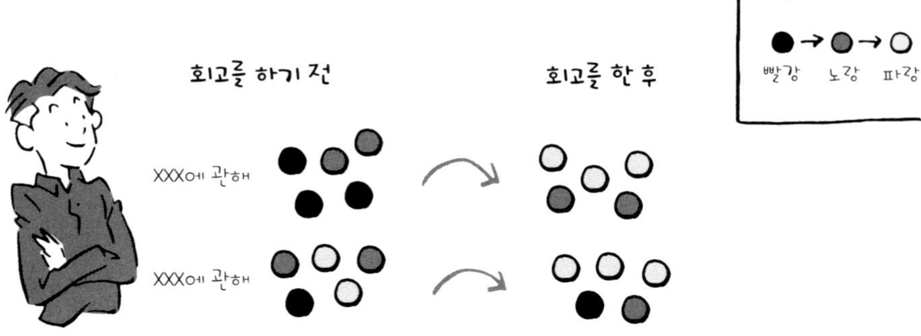

◆ 진행 방법

[사전준비] 3색 도트 스티커를 준비합니다. 신호등 3색(빨강, 노랑, 파랑)이 없다면 3색은 다른 색으로 해도 무방합니다. 다만 어떤 색이 어떤 의미를 가지는지 미리 정해서 공유합니다. 도트 스티커가 없다면 3색 마커를 사용해도 괜찮습니다.

❶ 색상에 따라 심경의 정도를 표현하며 의미는 다음과 같습니다.

- **빨강** 상당한 불안과 우려가 있다
- **노랑** 약간의 불안과 우려가 있다
- **파랑** 걱정하지 않는다

신호등의 세 가지 색을 사용하면 모두의 공감대를 형성하기 쉽습니다. 그래서 간혹 색에 대한 설명 없이 '신호등의 세 가지 색으로 지금의 심정을 표현합니다'라고 말하기도 합니다.

❷ 회고의 주제에 대한 지금의 심정을 도트 스티커로 표현합니다. 도트 스티커에 이름을 기입할 필요는 없습니다. 만약 주제가 없다면 지금의 마음을 표현하는 것만으로도 충분합니다. '왜 그 색으로 했는지'를 물어봄으로써 주제의 후보가 나오기도 합니다. 모든 팀원의 발표가 끝나면 그 내용을 보고 팀원들끼리 경향을 논의합니다.

❸ 회고 마지막에 느낀 심정을 도트 스티커로 표현합니다. 회고의 처음에 붙인 스티커 옆에 지금의 마음을 빨강, 노랑, 파랑 세 가지 색으로 표현합니다.

❹ 스티커 붙이기가 끝나면 사전-사후 스티커를 보고 팀의 변화를 논의합니다. 다음과 같은 내용을 5분 정도 이야기해 봅시다.

- 어떤 기분의 변화가 있었는지
- 잘 될 것 같은지
- 아직 우려가 남아있는지

만약 아직 불안한 점이 남아있다면 스티커 메모로 남겨 둡시다. 지금 해결하고 싶은 불안감이 있다면, 팀원들과 함께 불안감을 해소할 수 있는 활동 시간을 즉석에서 정하고 별도로 논의하는 것이 좋습니다.

여기서 남긴 불안감은 다음 회고 때 어떻게 변화했는지 확인하면 좋습니다. 만약 회고의 진행 방식 때문에 불안을 해소하지 못했다면, '다음 회고에서는 어떻게 진행하면 좋을지'를 이야기해 봅시다

◆ 리카 씨의 원포인트 조언

다양한 기법과 조합해 봅시다.

신호등은 어렵지 않기 때문에 쉽게 할 수 있어요. 그리고 이 방법은 아이디어를 도출할 때에도 사용할 수 있어요. 예를 들어 희망과 우려 p.190 기법을 활용할 때 나온 희망과 우려에 모두 도트 스티커를 붙이면 팀원들의 희망과 우려의 정도를 시각화할 수 있죠. 그러면 희망과 우려가 가장 큰 것부터 우선순위를 정할 수 있겠죠. 세분화 기법은 노력과 고통(Effort & Pain) / 실현 가능성과 유용성(Feasible & Useful) p.258, 도트 투표 p.262 에서도 소개했으니 다양한 상황에서 활용해 봅시다.

화이트보드에 도트 스티커가 달라붙으면 곤란해요!

화이트보드에 직접 도트 스티커를 붙이지 않도록 주의하세요. 화이트보드에 직접 붙이면 떼어내기가 매우 힘들고 안감이 벗겨질 수도… 화이트보드를 사용한다면 스티커를 붙이고 그 위에 도트 스티커를 붙이거나, 화이트보드 마커를 도트 대신 사용하면 편리해요. 단, 종이에 쓰는 펜으로 화이트보드에 쓰지 않도록 하죠. 지우기가 엄청 힘들어요…

기법

04 행복 레이더

◆ 이용 장면

단계 ❷ 회고의 시간을 만든다 | 단계 ❸ 사건을 떠올린다

◆ 개요 · 목적

행복 레이더는 '회고 기간 동안 어떤 일이 있었는지'를 3가지 감정 이모티콘에 맞춰 표현하는 방식으로 단시간에 정보를 공유하기에 적합한 방법입니다.

감정 이모티콘에 맞춰 자신의 기억을 끄집어냄으로써 평소에는 놓치기 쉬운 작은 변화를 알아차리기도 하고, '나는 이렇게 생각했었구나'라는 자신의 감정을 마주할 수 있습니다. 또한 팀원들의 감정을 보면서 자신과 다른 점을 의식할 수 있게 되고, 팀으로서 중요한 사건이 무엇인지를 깨닫게 됩니다.

◆ 소요 시간

사전 준비와 설명을 포함해 10~20분 정도 소요됩니다.

그림 8-4 행복 레이더의 예시

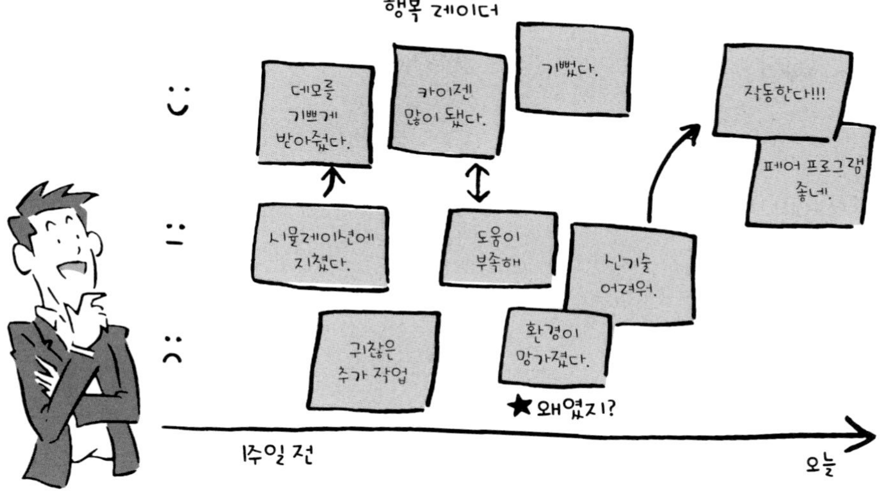

◆ 진행 방법

[사전 준비] 화이트보드의 세로축에 3가지 감정 이모티콘(웃는 얼굴, 진지한 얼굴, 곤란한 얼굴)을 그리고 가로축에 시간선을 긋습니다.

❶ 먼저, 3~5분 정도는 회고의 대상 기간 동안 다음을 떠올리며 스티커 메모에 적습니다.

- 어떤 일을 했는지
- 어떤 일이 있었는지

자신뿐만 아니라 팀의 활동에 초점을 맞춰 인상 깊었던 것부터 써 내려가는 것이 좋습니다. 적어 내려간 내용을 세 가지 감정 축에 맞춰 붙여 넣습니다. 엄격하게 3단계로 분류하지 않아도 괜찮습니다. 감정의 기복이 느껴질 정도로만 작성하면 됩니다.

❷ 다음으로 5~10분 정도 붙인 스티커 메모를 간단히 공유합니다. 모두의 의견을 공유하면서 '나도 이렇게 생각했다', '나는 사실 다른 느낌이었다' 등의 의견이 있으면 새로 스티커 메모를 작성하고 새로 붙입니다. 그리고 다음을 표현해 봅시다.

- 팀에 무슨 일이 있었나
- 팀 전체가 생각했던 것

◆ 리카 씨의 원포인트 조언

기억이 나지 않을 때는…

무슨 일이 있었는지 기억이 나지 않아 곤란해 하는 사람이 있다면, 다른 사람이 쓴 스티커 메모를 보면서 기억을 떠올리도록 유도해 보죠. 스티커 메모가 3장 이상 쌓이면 행복 레이더에 붙여놓게끔 하고, 다른 사람의 의견을 보면서 자신의 기억을 떠올려 보도록 합니다. 기억을 떠올리는 데 시간이 오래 걸릴 것 같으면 회상 시간을 조금 더 길게 잡도록 변경해도 괜찮아요.

정보 공유는 간단히 공유하면 됩니다.

행복 레이더를 공유할 때 모든 것을 너무 깊이 분석하려 들지 않도록 주의하세요. 아이디어를 내는데 다른 방법을 사용한다면 개요 정도가 다른 참가자에게 전해질 정도면 돼요. 한 개의 스티커 메모에 30초에서 60초 정도로 간결하게 공유합니다. 한 가지씩 깊이 분석하려 들지 말고 중요한 의견이 있으면 표시를 해두고, 모든 사람의 의견 공유가 끝난 후에 다시 분석하면 돼죠. 우선은 모두의 의견을 공유하여 전체적인 느낌을 파악하는 것을 최우선으로 합시다.

기법
05

감사

◆ 이용 장면

단계 ❷ 회고의 시간을 만든다 | 단계 ❸ 사건을 떠올린다 | 단계 ❹ 아이디어를 낸다 | 단계 ❻ 회고를 카이젠한다

◆ 개요 · 목적

감사는 팀 내에서 일어난 일을 떠올리며 팀원들에게 감사하는 마음을 전하는 방법입니다. 회고의 처음에 상대방에 대한 감사의 마음을 전함으로써 긍정적인 생각을 할 준비가 되고, 발전적인 아이디어가 나오기 쉬우며, 팀원들 간의 소통을 활성화하는 데에도 도움이 됩니다. 회고의 마지막에 서로에게 감사의 마음을 전하면 다음 일을 긍정적으로 임할 수 있는 힘이 생깁니다.

감사는 언제든 팀 관계의 질을 높이는 데 사용할 수 있는 강력한 방법입니다. 다른 기법에 섞어 사용하는 것도 효과적입니다. 예를 들어 타임라인 p.206과 KPT p.231의 방법을 사용할 때 감사도 함께 사용하면 긍정적인 아이디어를 만들어 내기 쉽습니다.

아무리 신뢰 관계가 형성되지 않은 사이라도 진심 어린 감사의 말을 듣고 기분이 나빠지는 사람은 없을 것입니다. 감사를 전하는 것만으로도 의견 교환이 쉬워집니다. 실패하고 우울해하는 팀이 긍정적으로 분위기를 전환하는 데도 도움이 됩니다. 다양한 상황에서 사용해 보시기 바랍니다.

또한 Kudo Cards p.282라는 프랙티스를 사용하는 것도 추천합니다. 감사를 전

하는 보드나 박스를 만들어 매일 감사의 마음을 스티커 메모 등에 적고 남겨 둡니다. 그 결과를 회고에서 공유하는 것입니다.

그림 8-5 감사의 예

◆ 소요 시간

사전 준비는 필요 없습니다. 설명을 포함하여 5~10분 정도 소요됩니다.

◆ 진행 방법

❶ 누군가에게 도움을 받았던 일이나 기뻤던 일이 있는 사람부터 순서대로 '○○씨 ○○을 해주셔서 기뻤습니다. 감사합니다'와 같이 감사를 전합니다. 누군가가 먼저 입을 열면 그 말을 따라 조금씩 대화가 이어질 것입니다.

❷ 아무도 발언하지 않으면 10~15초 정도 기다립시다. 그 후에도 아무도 발언하지 않으면 종료합니다.

감사는 스티커 메모에 써도 좋습니다. 회고 시간이 아닌 다른 시간에 감사를 적어두고, 회고 시간에는 서로에게 감사를 말하는 것도 좋습니다. 또는 회고 시간 안에 감사 스티커를 붙이는 시간을 가져도 좋습니다.

◆ 리카 씨의 원포인트 조언

감사한 마음을 말로 표현합시다.

감사는 모두 함께 말로 표현해 봅시다! 아무리 사소하게 생각되는 감사도 말로 직접 전달하면 감사를 전하는 사람이나 받는 사람 모두 마음이 긍정적으로 바뀌게 될 거예요.

감사는 구체적으로 전합시다.

무엇을 해줘서 기뻤는지, 어떤 도움을 받았는지 최대한 구체적으로 전달해 봅시다. '에리, 지난 주에 진행자의 고민에 대해 상담 받아 줘서 고마워요. 그동안 가지고 있던 답답한 마음이 시원하게 풀렸어요!'처럼요. 구체적인 감사는 감사받은 사람이 어떤 것에 대한 감사인지 자각하게 되고, 감사받은 행동은 다음에도 또 해보고 싶다는 마음이 생기게 되죠.

침묵의 시간도 소중합니다.

아무도 말을 하지 않는 침묵의 시간이 계속되면, 그냥 다음 단계로 넘어가고 싶은 마음이 들기 마련이죠. 침묵이 지속되더라도 누군가가 감사의 말을 생각하고 있거나, 전달할 시기를 생각하고 있는 경우도 있어요. 침묵의 시간이 있더라도 속으로 10~15초 정도 세면서 기다려 봅시다.

한 사람씩 한 마디 이상 말해 봅시다.

감사의 강요로 이어지지 않도록 주의가 필요하지만, 감사는 회고를 긍정적으로 이끄는 스위치를 켜주는 역할을 해요. 아무리 작은 일이라도 좋으니 감사의 말(긍정적인 말)을 꺼내봅시다. 만약 스스로 입 밖으로 꺼내기 힘들고 말하기 어려워하는 사람이 있다면, 토킹 오브젝트 p.281를 사용해 모두가 말을 건다든지 하며 대화를 끌어내 보는 것도 좋아요.

물론, 회고 시간이 아니더라도 감사하는 마음을 잊지 맙시다.

회고의 자리에서 서로에게 감사를 전할 수 있게 되었다면, 회고 이외의 자리에서도 감사를 전해봅시다. 도움을 받았을 때, 기뻤을 때, 아무리 사소한 일이라도 상관없으니 감사함을 전하면 돼요. 얼굴 보고 말하기가 부끄러우면 Kudo Cards의 기법처럼 감사한 마음을 스티커 메모나 카드로 남겨 두면 돼요. 이런 감사의 마음이 쌓이면 팀원들 간의 관계가 조금씩 더 돈독해질 겁니다.

기법

06 타임라인

◆ 이용 장면

단계 ❸ 사건을 떠올린다

◆ 개요・목적

타임라인은 팀에게 일어난 사실과 감정을 합쳐서 작성해 나가, 팀원 전체가 함께 공유하기 위한 기법입니다. 사실과 감정을 공유하며, 팀원들이 가지고 있는 정보를 정리하고, 개선 아이디어를 쉽게 도출할 수 있도록 도와줍니다. 감정을 끌어내면 팀을 '내 자신의 일'로 생각하기 쉬워집니다.

타임라인에서 다음의 감정을 한 장의 스티커 메모에 모두 적습니다. 예를 들어 '○○○ 씨가 자료 작성을 도와줘서 도움이 되었다. 고마웠다'와 같은 식입니다.

- 어떤 일이 일어났는지
- 어떤 일을 했는지 라는 사실과 함께
- 이에 대해 이렇게 생각했다. 이렇게 느꼈다.

'고마웠다', '즐거웠다'와 같은 긍정적인 감정과 '슬펐다', '힘들었다'와 같은 부정적인 감정은 각각 다른 색의 스티커로 표현합니다. 화이트보드에 시간 순서를 알 수 있는 가로축을 그리고 그 위에 사실과 감정을 적은 스티커를 붙여 나갑니다.

◆ 소요 시간

사전 준비와 설명을 포함하여 20~30분 정도 소요됩니다. 참고로, 회고 대상 기간이 길어질수록 타임라인 작성에 더 많은 시간이 소요됩니다.

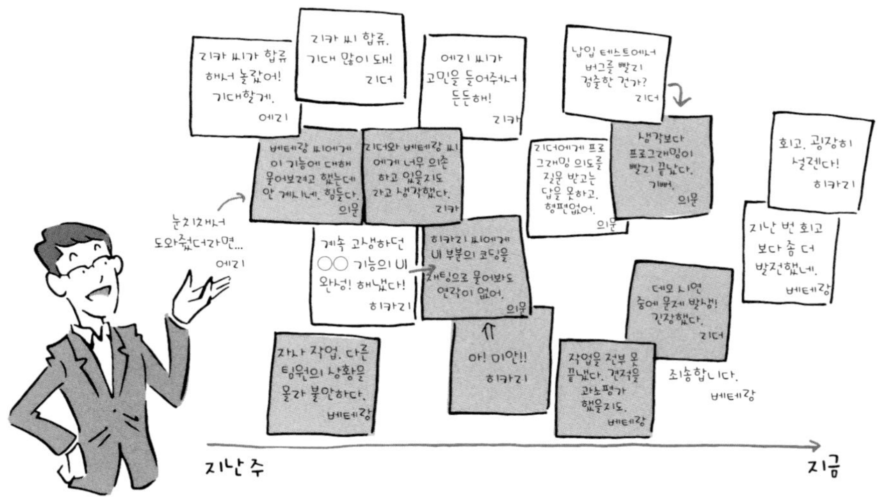

그림 8-6 타임라인 예시

◆ 진행 방법

[사전 준비] 스티커 메모를 포지티브/네거티브 2가지 색상으로 준비합니다. 또한 화이트보드에 시간축을 선으로 긋습니다. 시간축은 가로축으로 그려도 좋고, 공간이 없다면 세로축으로 그려도 무방합니다.

❶ 먼저, 8~12분 정도 시간을 내어 한 사람 한 사람 사건을 떠올리며 스티커 메모에 적습니다. 사실과 감정을 모두 스티커 메모에 적습니다. 긍정적인 사건과 부정적인 사건으로 색깔을 구분하여 기입합니다.

사건을 떠올릴 때 처음에는 가능한 한 PC나 수첩 등을 보지 않고 기억에만 의존해 사건을 떠올립니다. 그리고 기억나는 것부터 순서대로 써 내려갑니다. 처음부터 PC나 수첩을 보게 되면 적혀 있는 내용을 베끼는 데 집중해 버려 생각이 멈춰버리기 쉽습니다. 또한 사건을 너무 세밀하게 보게 되고, 스티커 메모가 많이 나와서 다른 의견의 무게가 약해집니다.

기억을 떠올리는 도중에 생각이 나지 않거나 막혀버리면 타임라인에 자신의 의견을 붙이러 갑니다. 그리고 다른 사람들이 붙인 스티커를 보면서 연상해서 머릿속에 떠오르는 것을 써 내려갑니다. '나는 이렇게 생각했었다'는 동의 또는 반대 의견이 있으면 내용 중복은 신경 쓰지 않고 새로 스티커에 써서 붙입니다. 다른 사람들을 위해서라도, 스티커 메모가 쌓이면 자발적으로 타임라인에 붙이러 갑니다.

지난번 회고의 행동으로 실행한 것이 있다면 사건으로 기재합니다. 실행한 결과는 어땠는지, 어떻게 느꼈는지를 적어 봅니다.

❷ 다음으로 10~15분 정도 공유를 진행합니다. 시간 순서대로 작성한 내용을 각각 공유합니다. 공유 시간에는 우선 모두의 의견을 공유하는 것을 중심으로, 한 사람의 이야기가 너무 길어지지 않도록 주의해야 합니다.

공유의 시간에는 사실과 감정의 경향성을 의식하고 토론해 봅시다.

- 경향이 나타나는 시기
- 어떤 사실에 스티커 메모의 색상과 숫자가 몰려 있는지 여부

이러한 경향을 보면 팀이 무엇을 해결해야 하는지 어렴풋이 알 수 있습니다. **표 8-2**는 경향의 예와 이를 파악하는 방법, 그리고 경향에서 더 많은 정보를 이끌어내기 위한 질문의 예시를 정리한 것입니다.

◆ 리카 씨의 원포인트 조언

중복되는 것을 신경 쓰지 말고 써 보세요.

함께 의견을 낼 때는 '남들과 다른 의견을 내야 한다'는 의식이 작용하기 쉽지만, 회고 시간에는 그런 생각을 버려야 돼요. '남들과 완전히 같은 의견', '남들과 조금 다르지만 거의 같은 의견' 모두 신경 쓰지 말고 써서 공유해 보죠. 여러 사람이 같은 의견을 가지고 있다는 것을 알게 되면, 팀원들끼리 '모두가 같은 의견을 가지고 있다면 바꾸자'라는 의식이 생기기 쉬워집니다. 스티커 메모의 개수로 팀원들의 의견의 크기를 알기 쉽게 시각화할 수 있어요. 다른 사람과 같은 의견일지라도, 생각나는 것은 거침없이 스티커 메모에 적어 붙여봅시다.

표 8-2 경향의 예와 정보를 끌어내는 질문

경향성	생각의 예	끌어내는 질문
특정 날짜와 비슷한 감정이 몰려있다	그날의 사건 속에 팀의 카이젠 아이디어가 숨어 있을 수 있음	• 그날이 우리에게 어떤 가치가 있었는지 • 우리들은 어떤 것이 기뻤는지 • 우리에게 어떤 것이 힘들었는지 • 우리가 배운 것은 무엇인지
하나의 사실에 수많은 감정이 집중되어 있다	그 사실에 팀의 카이젠 아이디어가 숨겨져 있을 수 있음	• 왜 우리는 같은 감정을 느꼈는지 • 반대의 감정을 가진 사람은 없었는지 • 과거에도 비슷한 일이 있었는지 • 우리에게 어떤 의미가 있는지
1가지 사실에 반대의 감정이 있다	사실과 다른 부분이나, 자세히 들여다보면 다른 감정이 표출되어 있을 수 있음	• 이 감정의 대립은 무엇을 의미하는지 • 다른 곳에 원인은 없는지
특정 날짜에 사실과 감정이 적다	별다른 일 없이 안정적이었지만, 다른 날짜의 영향이 커서 잊어버렸을 가능성 있음	• 그날 어떤 일이 있었는지 • 그날은 안심하고 지낼 수 있었는지 • 왜 아무 일 없이 지나갔는지

자발적인 발언을 유도해 봅시다.

진행자가 손가락으로 가리키며 스티커 메모를 차례로 읽어주고, 'OO이라고 적혀 있는데, 이건 누구의 의견인가요?'라고 질문하는 진행 방식이 있잖아요. 이렇게 하면 질문과 같은 대답을 반복하기 쉽고, 진행자로부터 질문을 받은 사람에게 대화의 바통을 넘기는 데 시간차가 발생하기 쉬워요. 공유할 때는 참가자가 자신의 판단에 따라 자신이 붙인 스티커 메모를 스스로 발언하도록 말해둡시다. 발언할 때는 시간 순서대로 읽으면 좋지만, 반드시 꼭 순서대로 정확하게 읽을 필요는 없어요. 다음 차례에 발언하려고 생각했다면 그대로 발언하면 돼요. 이렇게 하면 빠르게 의견을 교환할 수 있어요.

발언한 내용을 계속 써 나갑시다!

발언자는 스티커 메모에 적혀 있지 않은 정보를 발언할 수 있어요. 이 정보야말로 모두가 공유해야 할 가치 있는 정보라고 생각해요. 발언하는 사람이 스티커 메모에 적힌 내용을 말하면서 스티커 메모에 추가하는 것은 쉽지 않죠. 그래서 듣고 있는 사람이 스티커 메모나 화이트보드에 보충해 써 줍니다. 메모를 추가하거나, 화살표로 스티커를 연결하거나, 스티커를 이동하는 것도 해보죠. 그리고 이것들은 진행자 같은 특정인만 하는 것이 아니라 참가자 모두가 함께 하는 것입니다. 누군가가 이야기하고 있을 때, 그 정보를 참가자 모두를 위해 기록해 나간다는 의식을 가집시다.

이 기법은 타임라인뿐만 아니라 일상적인 토론에서도 사용할 수 있어요. 말로만 주고받다 보면 말싸움이 되고, 토론의 중심에서 벗어나는 것을 모르고 진행하기 쉽죠. 이 기법을 활용해 모두 함께 효과적인 토론을 해봅시다.

스티커 메모의 색상과 위치에 의미를 부여하는 것도 편리합니다.

스티커 메모의 색을 많이 써서 감정을 다양하게 분류하는 것도 재미있어요. 너무 많으면 생각하기 힘들어지기 때문에 많아야 4색 정도면 충분해요. 스티커의 색이 없을 때는 스티커를 붙이는 위치의 높낮이에 따라 감정의 높낮이를 표현해 봅시다.

그리고 누가 무슨 일을 했는지, 어떤 감정을 느꼈는지 자세히 알고 싶을 때는 사람별로 스티커의 색깔을 구분하는 것도 효과적이에요. 스티커 메모의 사용법은 다양하니, 각자 편리한 사용법을 찾아봅시다.

기법 07

팀 스토리

◆ 이용 장면

단계 ❸ 사건을 떠올린다 | 단계 ❹ 아이디어를 낸다

◆ 개요 · 목적

팀 스토리는 팀의 소통과 협업에 초점을 맞춰 팀 관계의 질과 사고의 질을 향상시키는 기법입니다.

시간순으로 일어난 일들을 회상하면서 팀 내에서 어떤 소통이 이루어졌는지, 어떤 협업이 이루어졌는지를 생각해 봅니다. 그리고 소통과 협업을 증폭시킬 수 있는 아이디어를 논의합니다.

팀의 소통과 협업을 활성화하기 위해서는 리더의 주도로 '소통을 잘하기 위해 ○○하자'라고 지시하는 것만으로는 효과가 없습니다. 팀으로 다음 대화를 나누다 보면, 각자의 문제로 귀결되고, 팀에 가장 적합한 소통 방법이 자연스럽게 형성되기 쉽습니다.

- 좋은 소통이란 무엇일까?
- 좋은 협업이란 무엇일까?
- 소통과 협업을 활성화하기 위해 팀에서 할 수 있는 일은 무엇일까?

만약 구체적인 아이디어가 나오지 않더라도 걱정하지 마세요. 이 자리에서 논의된 내용은 논의한 것만으로도 팀원들의 마음속에 뿌리를 내릴 수 있습니다. 논의된 내용은 평소 팀 활동에서 자연스럽게 활용될 수 있습니다.

◆ 소요 시간

사전 준비와 설명을 포함하여 30~40분 정도 소요됩니다. 참고로, 회고 대상 기간이 길어질수록 팀 스토리 작성에 더 많은 시간이 소요됩니다.

그림 8-7 팀 스토리 예

◆ 진행 방법

팀 스토리는 다음 세 단계로 나누어 진행됩니다.

① 스토리를 그린다
② 스토리를 공유한다
③ 소통과 협업에 대해 논의한다

각각에 대해 설명해 드리겠습니다.

[사전 준비] 2가지 색상의 스티커 메모를 준비합니다. 그리고 화이트보드에 '길'을 그려봅시다. 화이트보드를 가득 채워서 과거(지난번의 회고)부터 현재까지의 길을 그립니다. 이 화이트보드에 그려진 길과 그 위에 붙여진 스티커 메모가 바로 스토리입니다. 팀원 모두가 함께 팀의 스토리를 그려나가는 것이 팀 스토리라는 기법입니다.

① 스토리를 그린다

그림 8-8 사전 준비로 화이트보드에 길을 그리기

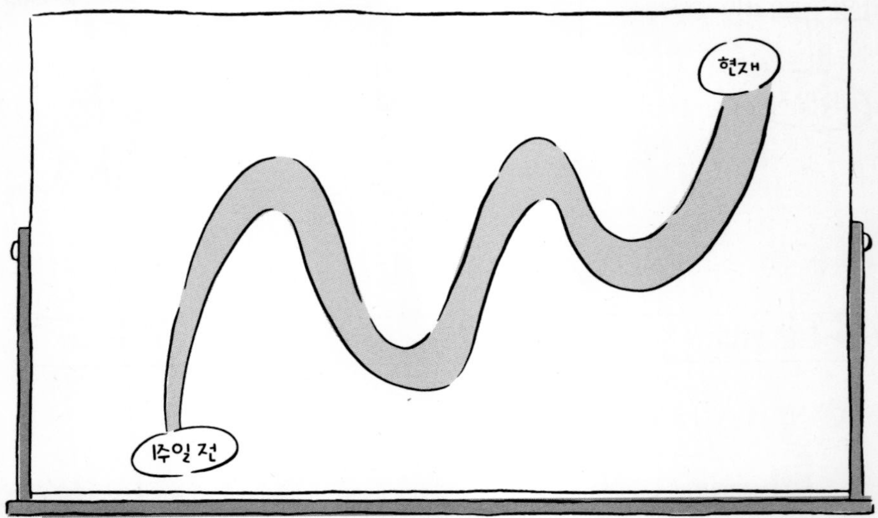

길을 그렸다면, 8~12분 정도 사건을 떠올려 봅니다. 한 일, 일어난 일을 첫 번째 색의 스티커 메모에 적습니다. 또한 팀원들과 어떤 소통과 협업을 했는지 두 번째 색의 스티커 메모에 적습니다. 예를 들어 '○○씨의 자료 작성을 리뷰했다', '○○씨와 제품에 대해 논의하고 조언을 받았다'와 같이 작은 일이라도 좋으니 두 명 이상이 함께 한 일을 작성해 보세요.

작성한 스티커 메모가 3장 이상 쌓이거나 막히거나 하면, 화이트보드 위에 스티커 메모를 붙이면서 조금씩 팀 스토리를 완성해 나갑니다. 스티커를 붙일 때는 대략적인 시간 순서대로 붙여도 됩니다. 시간 순서대로 **한 일, 일어난 일**이라는 사실과 **소통과 협업**을 길 위에 붙여 놓습니다. 이때 관련 있는 것은 근처에 붙여 놓습니다.

또, 더 이상 쓸 것이 없다고 생각되면 이미 게시된 스토리를 살펴봅니다. 연상되어 떠오르는 것이 있다면 스토리를 작성하여 추가합니다. 팀원이 당신과의 소통이나 협업에 대해 글을 썼다면, 당신의 관점에서 어떤 소통이나 협업이었는지 다른 각도에서 의견을 제시해 보는 것도 좋습니다.

② 스토리를 공유한다

다음으로 10~15분 정도 시간을 내어 팀원들과 함께 만든 팀 스토리를 공유합니다. 시간 순서대로 빠르게 공유해 나갑니다. 시간순으로 공유하는 기본적인 포인트는 **타임라인** p.206과 동일하므로 필요에 따라 참고하시기 바랍니다.

스토리를 공유하면서 다음과 같이 결과와 영향에 대해서도 이야기해 봅시다. 이야기한 내용은 두 번째 색의 스티커 메모로 스토리에 추가합니다.

- 이러한 소통과 협업이 팀에 어떤 효과를 가져다 주었는가
- 그 소통과 협업으로 인해 어떤 일들이 일어났는가

③ 소통과 협업에 대해 논의한다

마지막으로 10분 정도 ②에서 언급한 소통과 협업을 바탕으로 다음을 논의합니다. 논의된 내용은 적절히 스토리에 기록합니다.

- 더 나은 소통을 위해 무엇을 할 수 있을까
- 협업을 더욱 활성화하기 위해 무엇을 할 수 있을까

여기서는 팀 내 소통에 어떤 경향이 있는지, 하고 싶었지만 실천하지 못한 협업에 대해 논의해보는 것도 좋은 방법입니다. 문제 해결 외에도 팀의 목표를 실현하기 위해서는 어떻게 하면 좋을지도 생각해 봅시다. 긍정적인 주제로 토론을 진행하면 토론 중에도 소통이 활성화될 수 있습니다.

리카 씨의 원포인트 조언

회고 시간 중의 소통과 협업을 중요하게 여깁시다.

팀 스토리에서는 기법 안에서의 소통과 협업을 중시하는 것이 매우 중요해요. '소통과 협업'이라는 주제로 이야기를 나누는 것 자체가 소통과 협업을 향상시킬 거예요. 다 같이 협력해서 이야기한 내용을 글로 써서 시각화하고, 아이디어를 내봅시다.

다른 기법에도 소통과 협업의 사고 방식을 도입해 봅시다.

팀 스토리는 타임라인 p.206과 마찬가지로 사건을 기억하기 위한 수단 중 하나예요. 특별한 점은 소통과 협업에 대한 질문이 들어있다는 점이지요. 거꾸로 생각하면 이 질문을 타임라인에 넣으면 팀 스토리처럼 사용할 수 있어요. 본질을 잘 파악해서 다양한 방법으로 응용해 보세요.

기법
08

Fun / Done / Learn

이용 장면

단계 ❸ 사건을 떠올린다 | 단계 ❹ 아이디어를 낸다

개요 · 목적

Fun / Done / Learn(펀던런)은 Fun · Done · Learn이라는 세 가지 축으로 팀의 학습과 깨달음, 팀의 활동과 달성된 목표를 회고하는 기법입니다. 그리고 Fun이라는 다른 기법에는 없는 축을 추가해 즐거웠던 일을 떠올리고, 앞으로의 팀 활동을 즐겁게 하려는 의식이 생겨나는 등 팀에 활력을 불어넣어 주는 기법입니다.

Fun / Done / Learn은 '다음 행동을 어떻게 할 것인가'에 대해서는 명확하게 언급하지 않습니다. 따라서 '행동을 결정한다' 기법과 함께 사용하면 팀의 카이젠을 촉진할 수 있습니다.

소요 시간

사전 준비와 설명을 포함해 30분 정도 소요됩니다.

그림 8-9 Fun / Done / Learn의 예

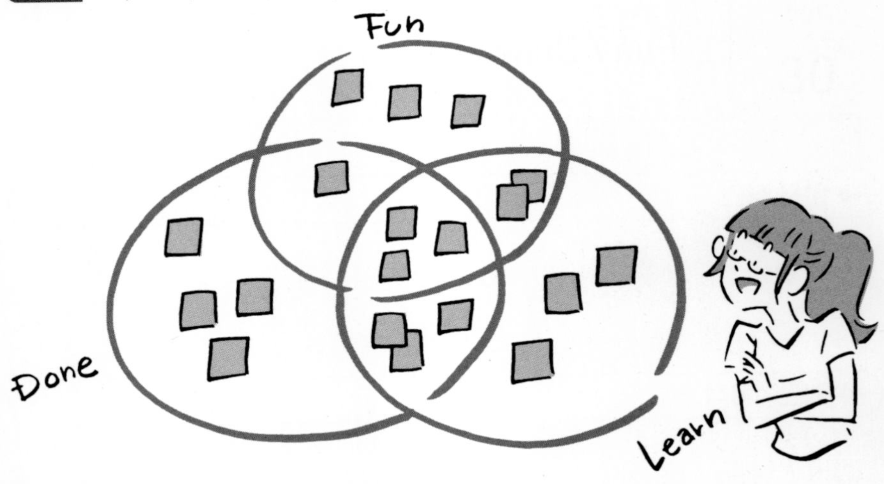

◆ 진행 방법

[사전 준비] Fun · Done · Learn을 큰 원으로 그립니다. 원을 겹치는 것이 어려운 경우, 세 개의 원이 겹치는 부분을 먼저 그리면 원을 깔끔하게 그리기 쉬워집니다.

❶ 먼저 10~15분 정도 시간을 내어 각자 스티커 메모를 작성하여 화이트보드에 붙입니다. 팀 활동에서 Fun · Done · Learn인 사건, 감정, 느낌, 배운 점, 깨달은 점 등을 적습니다.

Fun · Done · Learn에 대한 질문의 예는 표 8-3과 같습니다.

Fun · Done · Learn의 정의는 제시하지 않아도 괜찮습니다. 어떤 것이 Fun인지, Done인지, Learn인지 팀원들과 함께 논의하면서 결정하는 것도 좋습니다.

표 8-3 Fun · Done · Learn에 대한 질문 예시

Fun	• 즐거웠던 점은 무엇인가요? • 재미있었던 점이나 흥미로웠던 점은 무엇인가요?
Done(*6)	• 완성된 것은 무엇인가요? • 의식적으로 한 일은 무엇인가요?
Learn(*7)	• 배운 점이나 깨달은 점은 무엇인가요? • 기억에 남는 것은 무엇인가요?

❷ 손에 3장 이상 스티커가 쌓이면 Fun / Done / Learn 보드에 붙이는데, 이때 Fun · Done · Learn의 개별적인 곳에 붙일지, 겹치는 부분에 붙일지는 각자의 재량에 따라 결정합니다.

❸ 한 사람씩 모두 작성했으면, 10~15분 정도 Fun / Done / Learn 보드를 보면서 토론을 진행합니다. 다음과 같은 내용을 논의해도 좋습니다.

- 어떤 경향이 있는가? 그 경향을 어떻게 바꾸고 싶은지
- 팀에게 Fun은 어떤 것인가? 어떻게 늘리고 싶은가?
- 팀에게 Done은 어떤 것인가? 어떻게 늘리고 싶은가?
- 팀에게 Learn은 어떤 것인가? 어떻게 늘리고 싶은가?
- 가치가 큰 Fun · Done · Learn은 어떤 것인가?
- Fun · Done · Learn 중 어느 것에도 해당되지 않는 것은 무엇일까? 그 이유는 무엇일까?
- 다음에는 어떤 것을 행동으로 옮기고 싶은가?

(*6) Done에 관한 질문은 9장 '회고의 요소와 질문'의 '사실(주관과 객관 / 정성과 정량 / 성공과 실패)' p.286 에 자세히 설명되어 있습니다.

(*7) Learn에 관한 질문은 9장 '회고의 요소와 질문'의 '배움과 깨달음' p.292 에 자세히 설명되어 있습니다.

◆ 리카 씨의 원포인트 조언

시행착오를 즐깁시다.

Fun · Done · Learn이 각각 어떤 의미를 갖는지는 방법론적으로 명확하게 정의되어 있지 않아요. 그래서 정의도 팀원들과 함께 논의해 봐요. Fun / Done / Learn의 실천 자체를 즐기면서 시행착오를 겪어봅시다. 이 기법의 취지(진행 방식도 스스로 결정하는 것, 즐기는 것 등)를 설명한 후, 자신만의 방식을 만들어 갑니다.

예를 들어 스티커 메모를 쓴 사람이 아닌 다른 사람이 스티커 메모를 Fun · Done · Learn으로 분류하는 것도 재미있는 방법이예요. 여러 가지 방법을 실험해 보세요.

Fun · Done · Learn이 아닌 것을 꼽아도 괜찮아요.

회고를 하다 보면 Fun · Done · Learn 이외의 것도 의견으로 나올 때가 있어요. 이 의견은 잘라내지 않아도 돼요. 만약 원 안에 들어가지 않는 의견이라면 원 밖에 붙여두면 돼요. 원 밖에 있는 의견이 팀에 시사점을 주는 경우도 분명 있을 거예요.

기법

09

5Whys

◆ 이용 장면

단계 ❸ 사건을 떠올린다 | 단계 ❹ 아이디어를 낸다

◆ 개요 · 목적

5Whys는 어떤 사건에 대해 '왜'를 반복하면서 사건의 요인을 탐구하는 기법입니다.

5Whys의 이름에서 알 수 있듯이, 5단계의 '왜'를 반복하면 사건의 근본적인 요인이 표면에 드러나기 쉬워집니다(물론 필요한 단계가 5단계보다 더 적을 수도 있고, 더 많을 수도 있습니다). 사건을 더 이상 파고들 수 없다는 생각이 들 때, 분석할 대상을 바꾸어 전체적으로 더 깊이 분석할 수 있도록 합니다.

이 기법은 문제를 깊이 파고드는 것뿐만 아니라 좋은 점을 발전시키는 데도 활용할 수 있습니다. '왜 잘 되었는지', '왜 성공할 수 있었는지'에 대한 요인을 탐색하는 것입니다. 이 방법은 단독으로 사용할 수 있을 뿐만 아니라, **타임라인** p.206, KPT p.231 등 다양한 방법으로 요인을 분석할 때 유용하게 활용할 수 있습니다. 회고뿐만 아니라 언제 어디서나 활용하기 쉬운 발상이니 평상시에도 잘 활용해 봅시다.

◆ 소요 시간

사전 준비는 필요 없습니다. 설명을 포함해 10~15분 정도 소요됩니다.

그림 8-10 5Whys 예

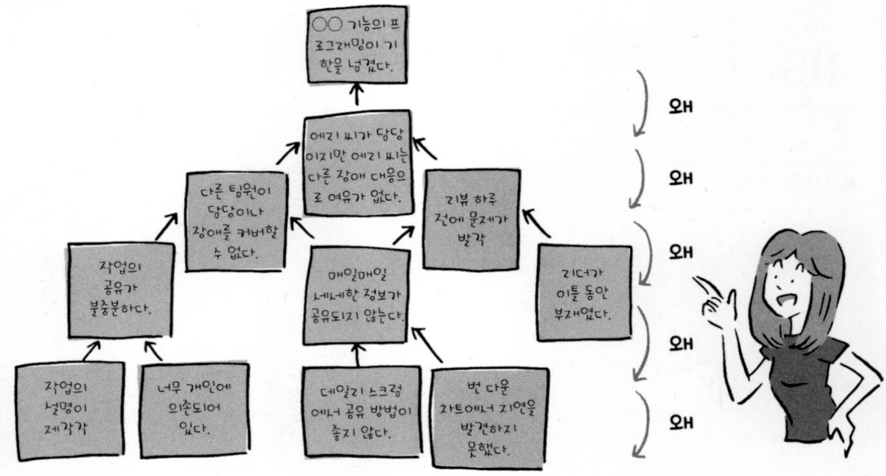

◆ 진행 방법

❶ 잘 된 일이나 문제에 대해 다음과 같이 질문하면서 원인을 파고듭니다.

- 왜/어떻게 성공했는지
- 왜/어째서 실패했는지
- 그 때 무슨 일이 일어났는지
- 무엇을 위해 그렇게 했는지
- 원인은 무엇인지

한 가지 사건에 대한 원인이 하나일 수도 있고 여럿일 수도 있습니다. 다양한 관점에서 생각하면서 원인을 나열해 봅니다.

분석한 원인을 스티커 메모에 적어 원래의 사건이나 원래의 원인 아래에 붙여서 선으로 연결해 보세요.

❷ 원인을 한 단계 파고들면, 밝혀진 원인에 대해 한 단계 더 파고들어야 합니다.

이 ❶❷를 반복하면 트리 형태로 원인을 파고들어 근본적인 원인을 파악할 수 있게 됩니다.

이 방법은 한 사람 한 사람이 원인을 파고드는 방식과 모두가 함께 이야기를 나누며 원인을 파고드는 방식 모두 가능합니다. 시간을 들여서 다각적인 관점에서 원인을 심층적으로 분석하고자 한다면, 한 명씩 심층적으로 분석한 후 공유하는 것이 좋습니다. 만약 팀원이 작성한 원인을 이해하지 못하거나 납득되지 않는 부분이 있다면 바로 질문합시다. 설명이 부족한 것일 뿐이라면, 답변한 내용을 원인 스티커 메모지 근처에 메모해 둡니다. 또한 서로 연관되는 원인들을 발견했다면 관련성을 표시해 두세요. 이렇게 하면 문제가 복잡하게 얽힌 트리가 완성됩니다.

KPT p.231 등 다른 기법과 함께 사용할 경우, 원인에 대한 심층적인 분석이 필요하다고 느껴졌을 때 이 방법을 사용합니다. 다 같이 이야기하면서 원인을 파고들다 보면 사건에 대한 이해가 깊어질 것입니다.

'왜'를 반복할 때는 원인이 무한반복되지 않도록 주의해야 합니다. 몇 단계씩 파고들다 보면 자신도 모르는 사이에 같은 원인이 반복되는 경우가 있습니다. 이럴 때는 '왜'를 분석하는 관점을 바꿔서 다른 요인이 없는지 살펴봅니다.

모두 함께 트리를 만든 후에는 '근본 원인'을 살펴봅니다. 좋은 사건에 대한 근본 원인을 찾았다면, 그 원인을 팀 전체로 확산하기 위한 행동과 반복적으로 실행할 수 있는 행동을 검토해 보세요. 반면에 문제에 대한 근본적인 요인을 찾았다면, 다음의 관점에서 행동을 검토해 보세요.

- 어디를 해결하면 문제가 해결되는지
- 어디서부터 손을 대야 문제를 해결할 수 있는지

리카 씨의 원포인트 조언

'왜'라는 질문의 방식을 바꿔봅시다

'왜'라고 물으면 질문하는 듯한 느낌을 받는 사람도 있어요. 심리적 부담을 줄이기 위해 '왜'가 아닌 '어떻게', '무엇을 했는가', '무슨 일이 일어났는가', '무엇을 위해 그것을 했는가'로 바꿔보죠. '왜'보다 부드러운 표현을 사용함으로써 개인에게 추궁하는 느낌이 들지 않게 할 수 있고, 심리적으로 더 쉽게 대답할 수도 있어요. 질문에 따라 떠오르는 정보도 다르니 다양한 질문을 통해 정보를 끌어내 보세요.

개인에 대한 비판은 멈춥시다.

문제에 집중하다 보면 때로는 특정 한 사람의 행동이나 문제로 연결되는 경우도 있잖아요. 예를 들어 6장에서 우리들처럼 '이번 주에 보여줄 수 있는 성과가 0이 되었다'는 문제가 생겼을 때, 그 원인을 파고들다 보면 '리더가 요구하는 것이 너무 크다'는 비판으로 연결될 수도 있어요. 이는 문제 해결에 도움이 되지 않을 뿐 아니라 팀원들의 관계 악화를 초래할 수 있어요.

문제를 제기할 때는 객관적으로 사실관계를 짚고 넘어갑시다. 예를 들어 '이번 주에 보여줄 수 있는 성과가 0이 되었다'는 문제가 생겼을 때, 그 요인은 '요구사항이 큰 상태에서 작업을 시작했다', 그리고 더 파고들어 분석해 보면 '요구사항과 작업의 전체 그림을 파악하는 활동을 시간이 걸린다는 이유로 미뤄졌다', '새로운 기술이 필요하다는 것을 알면서도 사전 조사도 하지 않고 괜찮을 것이라고 생각했다'는 식으로요.

누구 한 사람의 문제로 치부하지 말고 팀 전체가 소통과 협업, 프로세스 등의 문제로 연결하여 팀으로 해결해 나갑시다.

'서로 돕기 위한 왜'를 만듭시다.

객관적으로 사실을 적었더라도 문제 요인과 관련된 사람은 비난을 받을 것 같아 기분이 나쁠 수도 있겠지요. 이 자리에서는 '개인의 책임을 추궁하는 것이 아니라, 모두가 서로 돕고 문제를 해결하기 위해 요인을 찾아야 한다'라고 모두에게 말합시다. 비난을 받고 있다고 느끼고, 방어하거나 변명해도 아무런 의미가 없어요. 회고에서 해야 할 일은 실패나 책임 추궁이 아니라 다음 단계로 발전하기 위한 하나의 방법을 모두 함께 생각해야 해요.

팀 외부나 환경적 요인이 발견되면 관점을 바꿔 봅시다.

팀의 문제를 파고들다 보면, 사실 그 요인이 팀 외부에 있거나 주변 환경에 있다는 것을 알게 되는 경우도 있어요. 이럴 때 '우리로서는 어쩔 수 없다'는 생각이 들어 어떻게 문제에 접근해야 할지 막막해질 수 있죠. 예를 들어 '팀 외부에 있는 ○○ 씨에게 부탁했는데, 좀처럼 도와주지 않는다'는 경우에 '어쩔 수 없네, 기다릴 수밖에 없지'라고 이야기하고 있지는 않나요?

이럴 때는 관점을 바꿔봅시다. 그 사람이 잘못한 것이 아니라 부탁하는 방법이 잘못되었거나, 그 사람의 업무가 너무 바빠서 우리의 부탁까지 신경을 쓰지 못했을 수도 있어요. 또한 부탁의 중요도가 높다는 것을 전달하지 못한 것일 수도 있죠. 그렇게 생각하면 여러 가지 접근 방법이 떠오르죠. 다양한 각도에서 요인을 찾아보는 것이 중요해요.

기법 10

행동의 후속 조치

◆ 이용 장면

단계 ❷ 회고의 시간을 만든다 | 단계 ❸ 사건을 떠올린다 | 단계 ❹ 아이디어를 낸다

◆ 개요 · 목적

행동의 후속 조치는 지금까지 실행한 행동을 검토하는 방식입니다. 행동 중에는 지속되는 것도 있지만, 어떤 행동은 한 번만 실행하고 지속하지 못한 것도 있을 것입니다. 이러한 행동을 검토하고 새로운 행동을 만들기 위한 아이디어를 논의합니다. 지난 1~3개월 동안 진행된 행동을 검토하는 것이 좋습니다.

실행한 행동이 있다면 그 효과를 확인합니다. 더 나은 행동으로 승화시켜 팀을 더 발전시킬 수 있는 것도 있고, 더 이상 하지 않아도 되는 것도 있습니다.

더 이상 실행하지 않는 행동은 어떤 이유로 인해 실행되지 않는 것, 또는 단순히 잊힌 것 등 여러 가지가 있습니다. 이 중에서 다시 실행해야 할 것과 더 이상 필요치 않은 것으로 분류합니다. 지금까지의 행동을 이 자리에서 점검하고, 팀으로서 다시 실행해야 할 행동을 다시 한번 검토해 봅시다.

행동은 실행 상태에 따라 다음 5가지로 분류됩니다.

- Added　추가된 후 실행되지 않은 행동
- Doing　실행 중인 행동
- Pending　착수했지만 현재 움직임이 없는 행동
- Dropped　실행했지만 지속되지 않은 행동
- Closed　실행되어 제 역할을 다한 행동

Added는 아직 실행되지 않은 행동입니다. 지난 회고에서 추가되어 아직 실행되지 않은 것이 있으면 Added로 행동을 분류합니다. 참고로 Added에 행동이 많이 있다면 그 이유는 행동이 구체적이지 않기 때문일 수 있습니다. 나중에 행동의 구체성을 다시 한번 검토해 봅시다.

Doing은 실행 중인 행동입니다. 지난 회고에서 작성한 행동이 이번 회고에서도 여전히 Doing으로 되어 있다면, 행동이 너무 큰 것일 수도 있습니다. 이럴 때는 행동을 작게 쪼개서 조금씩 변화를 만들어 가도록 합시다.

Pending은 시작은 했지만 현재 움직임이 없는 행동입니다. 최근 1~2개의 행동에서 Pending이 많다면, 행동이 불명확하여 완료되지 않았을 가능성이 높습니다. 행동의 개수를 줄이고 보다 구체화하는 것이 좋습니다.

Dropped는 한 번 실행했지만 계속되지 않고 중단된 행동을 의미합니다. Dropped가 많다는 것은 팀에게 효과적인 행동을 선택하지 못했다는 것을 알 수 있습니다. 팀을 위한 행동이 아닌 누군가 한 사람을 위한 행동이 되어 버린 경우도 대부분 Dropped가 됩니다. Dropped가 많은 이유를 논의하고, 행동의 작성법을 다시 한번 점검해 봅시다.

Closed는 역할을 다한 행동입니다. 한 번만 실행하면 끝나는 행동이나 지속적으로 수행한 결과, 팀의 문화로 뿌리내려 의식하지 않아도 자연스럽게 실행하게 된 행동을 의미합니다. Closed에 행동이 많을수록 팀으로서 카이젠을 잘 수행하고 있다는 것을 의미합니다.

행동을 앞의 5가지로 분류하여 다음 행동을 검토하는 데 활용합니다.

◆ 소요 시간

사전 준비와 설명을 포함해 10~20분 정도 소요됩니다.

그림 8-11 행동의 후속 조치 예

◆ 진행 방법

[사전 준비] 과거의 행동이 적힌 스티커 메모나 리스트를 준비합니다.

❶ 먼저 3~5분 정도 시간을 들여 지금까지의 행동을 Added, Doing, Pending, Dropped, Closed의 5가지로 분류합니다. 행동 옆에 상태를 적어두면 좋습니다.

❷ 다음으로 3~5분 정도 Added, Doing, Pending, Dropped의 행동 중 향후를 생각해서 실행하지 않아도 되는 행동, 가치가 없어진 행동이 무엇인지 논의하고 Closed로 이동합니다.

❸ 마지막으로 3~5분 정도 Added, Doing, Pending, Dropped 행동 중 특히 중요한 행동이 무엇인지 논의합니다. 해당 행동이 구체적이지 않거나, 행동의 내용을 변경하는 것이 좋다면 어떤 내용으로 수정할 것인지에 대해 논의합니다. 그렇게 수정한 행동을 새로운 행동으로 활용합니다.

◆ 리카 씨의 원포인트 조언

행동의 내용뿐만 아니라 행동의 경향도 살펴봅시다.

행동이 Added, Doing, Pending, Dropped에 얼마나 남아 있는지, 그 경향을 살펴보고 왜 그런 경향이 나타났는지 이야기해 봅시다. 회고의 진행 방식과 행동의 실행 방법을 재확인하는 계기가 될 거예요.

불필요한 행동은 과감히 버립시다.

행동을 점검하다가 '이것도 해야지', '저것도 해야지', '저건 그냥 놔두는 게 나을지도 모르겠다'는 생각이 든다면, 고민이 되는 행동을 모두 버립시다. 꼭 필요한 것 외에는 Closed하고 일단 잊어버리죠. 그것이 싫다면 업무 일정에 작업으로 넣어 반드시 실행하도록 합니다. 행동이 너무 많이 쌓이면 의욕이 떨어지므로 중점적으로 실행할 것을 선택하고 그것을 확실히 행동으로 옮기도록 합니다.

기법 11

KPT

이용 장면

단계 ❸ 사건을 떠올린다 | 단계 ❹ 아이디어를 낸다 | 단계 ❺ 행동을 결정한다

개요 · 목적

KPT(케이피티)는 팀에서 일어난 사건을 바탕으로 Keep, Problem, Try의 세 가지 질문을 통해 팀의 카이젠을 위한 아이디어를 도출하는 기법입니다. 특히 'Problem'이라는 질문은 직관적인 질문을 통해 팀의 문제 파악과 카이젠 사이클을 돌리는 데 적합합니다.

KPT에서는 먼저 회고 대상 기간 동안 했던 활동을 떠올립니다. 그리고 Keep(계속할 것), Problem(문제 · 과제) 순으로 아이디어를 제시합니다. 그리고 Keep을 더 강화하기 위한 아이디어나 Problem을 해결하기 위한 아이디어를 Try(시도해 보고 싶은 것)로 작성합니다. 마지막으로 Try 중에서 팀으로서 다음에 무엇을 할 것인지 결정합니다. 이렇게 팀이 한 걸음 더 나아갈 수 있는 행동을 만들어 냅니다.

소요 시간

사전 준비와 설명을 포함하여 60~90분 정도 소요됩니다. 또한 회고의 대상 기간이 길어질수록 활동을 떠올리는 데 더 많은 시간이 필요합니다.

그림 8-12 KPT 예시

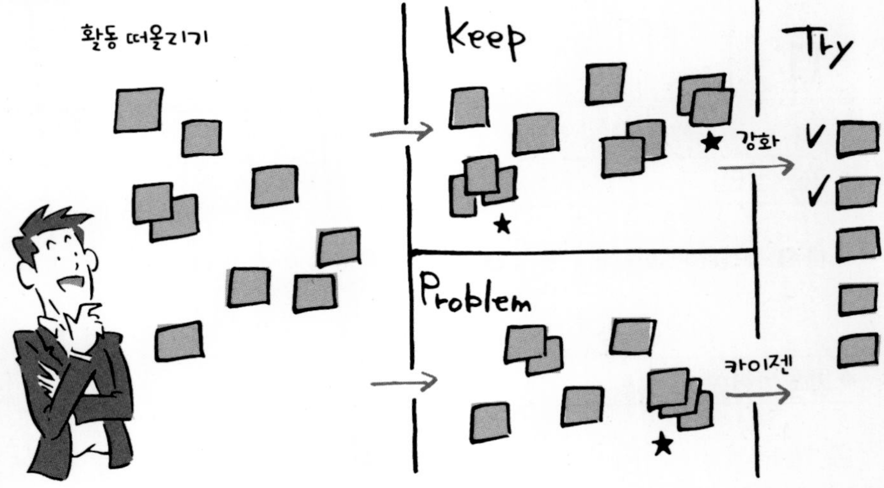

진행 방법

[사전 준비] 화이트보드에 떠올린 활동, Keep, Problem, Try의 4가지 섹션을 만듭니다. 필수사항은 아니지만, 4색 스티커 메모를 준비하면 더욱 화려하고 재미있게 만들 수 있습니다.

KPT는 다음과 같은 순서로 질문에 답하며 진행합니다.

① 활동 떠올리기
② Keep(계속할 것)의 작성과 공유
③ Problem(문제 · 과제)의 작성과 공유
④ Keep · Problem의 요인 파악
⑤ Try(시도할 것)의 후보 검토
⑥ Try(시도할 것)의 작성과 공유
⑦ Try(시도할 것)의 결정

① 활동 떠올리기

먼저 8~12분 정도 자신이나 팀에서 진행했던 활동을 떠올려 봅니다.

- 팀에 일어난 일
- 팀으로 행동한 것
- 팀에서 시도한 것 (지난 행동)

어떤 사소한 일이라도 '활동'란에 기록해 나갑니다. 참고로 떠올린 활동에는 행복 레이더 p.198, 타임라인 p.206, 팀 스토리 p.212, 행동의 후속 조치 p.226, YWT p.201(Y 부분)를 사용할 수 있습니다. 필요에 따라 조합해 보세요.

② Keep(계속할 것)의 작성과 공유

다음으로 5~8분 정도 Keep(계속할 것)을 선정합니다. ①에서 발견한 정보를 바탕으로 한 사람 한 사람 의견을 스티커 메모에 적습니다. 자신과 팀에 있어서 계속해야 할 것, 좋았던 점, 잘 된 점 등을 적어봅니다. 이때 스티커 메모는 아직 화이트보드에 붙이지 않습니다.

각자의 작업이 끝나면 5~8분 정도 시간을 내어 모두 함께 공유합니다. 원활한 의견 공유를 위해 라운드 로빈(Round Robin) 방식을 활용하면 좋습니다.

라운드 로빈은 시계 방향으로 한 사람씩 의견을 발표하면서 스티커 메모를 붙이는 방식입니다(그림 8-13). 모든 사람의 의견이 없어질 때까지 계속하여 공유를 진행합니다. 공유하다가 자신이 쓴 의견과 같은(비슷한) 의견을 다른 사람이 발언하면, 순서에 끼어들어 '나도 ○○이라고 생각했다'와 같이 동조를 표시하면서 스티커 메모를 가까운 위치에 붙입니다. 이렇게 하다 보면 자연스럽게 공유와 그룹화가 이루어집니다(*8).

그림 8-13 라운드 로빈

라운드 로빈 방식

한 사람씩 내용을 선언하면서 스티커 메모를 붙인다. 동조하는 의견이 있으면 같은 곳에 붙이고 모두가 의견을 다 말할 때까지 계속한다.

| ③ Problem(문제 · 과제)의 작성과 공유

이번에는 Problem(문제 · 과제)을 공유합니다. Keep과 마찬가지로 한 사람씩 스티커 메모를 작성하는데 5~8분 정도, 공유하는 시간을 5~8분 정도 갖도록 합니다. 자신과 팀의 현재 문제 · 과제뿐만 아니라 앞으로의 리스크나 우려에 대한 의견을 제시해도 좋습니다.

(*8) 라운드 로빈은 다른 방법으로도 활용할 수 있습니다. 사건이나 아이디어를 공유할 때 효과적으로 활용하시기 바랍니다. 또한, 의견 공유 순서는 반시계 방향으로도 상관없습니다.

④ Keep · Problem의 요인 파악

Keep · Problem을 공유한 후, 5~8분 정도 각 요인에 대한 심층분석을 진행합니다. '정보 공유가 잘 이루어졌다'라면 무엇이 작용하여 잘 이루어졌는지, Keep · Problem에서 나온 의견 중 더 심층적인 분석이 필요한 부분을 팀원들과 함께 논의하면서 분석합니다. 그 결과를 화이트보드에 직접 적거나 새로운 스티커 메모를 작성하여 추가해 나갑니다.

요인에 대한 검토는 5Whys p.221가 도움이 될 것입니다. 함께 참고하시기 바랍니다.

⑤ Try(시도할 것)의 후보 검토

지금까지 나온 Keep · Problem의 수가 많다면, Try(시도할 것)를 생각하기 전에 어떤 Keep · Problem에 접근할지 결정해야 합니다. 3분 정도 시간을 들여 Try를 고려하면서 팀에 좋은 영향을 미칠 수 있는 Keep · Problem을 총 3개 이내로 좁혀 봅시다. 토론을 통해 범위를 좁혀도 좋습니다. 신호등 p.194, 노력과 고통(Effort & Pain) p.258, 실현 가능성과 유용성(Feasible & Useful) p.258, 도트 투표 p.262를 사용해 범위를 좁힐 수 있습니다.

⑥ Try(시도할 것)의 작성과 공유

Try(시도할 것)을 검토합니다. Try는 Keep의 강화 또는 Problem의 해결이라는 관점에서 의견을 제시합니다. 앞서 선정한 후보를 가지고 생각해 봅시다. Try도 혼자 작업하는 시간은 5~8분 정도, 공유 시간을 5~8분 정도로 진행합니다.

⑦ Try(시도할 것)의 결정

마지막으로 5~8분 정도에 걸쳐 Try를 1~3개 정도로 압축합니다. 좁혀진 아이디어가 아직 구체적이지 않다면, 실행 가능한 행동으로 구체화해 보세요. 행동의 구체화에는 SMART한 목표 p.273를 사용할 수 있습니다.

◆ 리카 씨의 원포인트 조언

반드시 Keep → Problem → Try의 순서로, 각각의 시간을 구분합시다.

Keep, Problem, Try를 한꺼번에 생각하고 마지막에 정리해서 공유하려고 하면, Try는 '나는 이미 해결책을 알고 있지만 다른 사람은 모르기 때문에 나를 위한 아이디어'가 되기 쉬워요.

또한 Keep과 Problem을 동시에 생각하려고 하면 아무래도 Problem부터 생각하게 되는 것 같아요. 문제나 과제 등 '눈에 보이는 나쁜 점'을 찾는 것이 더 쉽기 때문이죠.[*9] 물론 Problem을 해결하는 것이 나쁜 것은 아니지만, 일단 나쁜 쪽으로 관점을 옮기면 좋은 쪽으로 눈을 돌리기 힘들어집니다. 좋은 부분도 잘 관찰해서 아이디어를 내기 위해서는 반드시 Keep, Problem, Try의 순서로 생각하도록 하세요.

지난 행동을 수행한 결과를 분석하여 떠올린 활동과 Keep, Problem에 넣어봅시다.

회고의 행동은 행동 그 자체를 계속 카이젠해 나가면 더 큰 힘이 되어줄 겁니다. 행동이 실행되지 않은 경우에는 무엇인가 Problem이 있을 것이고, 행동이 잘 되지 않더라도 어떤 Keep(좋은 부분)을 찾을 수 있을 거예요. 반드시 지난번 행동의 결과를 점검하고, 더 나은 카이젠으로 이어지도록 합시다.

(*9) 인간이 가지고 있는 '자기방어 본능'에 의한 것입니다. 이는 자신에게 닥친 악영향을 빨리 발견하고 제거하여 생존 확률을 높이기 위한 본능입니다.

팀을 위한 Try를 검토해 봅시다.

한 사람을 위해서가 아닌 팀을 위한 Try를 검토해 보세요. 무의식적으로 Try를 작성하면 나를 위한 Try가 되기 쉽기 때문에 Try를 내기 전에 팀원들에게 '팀을 위한 Try를 생각해보자'고 다시 한번 강조해 봅시다.

기법 12

YWT

◆ 이용 장면

단계 ❸ 사건을 떠올린다 | 단계 ❹ 아이디어를 낸다 | 단계 ❺ 행동을 결정한다

◆ 개요 · 목적

YWT는 한 일(Y), 깨달은 것(W), 다음에 할 일(T)을 떠올리는 회고 기법입니다. '어떤 경험을 했는가', '그로 인해 얻은 배움과 깨달음은 무엇인가', '행동은 무엇인가'의 순서로 질문하는 간단한 방식입니다.

◆ 소요 시간

사전 준비와 설명을 포함하여 40~70분 정도 소요됩니다. 또한, 회고 대상 기간이 길어질수록 '한 일'과 '깨달은 것'을 작성하는 데 더 많은 시간이 필요합니다.

◆ 진행 방법

[사전 준비] 3가지 색상의 스티커를 준비합니다. 3색은 Y, W, T에 각각 대응시켜 색을 정합니다.

YWT는 다음과 같은 순서로 질문에 답하며 진행합니다.

① 한 일
② 깨달은 것
③ 다음에 할 일

그림 8-14 YWT 예시

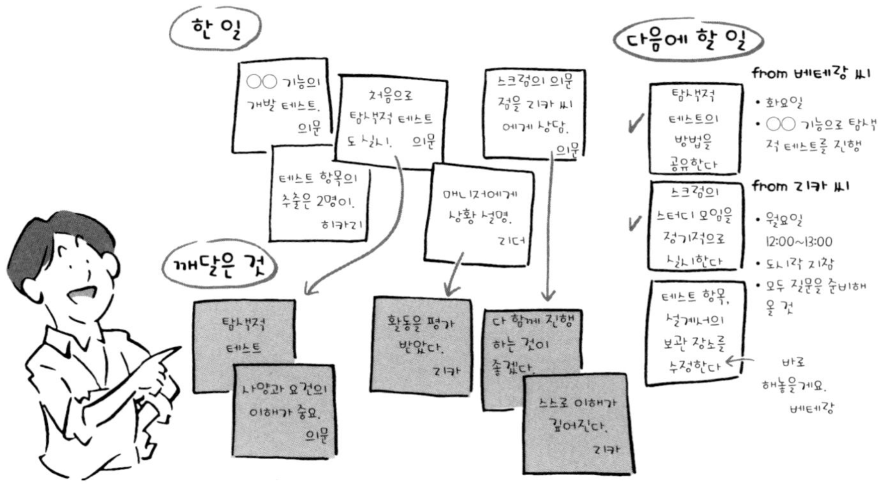

① 한 일

먼저 한 사람당 8~12분 정도로 한 일을 첫 번째 색의 스티커 메모에 적습니다. 회고 대상 기간 동안 '한 일'을 떠올리며, 시간 순서대로 스티커 메모를 나열해 나갑니다. '한 일'은 '내가 한 일의 내용'만이 아니라, 다음 질문에도 답해 봅니다.

- 팀에서 한 일은 무엇인지
- 팀원들이 한 일은 무엇인지
- 의식적으로 행동한 것은 무엇인지
- 변화를 일으키고자 했던 것은 무엇인지
- 실행한 카이젠은 무엇인지

또한 한 일과 함께 '깨달은 것'을 함께 작성해도 무방합니다. 자세한 내용은 '깨달은 것'을 참고하세요.

그런 다음 10~15분 정도 시간을 내어 '한 일'을 공유합니다. 스티커를 시간순으로 나열하면서 같은 의견이 있으면 스티커를 가까운 위치에 붙이거나 스티커를 겹쳐 붙이는 것이 좋습니다.

| ② 깨달은 것

5~10분 정도에 걸쳐 각자 깨달은 것을 두 번째 색의 스티커 메모지에 적습니다. 자신이 한 행동에서 배운 것, 깨달은 것뿐만 아니라 팀원이나 팀이 '한 일'을 통해 배운 것, 깨달은 것을 적극적으로 적습니다. 아무것도 의식하지 않고 '깨달은 것'을 내놓으려고 하면, 나 혼자 '한 일'에만 시선이 쏠리기 쉽습니다. 팀으로 회고를 진행하는 장점은 자신과 다른 가치관과 관점을 가진 사람들이 모여서 혼자서는 불가능한 배움과 깨달음을 얻을 수 있다는 점입니다. 이 장점을 최대한 활용하기 위해 다른 사람의 의견에 대해 적극적으로 '나는 이렇게 생각했다', '나는 이런 배움을 얻었다'는 피드백을 해봅시다.

그런 다음 5~10분 정도 '깨달은 것'을 붙여서 공유합니다. '한 일'과의 연관성을 알 수 있도록 선으로 연결하거나 '한 일'의 스티커 메모 위에 '깨달은 것'을 겹쳐 붙이는 등 방법을 사용해 봅시다.

| ③ 다음에 할 일

5~10분 정도 '깨달은 것'을 바탕으로, 각자 3번째 색의 스티커 메모에 다음에 해야 할 일을 적습니다. 이 '다음에 할 일'은 '팀 전체가 함께 할 일'을 생각해 봅시다. '혼자 할 일'을 적어내도 좋지만, 처음에는 '팀 전체가 함께 할 일'을 의식해 행동을 검토합니다.

다음으로 5~10분 정도 '다음에 할 일'을 모두 함께 공유한다. 공유한 아이디어 중 최대 2개 정도로 좁혀서 행동을 구체화합니다.

◆ 리카 씨의 원포인트 조언

다른 사람의 의견을 중심으로, 새로운 아이디어를 생각해 봅시다.

개인적으로 생각한 '해본 것', '깨달은 것', '다음에 할 것'은 팀 전체가 카이젠을 하기 위한 관점에서 보면 부분적인 행동이 될 수도 있어요. 서로의 의견에 새로운 아이디어를 더해 나가면 다양한 관점이 보완되어 전체적으로 알맞은 행동으로 나아가기 쉬워져요.

YWT를 다른 기법과 결합해 봅시다.

'한 일'을 상세히 설명해 더 많은 아이디어를 모집하고 싶다면 '한 일' 부분을 타임라인 p.206이나 팀 스토리 p.212로 바꿔봅시다.

'깨달은 것'은 이 질문 하나만으로도 다른 방법론에 접목할 수 있어요. 어떤 질문을 포함시킬 수 있는지는 9장 '회고의 요소와 질문'의 '배움과 깨달음' p.292에도 소개되어 있으니, 그쪽도 읽어보세요.

'다음에 할 일'은 다음 방법과 함께 사용할 수 있어요. 용도에 따라 구분해서 사용해 보죠.

- **작은 카이젠 아이디어** p.255 → 아이디어를 많이 내고 싶다
- **질문의 고리** p.268 → 모두 함께 아이디어를 함께 생각해 보고 싶다
- **SMART한 목표** p.273 → 구체적인 행동을 생각하고 싶다

기법
13

열기구 / 돛단배 / 스피드카 / 로켓

◆ 이용 장면

단계 ❸ 사건을 떠올린다 | 단계 ❹ 아이디어를 낸다 | 단계 ❺ 행동을 결정한다

◆ 개요 · 목적

열기구 / 돛단배 / 스피드카 / 로켓은 네 가지 방법 모두 '그림'을 이용해 창의적인 아이디어를 이끌어내는 기법입니다. 모티브는 열기구, 돛단배, 스피드카, 로켓으로 서로 다른 점이 많지만 본질은 모두 동일합니다. 예를 들어 열기구라면, 열기구를 타는 사람들을 한 팀으로 생각해서 다음의 질문을 던지며 팀을 성장시킬 수 있는 아이디어를 고민합니다.

- 풍선을 더 높이 날려서 좋은 경치를 보려면 어떻게 해야 할까?
- 바람을 타고 목적지에 빨리 도착하기 위해 어떻게 하면 좋을까?

이러한 기법은 '좋은 점을 어떻게 발전시킬 것인가', '팀의 이상향은 무엇인가'를 고민하는 데 적합합니다. 그림과 은유를 사용함으로써 상상력을 자극하고, 보다 혁신적인 아이디어를 도출하는 데 도움이 됩니다.

그림 8-15 열기구 예

소요 시간

사전 준비와 설명을 포함해 30~50분 정도 소요됩니다.

진행 방법

여기서는 열기구에 관한 진행 방법을 소개합니다. 다른 방법에 대해서는 '리카 씨의 원포인트 조언'에서 소개합니다.

[사전 준비] 2가지 색의 스티커를 준비합니다.

❶ 화이트보드나 모조지에 열기구를 크게 그립니다. 열기구 안에 팀원들을 그려 봅

시다. 이 그림을 그리는 작업을 팀원들과 함께 하면 회고 시간을 더욱 즐거운 시간으로 만들 수 있을 것입니다.

❷ 먼저 5~8분 정도 '열기구를 더 높이 띄울 수 있게 해준 것은 무엇인가'라는 팀에 좋은, 긍정적인 사건을 각자 검토합니다. 이 사건을 첫 번째 색 스티커 메모지에 적어서 열기구 위에 붙입니다. 이 사건은 열기구를 들어 올려 주는 풍선, 상승 기류, 날아가는 새 등 다양한 비유로 열기구 주변에 그려 넣습니다.

마찬가지로, 위의 시간 중 '열기구의 상승을 방해하는 것은 무엇인가'라는 팀에는 안 좋은 일, 부정적인 일을 검토하고 두 번째 색의 스티커 메모에 적습니다. 열기구 아래에 매달려 있는 짐, 열기구를 잡아당기는 사람 등을 은유적으로 그려보는 것도 좋습니다. 어떤 비유가 될지 자유롭게 영감을 발휘해 보세요. 단, 생각할 때는 반드시 팀에게 좋은, 긍정적인 사건을 먼저 고려해야 합니다.

❸ 그런 다음 10~15분 동안 이러한 정보를 공유합니다. 팀에게 좋은 사건과 나쁜 사건을 모두 공유하고, 원인에 대한 분석이 필요한 부분은 심층 분석하면서 스티커 메모에 적거나 새로운 비유를 그려보기도 합니다.

❹ 마지막으로 세 번째 색의 스티커를 이용해 열기구를 더 높이 날리기 위한 아이디어를 생각해 봅니다. 상승을 더 빠르게 할 수 있는 방법, 상승을 방해하는 요소를 해결하는 등 두 가지 관점에서 아이디어를 생각해 봅시다. 이 작업 역시 5~8분 정도 각자 생각할 시간을 가진 후, 10~15분 정도 공유의 시간을 갖도록 합니다.

◆ 리카 씨의 원포인트 조언

아무리 작은 사실이라도 좋으니, 자기 관점뿐만 아니라 타인과 팀에 대해서도 나열해 봅시다.

회고에 익숙하지 않은 경우, '좋은 사건'을 찾아내기가 쉽지 않아요. 자신이 당연하다고 생각하는 일, 당연히 해야 한다고 생각하는 일에는 스스로 좋은 평가를 내리기가 쉽지 않죠.

그래서 이 방법에서는 팀원들에게도 눈을 돌려봅시다. 내가 당연하게 생각했던 일이라도 다른 사람이 보기에는 대단한 일이거나 도움이 되는 일일지도 몰라요. 의문 씨처럼 궁금한 점을 바로 질문할 수 있다는 것은 대단한 일이라고 생각하지만, 어쩌면 본인은 모르고 있을지도 모르니까요.

이 사실은 다른 사람이 봐도 마찬가지죠. 다른 사람이나 팀의 좋은 점을 말해주면, 그 좋은 점을 들은 사람은 자신의 좋은 점을 깨닫게 되죠. 그리고 좋은 점이나 성공을 자각할 때, 그것을 더 발전시킬 수 있는 아이디어를 떠올릴 수 있게 되죠. 이 '좋은 점 찾기' 활동을 계속하다 보면 점차 관점이 '나'에서 '팀'으로 바뀌게 됩니다. 아이디어를 낼 때 자기중심적이고 부분적으로 치우치기 쉬운 사고방식에서 전체를 아우르는 사고방식으로 전환할 수 있게 되요.

캔버스를 즐겁게 그려봅시다!

다양한 색상의 스티커 메모와 펜을 사용해 함께 화이트보드를 화려하고 멋지게 꾸며봅시다. 그림을 잘 그리지 못해도 괜찮아요. 실패해도 괜찮고 그림이나 보드가 더러워져도 상관없으니 즐겁게 그려봅시다.

다른 비유도 소개할게요.

열기구 이외의 다른 비유를 소개할게요. 비유를 바꾸면 같은 주제라도 다른 결과가 나오거든요. 재미있지 않나요? 다양한 비유를 시도해 보세요.

| 돛단배

돛단배는 바람을 타고 앞으로 나아갑니다. '돛단배'는 팀이고, '돛단배가 목표로 하는 섬'은 팀의 목표를 나타냅니다. '순풍'은 팀을 가속시키는 것. '돛단배에서 해저에 내린 닻'은 팀의 속도를 늦추거나 멈추게 합니다. '암초'는 눈에 보이는 위험을 나타냅니다.

그림 8-16 돛단배 예

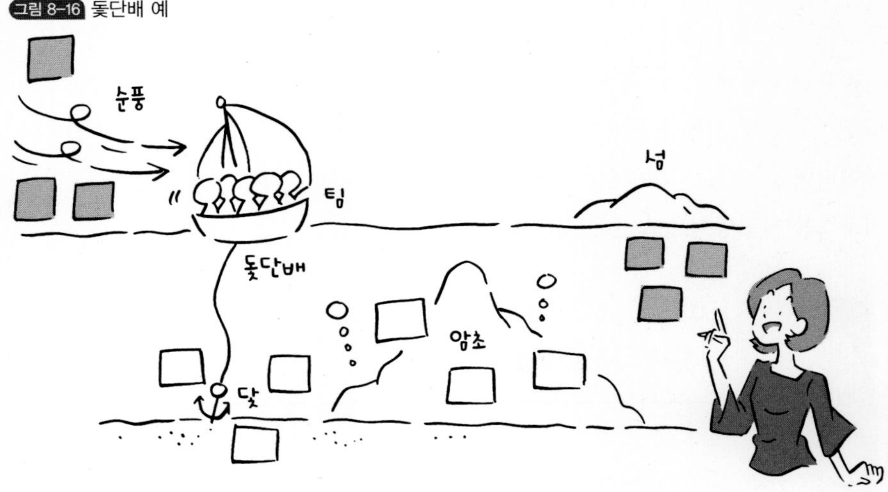

| 스피드카

스피드카는 최고 속도를 목표로 달리는 자동차입니다. '스피드카'는 팀이고, '엔진'은 팀을 가속시키는 것, '스피드카에 달린 낙하산'은 팀을 감속시키는 것입니다. '절벽'은 눈에 보이는 위험, '다리'는 위험을 극복하기 위한 아이디어를 나타냅니다.

그림 8-17 스피드카 예

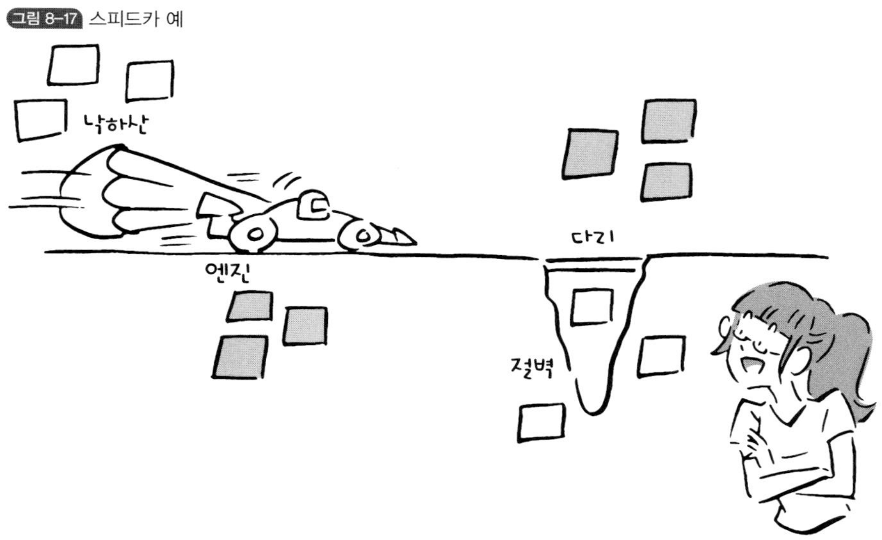

| 로켓

로켓은 지구에서 대기권을 뚫고 행성을 목표로 나아갑니다. '로켓'은 팀이고, '행성'은 목표입니다. '엔진'은 팀을 가속시키는 역할을 합니다. '운석 · 소행성군'은 위험과 문제, '위성'은 팀을 도와주는 존재. '외계인'은 생각지도 못한 아이디어를 뜻합니다.

그림 8-18 로켓의 예

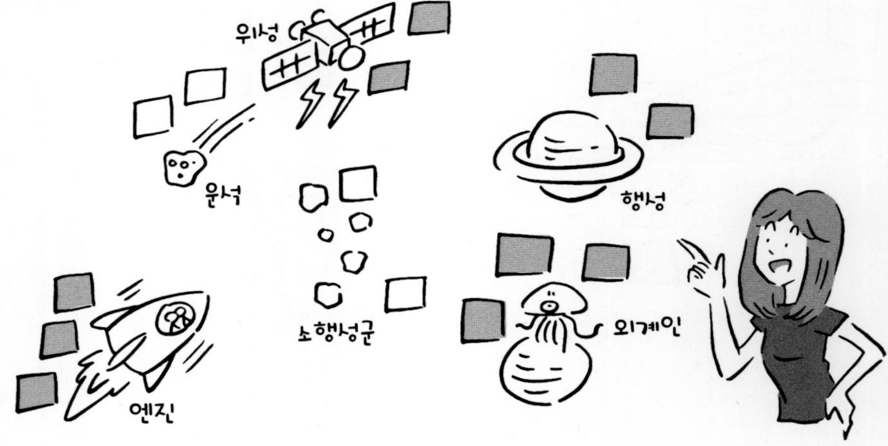

기법 14 Celebration Grid

◆ 이용 장면

단계 ❸ 사건을 떠올린다 | 단계 ❹ 아이디어를 낸다 | 단계 ❺ 행동을 결정한다

◆ 개요・목적

Celebration Grid(*10)는 Celebration(축하)이라는 이름에서 알 수 있듯이, 학습과 깨달음을 '축하'하는 방식입니다. 팀으로 활동하다 보면 규칙이나 가르침에 따라서 한 일, 실험적으로 한 일, 의도하지 않았지만 실수한 일 등 다양한 일들이 일어납니다. 그 성공과 실패를 Grid(격자)로 분류하고, 어떤 배움과 깨달음을 얻었는지 서로 확인합니다. 그리고 서로의 성장과 변화를 축하하고, 배우고 깨달은 점을 서로 공유하여, 더 많은 도전을 할 수 있는 팀으로 성장시키는 것이 이 방법론의 목적입니다.

이 방법론에서는 의견을 6가지 섹션으로 나누어 분류합니다. 섹션별로 학습이나 깨달음이 많은 것(LEARNING), 적은 것(No learning)으로 분류합니다. 그림 8-19에서 Ⓐ 부분이 LEARNING, Ⓑ Ⓒ 부분이 No learning을 나타냅니다.

세로축은 일의 성패(OUTCOME)로 분류합니다. 실패(FAILURE) 또는 성공(SUCCESS)에 따른 2분류입니다. 가로축과 함께 어떤 일을 했고, 그 결과 무엇을 얻었는지(실패 또는 성공)를 분류하면서 배움을 모색합니다.

(*10) Management 3.0의 실천 사례 중 하나. https://management30.com/practice/celebration-grids/

가로축은 행동의 행태(BEHAVIOR)에 따라 분류합니다.

 Celebration Grid

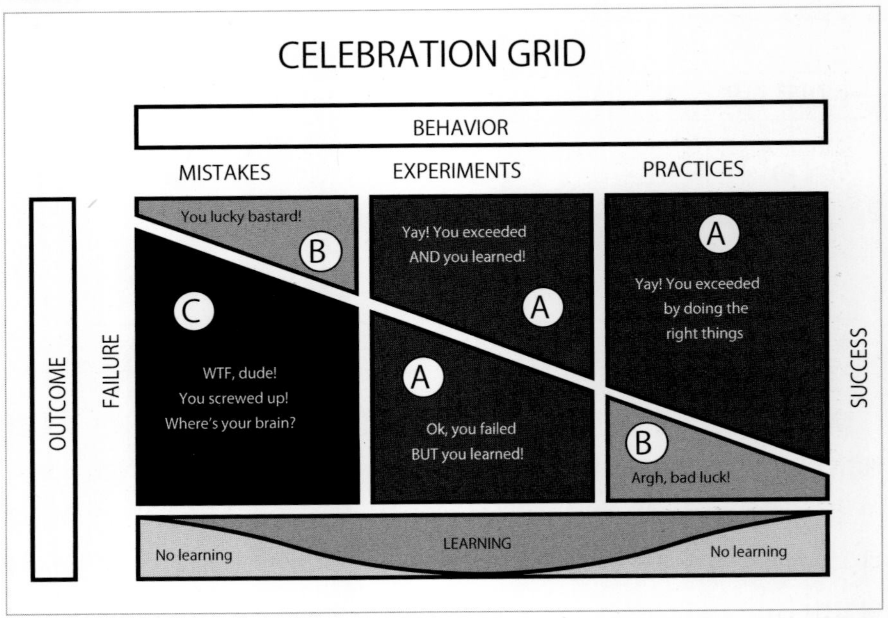

분류는 실수(MISTAKES), 실험(EXPERIMENTS), 관행(PRACTICE) 세 가지입니다.

- **실수** 어떤 잘못된 행동으로 인해 어떤 결과를 초래했는지 나타냅니다
- **실험** 지금까지 해보지 않은 것, 도전해 본 것을 의미하며 실험을 통해 어떤 결과를 얻었는지를 나타냅니다
- **관행** 규칙이나 습관에 따라 실천했다는 행동과 그에 따른 결과를 나타냅니다

다음으로 세로축과 가로축의 조합과 LEARNING / No learning의 개념을 각각 설명합니다.

| ① 실수 × 실패 또는 실수 × 성공 [왼쪽의 Ⓑ 또는 Ⓒ]

잘못된 행동을 했음에도 불구하고 성공했다면 운이 좋아서 성공한 것일 수도 있습니다. 반대로 실패했다면, 이는 당연한 결과입니다. 여기서 배울 점이나 깨달음은 많지 않을 것입니다. 다만 다음에는 실수하지 않도록 카이젠은 가능합니다.

| ② 실험 × 실패 또는 실험 × 성공 [중앙의 Ⓐ 또는 Ⓐ]

실험은 성공과 실패를 떠나 배움이 있습니다. 실험이라는 행위 자체가 배움과 깨달음의 원천입니다. 성공할지 실패할지 모르기 때문에 실험하는 것이고, 실험을 통해 얻은 것은 다음 도전을 더욱 가속화합니다. 성공과 실패를 통해 얻은 배움과 깨달음을 분석하여 다음 도전에 활용합니다.

| ③ 관행 × 실패 또는 관행 × 성공 [오른쪽 Ⓐ 또는 Ⓑ]

평소 관습이나 규칙대로 해서 성공할 수 있었다면, 비록 배우는 점이나 깨달음은 적지만 서로 축하해야 할 일입니다. 기존의 규칙대로 했음에도 불구하고 실패했다는 것은 뭔가 불행한 사고가 있었다는 뜻일 것입니다. 이로부터는 별다른 교훈이나 깨달음을 얻지 못합니다.

팀에 이미 존재하는 관행이나 규칙이라도 처음 시도해 보는 사람이 있다면, 그 또한 배움의 기회입니다. 성공이든 실패든 다음 단계로 이어질 수 있는 배움과 깨달음을 얻을 수 있습니다.

이 6가지 섹션에 사실들을 붙이고, 배운 점과 깨달은 점을 공유하는 것이 Celebration Grid입니다.

◆ 소요 시간

사전 준비와 설명을 포함해 30~45분 정도 소요됩니다.

◆ 진행 방법

[사전 준비] 화이트보드에 6개의 섹션을 만듭니다. 또한 두 가지 색의 스티커 메모를 준비합니다.

❶ 먼저 8~12분 정도 각자 팀의 행동을 되돌아보고, 어떤 행동을 취해 어떤 성과를 얻었는지 첫 번째 색 스티커 메모에 적고, 6개의 섹션별로 분류하여 붙입니다.

❷ 다음으로 10~15분 정도 팀 전체가 공유하는 시간을 가집니다. 각 섹션에서 일어난 사건과 어떤 배움과 깨달음을 얻었는지를 중심으로 이야기를 나눕니다. 다양한 사건들을 팀원 모두의 관점에서 배움과 깨달음으로 전환하여 두 번째 색의 스티커 메모에 적어 붙입니다. 실패가 있더라도 배움과 깨달음으로 전환하면 심리적 스트레스를 줄일 수 있고, 새로운 도전을 만들어낼 수 있습니다. 또한, 좋은 일은 성공 경험을 공유하면 팀원 모두에게 동기부여를 할 수 있습니다. 공유가 끝나면 '팀에게 특히 중요하다고 생각되는 배움과 깨달음'에 대해 토론합니다.

❸ 마지막으로 10~15분 정도 배움과 깨달음을 아이디어와 행동으로 연결하는 시간을 갖습니다. 다음 배움과 깨달음으로 이어지기 위해 앞으로 어떤 실험을 할 것인가를 두 번째 색의 스티커 메모에 적고 모두 함께 논의합니다. 필요에 따라 혼자서 5분 정도 작업 시간을 갖고 논의해 보세요. 논의를 통해 아이디어를 구체적인 행동으로 옮기도록 합시다.

그림 8-20 Celebration Grid 예시

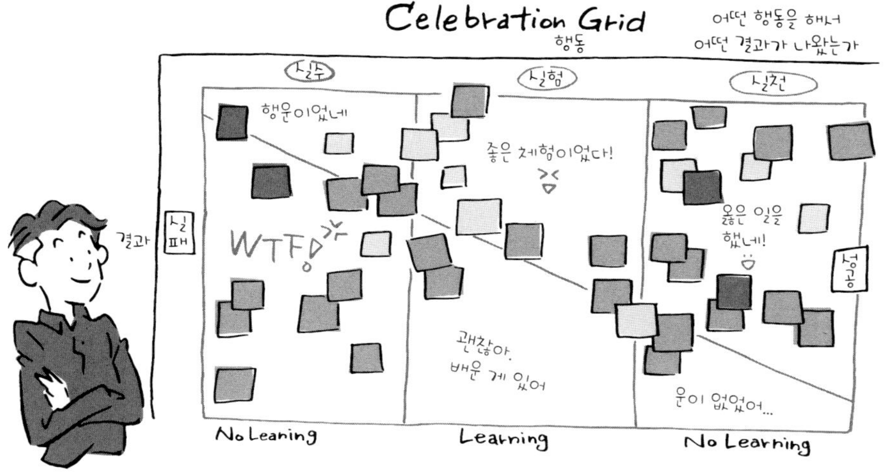

◆ 리카 씨의 원포인트 조언

실패를 다루는 방법에 주의합시다.

이 방법은 실패를 공유해야 하는데, 그 실패를 책임 추궁이나 비판의 대상으로 삼는다면 아무도 의견을 제시하지 않게 되겠죠. 실패를 배움으로 바꾸어 팀원 모두가 활용하고 싶다는 마인드를 이해한 후에 Celebration Grid를 시작합시다. 이 마인드에 대해서는 6장 '회고의 마음가짐'의 '배움을 축하하기' p.164에 자세히 소개되어 있으니 참고하세요.

실험을 촉진합시다.

Celebration Grid를 만들 때 '실험' 부분이 적다면, 실험에서 많은 것을 배울 수 있다는 것을 알려줍시다. 실험은 성공과 실패 모두 성과가 있으며, 둘 다 축하해야 할 일이라는 것을 알려주면 실패를 두려워하는 사람이나 팀이라도 '조금씩이라도 실험해 보자'는 마음이 생기기 쉬워져요. 작은 실험부터 시작하려면 어떤 것을 할 수 있을지 함께 이야기해 보세요.

행동은 구체적으로 만듭시다.

아무리 좋은 실험을 생각해 내도 실행에 옮기지 못하면 아깝잖아요. 만약 모두가 함께 만든 행동이 추상적이었다면, 질문의 고리 p.268, SMART한 목표 p.273의 방식을 결합해 행동을 구체화해 봅시다.

기법

15 작은 카이젠 아이디어

◆ 이용 장면

단계 ❹ 아이디어를 낸다

◆ 개요 · 목적

작은 카이젠 아이디어는 어쨌든 많은 해결책을 생각해 내기 위한 기법입니다. 이 기법의 핵심은 1%만이라도 카이젠할 수 있는 방법을 많이 생각하는 것에 있습니다. 회고에서 다루는 문제의 근본적인 요인을 찾으면, 조직이나 제도상의 문제, 기술적으로 어려워 해결의 실마리가 보이지 않는 것, 애초에 어떻게 해야 할지 모르는 것 등이 포함되어 있습니다. 이것들을 완전히 해결하는 것은 힘들며, 처음 시도해 봐야만 문제라는 것을 알 수 있는 것들도 많습니다. 그래서 작은 카이젠 아이디어에서는 '문제를 작게 접근하여 조금씩 해결하자'는 의식을 가지고 진행합니다.

이 기법에서는 스티커 메모를 이용해 '작은(1%의) 카이젠 아이디어'를 몇 가지씩 내놓는 방식입니다. 물론 1% 이상 카이젠을 할 수 있는 아이디어를 내도 상관없습니다.

◆ 소요 시간

사전 준비는 필요 없습니다. 설명을 포함해 10~15분 정도 소요됩니다.

그림 8-21 작은 카이젠 아이디어의 예

진행 방법

[사전 준비] 브레인스토밍의 4가지 규칙을 설명합니다.

- **결론금지** 아이디어의 확장을 방해하는 비판이나 결론을 쓰지 않는다
- **자유분방** 독특한 아이디어를 내보자. 아이디어를 환영한다
- **질보다 양** 다양한 관점에서 많은 양의 글을 쓴다
- **결합개선** 다른 사람의 아이디어를 결합하고 수정한 아이디어도 생각해 본다

이 규칙을 화이트보드에 써놓는 것이 좋습니다.

❶ 먼저 6분 정도 한 사람당 '작은 카이젠 아이디어'를 스티커 메모지에 적습니다. 브레인스토밍의 규칙에 따라 아이디어를 작성해 봅시다. 만약 카이젠 아이디어를 내기 위한 주제(개선하고 싶은 점, 문제점 등)가 있다면 사전에 주제를 공유해

둡니다.

❷ 5장 이상의 스티커 메모가 모이면 화이트보드에 붙여 나갑니다. 의견을 내는 데에 막막해하거나 생각이 나지 않는 사람은 다른 사람이 붙인 아이디어를 참고하여 결합하고 개선하면서 새로운 아이디어를 기재해 나갑니다.

❸ 마지막으로 8~12분 정도 나온 아이디어를 공유합니다. 많은 아이디어가 나올 수 있으므로 속도를 조절하여 공유하도록 합니다. 공유 후에는 노력과 고통(Effort & Pain) / 실현 가능성과 유용성(Feasible & Useful) p.258 의 방법을 사용하여 분류하는 것이 좋습니다.

◆ 리카 씨의 원포인트 조언

어렵게 생각하지 말고 일단 많은 아이디어를 냅시다!

요점은 이것뿐이예요! 머리로 생각하기보다 손을 움직여 스티커 메모를 많이 써 봅시다. 한 사람당 10개 이상의 아이디어를 낼 수 있도록 노력해 보죠. 아이디어를 빠르게 생각하는 훈련이 되기도 해요.

기법 16 노력과 고통(Effort & Pain) / 실현 가능성과 유용성(Feasible & Useful)

◆ 이용 장면

단계 ❹ 아이디어를 낸다 | 단계 ❺ 행동을 결정한다

◆ 개요 · 목적

노력과 고통(Effort & Pain)과 실현 가능성과 유용성(Feasible & Useful)은 모두 아이디어나 행동을 분류하는 방법입니다. 아이디어나 행동이 여러 개 있을 때, 그 아이디어나 행동의 우선순위를 결정하는 데 유용한 매트릭스이기도 합니다. 이 매트릭스는 회고 이외의 다른 장면에서도 유용하게 사용할 수 있습니다.

노력과 고통(Effort & Pain)은 Effort(행동을 실행하는 데 드는 수고와 노력)와 Pain(얼마나 '고통'을 해소할 수 있는가)의 두 축으로 의견을 분류합니다. Effort가 작고 Pain이 큰 아이디어를 선택합니다. Pain 대신 Gain(얼마나 이익을 얻을 수 있는가)을 사용해도 좋습니다.

실현 가능성과 유용성(Feasible & Useful)은 Feasible(얼마나 실현 가능성이 높은가)과 Useful(얼마나 유용한가)의 2가지 축으로 분류하는 기법입니다. Feasible과 Useful이 모두 큰 아이디어를 선택합니다.

◆ 소요 시간

사전 준비는 필요 없습니다. 설명을 포함하여 5~10분 정도 소요됩니다.

◆ 진행 방법

여기서는 노력과 고통(Effort & Pain)으로 아이디어를 분류하는 방법을 설명합니다.

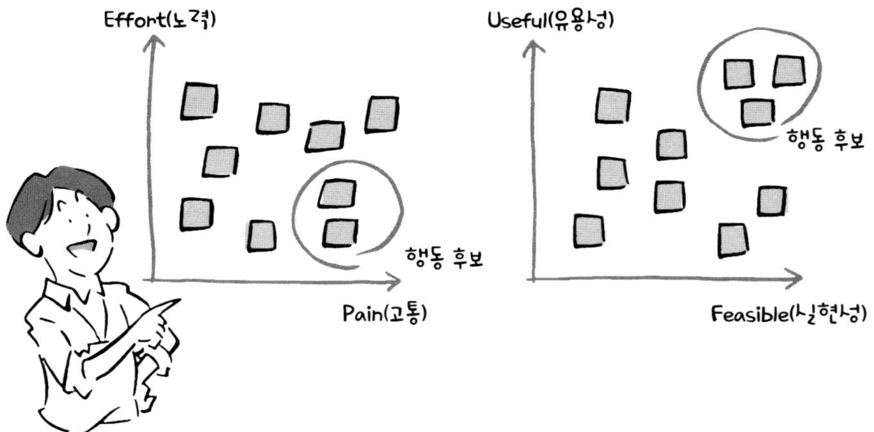

그림 8-22 노력과 고통(Effort & Pain) / 실현 가능성과 유용성(Useful & Feasible) 예

❶ 먼저, 3분 정도에 걸쳐서 모두가 내놓은 아이디어와 행동을 Effort와 Pain의 2가지 축으로 분류합니다. 분류는 어디까지나 상대평가입니다. 한 곳에 스티커 메모가 너무 많이 모이지 않도록 적절히 분산하여 분류합니다. 분류할 때는 모든 팀원이 침묵하며 분류를 합니다. 손에 든 아이디어와 2축 표를 보면서 자신의 감각에 따라 분류를 진행합니다. 이때 자신이 만든 아이디어뿐만 아니라 다른 사람이 낸 아이디어도 적극적으로 분류해 봅시다. 만약 분류를 진행하다가 내용을 모르는 아이디어를 발견하면 그 자리에서 바로 확인합니다.

❷ 분류가 끝나면 3~7분 정도 분류된 표를 보면서 모르는 점이나 궁금한 점을 팀원들과 공유하며 해결해 갑니다. 아이디어의 장소 이동이 필요한 경우 적절히 이동해 주세요.

분류 후 표를 보면 Effort가 작고(노력이 작고), Pain이 큰(고통이 많이 해소되는) 것이 행동의 후보로 최적입니다. 또한 Effort가 크고 Pain이 큰 것이 두 번째 후보입니다. 어디까지나 행동 후보이기 때문에 어떤 아이디어를 채택할 것인지는 팀원들끼리 대화를 통해 결정하게 됩니다.

❸ 이 후보들 중에서 팀이 실행해야 할 아이디어 후보를 최대 3개까지 선정합니다. 필요에 따라 도트 투표 p.262, 신호등 p.194 등의 기법도 같이 사용합니다.

이렇게 해서 아이디어를 분류해 나갑니다. 행동을 분류할 때도 동일한 순서로 진행할 수 있습니다. 또한 실현 가능성과 유용성(Feasible & Useful)의 경우도 2축의 관점만 다를 뿐, 방법은 같습니다.

◆ 리카 씨의 원포인트 조언

아이디어 분류에 시간을 허비하지 맙시다.

아이디어를 분류할 때 회고 참가자들 모두의 의견을 듣고 합의를 구하면 시간이 너무 오래 걸릴 수 밖에 없죠. 우선 조용히 빠르게 아이디어를 분류하고 의견 차이가 있는 아이디어만 논의해 봅시다.

스티커 메모가 한 곳에 몰리지 않도록 분산시킵니다.

스티커 메모가 한 곳에 너무 많이 모이면 스티커 메모의 내용을 읽기 어려울 뿐만 아니라, 모여 있는 것을 하나로 묶어 행동을 실행하려는 의식이 작용하게 돼요. 절대평가가 아닌 상대평가라는 점을 염두에 두고 화이트보드 전체를 활용해 잘 분산되도록 분류해 봅시다.

기법

17

도트 투표

◆ 이용 장면

단계 ❷ 회고의 시간을 만든다 | 단계 ❹ 아이디어를 낸다 | 단계 ❺ 행동을 결정한다

◆ 개요 · 목적

도트 투표는 이름 그대로 도트(동그라미)로 투표하여 아이디어나 행동을 선택하는 방식입니다. 단순히 투표만 하는 것이 아니라 동그라미를 중복해 가면서 투표합니다. 중복된 동그라미를 통해 '팀에게 중요한 아이디어가 무엇인지'를 한눈에 파악할 수 있도록 하기 위해 사용합니다.

KPT p.231와 YWT p.238에서 'T'로 도출한 아이디어 중에서 중요한 것을 선별하는 것 외에도 다양한 논의를 수렴하는 데에도 사용할 수 있습니다. 의견이 많을 때, 집중해야 할 주제를 선택하기 위해 도트 투표를 사용하는 것이 좋습니다.

도트 투표를 할 때는 '팀에 효과적이고, 논의하거나 실행하는 것이 좋은 의견이나 아이디어'로 좁혀야 합니다. 만약 행동 후보를 좁힐 때는 2개 이하로, 실행할 행동을 좁힐 때는 3개 이하로 좁혀야 합니다. 회고에서 실행할 행동은 최대 3개로 제한합니다. 아직 익숙하지 않을 시기에는 1개라도 상관없습니다. 행동을 좁혀야 하는 이유는 다음과 같습니다.

- 행동 후보가 너무 많으면 모든 아이디어를 구체화하려다 보니 행동을 만드는 데 시간이 너무 오래 걸립니다. 또한 처리해야 할 정보의 양이 많아지므로 행동을 하나하나 검토하기가 버겁습니다.
- 행동을 실행했다고 해서 반드시 성공하는 것은 아닙니다. 실행한 행동 중에 절반은 잘 되고, 절반은 어떤 문제가 발생합니다. 또한 한번에 너무 많은 것을 바꾸면 잘못된 것만 원래대로 되돌리기가 어려워집니다. 복잡하게 얽혀있는 프로세스를 여러 군데 바꾸면, 한 가지 변경 사항만 원래대로 되돌리기란 쉽지 않습니다.
- '카이젠'을 하려다가 의도치 않게 더 나빠지는 경우도 있습니다. 이런 상황에서 무엇이 잘 되고 무엇이 잘못되었는지 분석할 때, 많은 행동을 실행하고 있다면 분석이 어려워집니다.
- 많은 행동을 실행하면 행동을 실행하는 데 시간이 너무 많이 걸려 본업에 소홀해질 수 있습니다.
- 해야 할 행동이 너무 많으면 해야 할 과제처럼 느껴집니다. 너무 많은 작업 수에 지쳐서 의욕을 잃고 결국 하나도 실행하지 못하는 문제가 발생합니다.

◆ 소요 시간

사전 준비와 설명을 포함해 5분 정도 소요됩니다.

◆ 진행 방법

[사전 준비] 동그라미 스티커를 인원수만큼 준비해 팀원들에게 나눠주세요. 만약 동그라미 스티커가 없는 경우 화이트보드 마커를 사용하여 화이트보드에 메모를 쓰거나 스티커 메모에 직접 펜으로 써서 붙이면 됩니다.

❶ 한 명씩 동그라미 스티커를 들고 '팀에게 중요하다고 생각하는 것'에 투표합니다. 투표는 다음과 같이 진행됩니다.

- 가장 중요하다고 생각하는 것에 6표
- 두 번째로 중요하다고 생각하는 것에 3표
- 세 번째로 중요하다고 생각하는 것에 1표

그림 8-23 스티커 투표 예시

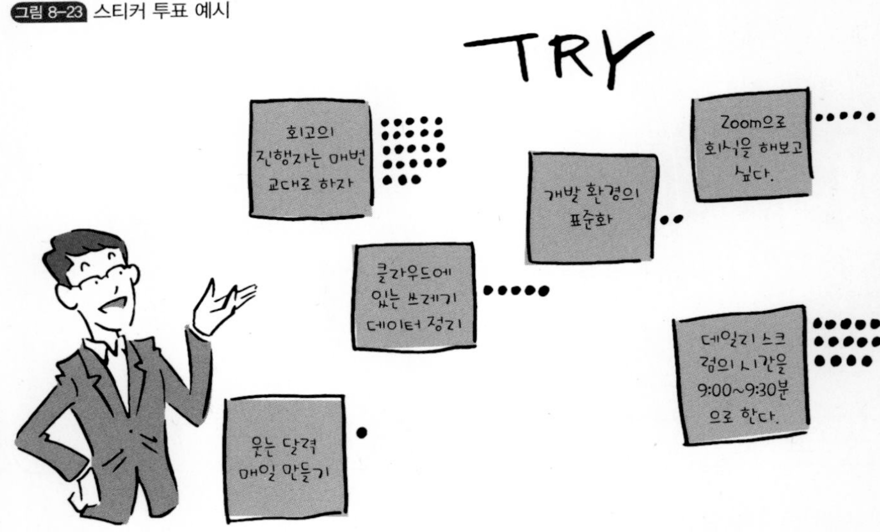

또한 아이디어의 수에 따라 투표 수와 가중치를 달리하는 것이 좋습니다[*11].

(*11) 아이디어의 수는 저자의 경험에 따른 기준입니다. 꼭 이대로 할 필요는 없습니다.

- 아이디어 수가 적은 경우(8개 이하) 1인당 4표씩 가지고, 3표, 1표로 투표
- 아이디어 수가 많을 경우(15개 이하) 한 사람당 10표씩 가지고, 6표, 3표, 1표로 투표
- 아이디어 수가 특히 많을 경우(16개 이상) 1인당 10표씩 가지고 4표, 3표, 2표, 1표로 투표

이렇게 투표를 진행하면 팀원들 사이에서 가중치가 부여된 상태로 표를 모을 수 있습니다. 투표 후 득표수가 많은 것부터 순서대로 토론을 진행하거나 행동을 구체화해 나가면 좋을 것입니다.

◆ 리카 씨의 원포인트 조언

일일이 세지 않아도 보면 바로 알 수 있도록 합시다.

동그라미 스티커를 사용하는 이유는 '보면 바로 알 수 있기 때문'이에요. 동그라미 스티커가 없다면 펜으로 큰 점(●)을 크게 그려서 대체해 보죠. '정(正)'자로 대체하지 않도록 주의합니다. 정(正)자로 대체하면 여러 사람이 한 주제에 동시에 투표를 하려고 할 때 여러 개의 정(正)자가 생겨서 한 눈에 알아볼 수 없게 돼요. 또한 스티커 메모에 적힌 글자와 득표수를 구분하기 어려워지니 주의해야 해요.

동그라미 스티커를 사용하면 경향성이 확실히 눈에 띄게 됩니다. 굳이 세어보지 않아도 어떤 것이 가장 중요한지 알 수 있을 거예요. '시각적으로 호소하는' 투표를 통해 참여자 모두가 다음에 무엇을 생각해야 하는지 자연스럽게 인식할 수 있도록 하는 거예요.

팀에 있어 중요한 것에 투표합시다.

내가 하고 싶은 아이디어도 몇 가지 있겠지만, 어디까지나 회고는 팀을 위한 것이니 모두 함께 팀을 더 좋게 만드는 것을 최우선으로 생각했으면 좋겠어요. 투표하기 전에 '팀에게 중요한 것에 투표할 것', '내가 하고 싶은 것보다는 팀을 먼저 생각할 것'을 모두에게 꼭 알려줍시다. 그럼에도 불구하고 자신이 하고 싶은 것에 투표한다면 어쩔 수 없어요. 자신이 하고 싶은 것이 후보에 뽑히지 않더라도 혼자서 실행해 보면서, 점점 더 카이젠해 나가도록 합시다.

장점과 단점을 제대로 이해합시다.

도트 투표는 매우 강력한 범위 선정 방법이지만, 장점과 단점이 있다는 것을 이해하면 다른 선정 방법과의 구분이 쉬워진다.

장점은 간단명료하고 빠르게 결정할 수 있다는 점. 이 점은 의심의 여지가 없죠.

한편, 단점은 다음 두 가지입니다.

- Ⓐ 먼저 투표한 사람의 결과에 끌려가기 쉽다
- Ⓑ 목표가 불분명하면 산만해진다

도트 투표는 오프라인에서 진행하면 누가 어떤 스티커 메모에 투표했는지 알 수 있기 때문에 익명성이 떨어져요. 또한 투표에 시간 차가 발생하기 쉽기 때문에 Ⓐ처럼 먼저 움직인 사람이 동그라미 스티커를 붙인 아이디어나 의견이 강한 사람이 붙인 아이디어에 어쩔 수 없이 분위기가 끌려갈 때가 있어요. 참가자들이 고민에 빠졌을 때, '자신의 의견'보다 이런 '강한 의견'을 발견하고 투표를 하게 되는 경우가 생길 수 있겠죠.

또한 Ⓑ처럼 '팀을 위해'와 같은 명확한 목표가 없는 상태에서 투표를 시작하면 각자 하고 싶은 것에 투표해 득표수가 분산돼 버려서 우선순위를 정하지 못하는 경우도 발생할 수 있겠지요.

장점과 단점을 파악한 후 어떻게 사용하느냐가 관건이에요.

다른 선정 기법과 구분하여 사용합시다.

아이디어와 행동을 선정하는 방법에는 신호등 p.194, 노력과 고통(Effort & Pain) / 실현 가능성과 유용성(Feasible & Useful) p.258 등 이 책에 소개된 기법 이외에도 다양한 방법들이 있어요. 모든 방법에는 장단점이 있으니 적재적소에 활용할 수 있도록 다양한 방법을 실천하고 나름대로 분석해 보는 것이 중요해요.

기법 18

질문의 고리

이용 장면

단계 ❹ 아이디어를 낸다 | 단계 ❺ 행동을 결정한다

개요 · 목적

질문의 고리는 팀원 모두가 납득할 수 있는 아이디어와 행동을 만들어 내기 위한 방법입니다. 팀원들이 동그랗게 모여 한 사람씩 '질문'에 답하면서 아이디어와 행동을 작성해 나갑니다. '당신은 우리가 다음에 해야 할 일은 무엇이라고 생각하십니까'라는 질문에 반복적으로 답하면서 팀의 의견이 반영된 구체적인 아이디어와 행동을 만들어 냅니다.

질문의 고리에서는 서로의 의견을 존중하고, 팀으로서 무엇을 하고 싶은지 모두 함께 결정하기 때문에 팀 관계를 강화하는 데도 좋습니다. 부정이나 비판은 피하도록 합니다. 한 사람 한 사람의 의견이 점차 팀의 통일된 의견으로 변화하는 모습을 경험할 수 있을 것입니다.

소요 시간

사전 준비는 필요 없습니다. 설명을 포함하여 20~40분 정도 소요됩니다. 인원이 많을수록 시간이 오래 걸립니다.

그림 8-24 질문의 고리 진행 방법(4명이 함께 작업하는 경우)

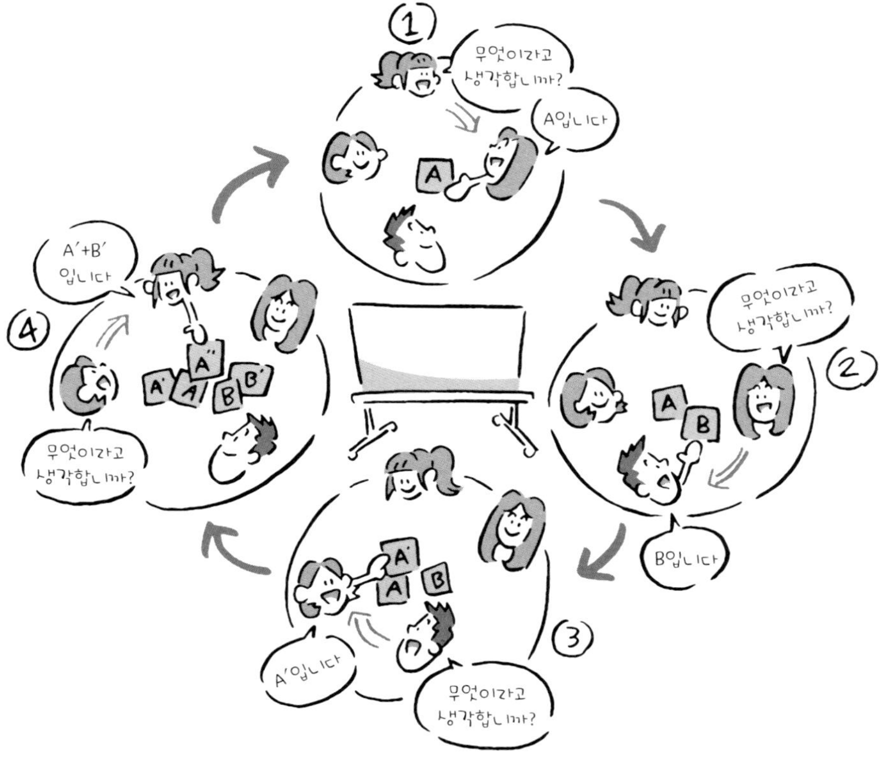

◆ 진행 방법

질문의 고리에서는 '우리가 다음에 해야 할 일은 무엇이라고 생각하십니까'라는 질문을 반복적으로 던집니다.

❶ 먼저 질문할 사람을 정했다면, 왼쪽 옆에 있는 사람에게 질문을 던집니다.

'우리가 다음에 해야 할 일은 무엇이라고 생각하십니까?'

그리고 왼쪽 옆에 있는 사람이 그 질문에 답합니다. 대답할 때는 주저 없이 자신의 의견을 확실하게 전달합니다.

처음 답변은 구체적이지 않더라도 자신의 생각을 전달할 수 있으면 충분합니다. 답변한 내용에 대해 다른 질문으로 더 깊이 파고들지는 않습니다. '내용을 모르겠다', '이해가 안 된다'는 경우에만 명확하지 않은 부분을 해소하기 위해 질문을 해주시기 바랍니다. 답변 내용은 여유가 있는 사람이 필요에 따라 화이트보드에 시각화합니다. 시각화의 형태는 스티커 메모, 마인드맵 등 어떤 형태로든 상관없습니다. 팀원들이 가장 편한 방법을 협의하여 진행하시기 바랍니다.

❷ 다음으로 방금 질문을 받은 사람이 질문하는 사람으로 바뀝니다. 다시 왼쪽 옆에 있는 사람에게 같은 질문을 던집니다.

'우리가 다음에 해야 할 일은 무엇이라고 생각하십니까?'

그리고 다음 사람은 자신의 의견을 말하면 됩니다. 이 질문은 반드시 합니다. 질문을 통해 명시적으로 다음 사람에게 답변의 바통을 넘길 수 있습니다.

❸ 1바퀴를 돌고 나면 팀원들이 각자 어떤 생각을 하고 있는지, 어떤 것을 중요하게 생각하는지 알 수 있습니다. 이 일련의 과정을 2바퀴 이상 진행합니다. 행동이 구체화된 정도에 따라서 필요하다면 3바퀴, 4바퀴로 반복합니다.

다음은 두 번째 바퀴 이후의 진행 방법을 설명하겠습니다.

| 두 번째 바퀴

첫 번째 바퀴에서 팀의 의견이 가시화된 상태로부터 시작합니다. 팀의 의견 속에서, '이 의견은 좋네, 이렇게 하고 싶다'고 느낀 것이 있으면 자신의 의견에 반영합니다. '우리가 다음에 해야 할 일은 무엇이라고 생각하십니까'라는 질문에 대해 첫 번째 바퀴에서 팀원 모두의 의견을 수렴한 후, 자신만의 답변을 다시 한번 정리해봅니다. 또한 답변한 내용은 화이트보드에 기록해 둡니다.

| 세 번째 바퀴

두 번째 바퀴가 끝나면 점차 방향성이 나타날 것입니다. 세 번째 바퀴부터는 지금까지의 의견을 통합하여 보다 구체적인 행동을 검토해 나갑니다. 응답자는 다음의 질문을 던지며 답변합니다. 그렇게 모두의 의견을 구체화해 나갑니다.

- 만약 행동을 실행한다면 언제 실행할 것인가
- 누가 하는가
- 무엇을 위해 하는가

| 네 번째 바퀴

세 번째 바퀴까지의 의견을 참고하여 팀으로서 무엇을 할 것인지 최종적으로 결정하기 위해 구체적인 행동을 모두 함께 이야기합니다. 만약 네 번째 바퀴가 끝났을 때도 의견이 합쳐지지 않았다면, 5분 정도 추가 토론 시간을 갖고 팀에게 중요한 것이 무엇인지에 대해 논의한 후 행동을 최종 결정합니다.

◆ 리카 씨의 원포인트 조언

아이디어를 빠짐없이 써 나갑시다.

화이트보드에 글을 쓰는 사람은 서로의 의견을 존중하고, 어떤 아이디어든 빠짐없이 써 내려갑시다. 만약 아이디어를 쓰지 않거나 다시 써야 할 경우, 응답자에게 그 내용으로 문제가 없는지 반드시 확인해야 해요. 모든 사람의 아이디어를 빠짐없이 적어야 팀으로서 나아갈 방향이 조금씩 보일 거예요.

어떤 아이디어도 받아들입니다.

다른 사람이 내놓은 아이디어나 행동은 어떤 것이든 받아들이고, 부정하지 맙시다. 아이디어가 '마음에 들지 않는다'고 생각하기보다 '이 사람은 왜 그런 생각을 했을까'라고 생각하면 상호 이해가 더 깊어질 거예요. 만약 의도를 잘 모르겠다면 그 자리에서 물어봅시다. 응답자의 상황이나 상태에 따라 답변이 달라질 수 있기 때문에 표면적인 의견뿐만 아니라 그 이면의 의도와 가치관까지 파악하려고 노력하면 팀원들 간의 신뢰가 더욱 높아질 수 있어요.

기법

19 SMART한 목표

◆ 이용 장면

단계 ❺ 행동을 결정한다

◆ 개요・목적

SMART한 목표는 아이디어를 구체화된 행동으로 바꾸는 대표적인 방법입니다. 확실하게 실행될 것 같은 느낌이 들 정도로 구체화된 행동은 효과를 예측하기 쉽고, 결함도 쉽게 발견할 수 있습니다. 결함이 발견되면 빠르게 궤도 수정을 할 수 있게 됩니다.

SMART는 다음의 머리글자를 딴 프레임워크입니다.

- Specific(명확한 · 구체적인)
- Measurable(측정 가능한)
- Achievable(달성 가능한)
- Relevant(적절한 · 문제와 관련된)
- Timely / Time-bounded(즉시 가능 / 기한이 정해져 있음)

위와 같은 내용에 따라 행동을 구체화해 나갑니다.

◆ 소요 시간

사전 준비는 필요 없습니다. 설명을 포함하여 20~30분 정도 소요됩니다. 익숙하지 않은 팀일수록 구체화하는 데 시간이 오래 걸립니다.

◆ 진행 방법

SMART의 많은 항목을 충족하도록 행동 후보를 구체화해 나갑니다.

행동을 SMART하게 하는 것은 익숙해지지 않으면 쉽지 않은 일입니다. 행동이 SMART하지 않은 예와 SMART한 예는 다음과 같습니다.

SMART하지 않은 행동의 예

히카리 씨가 만든 화면 설계서에 기재 미비가 많아 재작업을 했다. 기재 미비가 없도록 의식한다.

SMART한 행동의 예

히카리 씨가 만든 화면 설계서에 기재 미비점이 많아 재작업을 했다. 사양에 대한 이해는 있었기 때문에 미비점이 없도록 팀원 전원이 서로 설계를 리뷰하는 구조를 만든다.
우선 내일 화면 X, Y의 화면 설계서가 완성되면 X는 리카 씨와 의문 씨가, Y는 에리 씨와 베테랑 씨가 서로 리뷰한다. 지적 횟수와 내용은 늦어도 모레 데일리 스크럼에서 팀 전체에 공유하고, 그때 다시 한번 카이젠안을 검토한다.

SMART가 아닌 행동에서는 '기재에 미비사항이 없도록'이라는 구체적이지 않은 행동이 기재되어 있습니다. 또한 '의식한다'는 것도 어떻게 하면 달성 가능한지 알 수 없습니다. 이처럼 '의식한다', '주의한다', '노력한다', '어떻게든 하겠다'와 같은 마음가짐으로 카이젠을 시도하는 것은 SMART가 아닌 행동의 전형입니다. 예를 들어 다음과 같은 식으로 좀 더 구체적인 행동으로 검토해 갑니다.

- 어떻게 의식할 수 있을지
- 어떻게 주의할 수 있을지
- 어떤 과정을 거쳐야 예방할 수 있을지

그림 8-25 SMART한 목표에 대해 팀원들과 대화를 나누며 탐구해 보자

SMART한 행동의 예로는 '팀원 모두가 서로 설계를 리뷰할 수 있는 구조를 만드는 것'과 같이 문제에 대한 관련성 있는 대응책을 마련하는 것(Relevant)입니다.

방법의 일례로 'X는 리카 씨와 의문 씨가, Y는 에리 씨와 베테랑 씨가 서로 검토한다'와 같이 어떻게 하면 달성할 수 있는지를 한눈에 알 수 있는 행동에 녹여냈습

니다(Achievable).

또한 '내일이면 화면 X, Y의 화면 설계서가 완성되기 때문에'라는 말에서 곧 할 수 있는 상태라는 것을 알 수 있습니다(Timely, Time-bounded).

또한 '지적사항의 수와 내용은 늦어도 모레 데일리 스크럼에서 팀 전체에 공유하고, 그때 다시 카이젠안을 검토한다'는 부분으로부터, 효과가 잘 나올지 모르는 불확실성을 염두에 두고 다음 카이젠을 어떻게 추가할 것인지에 대한 검토까지 이루어지고 있습니다(Specific · Measurable).

이처럼 SMART한 행동이 될 수 있도록 팀원들과 함께 대화하며 아이디어를 구체화해 나갑니다.

◆ 리카 씨의 원포인트 조언

문제를 한번에 해결할 수 있는 완벽한 행동을 너무 의식하지 마세요.

행동을 만드는 것에 익숙하지 않은 상태에서는 모든 문제를 해결할 수 있고, 반드시 성공할 수 있는 행동을 만들려고 노력하는 경우가 많아요. 그러나 그러한 행동의 검토는 문제의 전체를 파악하고, 문제를 충분히 분석한 후에야 비로소 가능합니다.

팀의 문제는 빙산의 일각에 불과한 경우가 많아서 전체 그림을 보지 못하는 경우가 많아요. 카이젠을 위한 한 걸음을 내딛고 나서야 비로소 전체가 보이는 경우도 있잖아요. 하지만 막상 착수해 보니 행동의 방향이 잘못되었다는 것을 깨닫게 되는 경우도 있어요. 그러니까 모든 것을 해결하려고 하지 말고, 우선은 '한 걸음'이라도 좋으니 앞으로 나아갈 수 있는 행동을 만들어 가면 충분해요. 물론 익숙해지면 문제를 더 깊이 파고들어 해결을 위한 확실한 행동을 만들어 봅시다. 이 경우에는 5Whys p.221 방법을 사용하면 편리해요.

누구 한 명에게만 부담을 지우는 행동은 하지 맙시다.

행동을 결정할 때 '왜', '누가', '언제', '어디서', '무엇을', '어떻게'라는 5W1H를 통해 구체화하면 더 SMART한 행동이 될 수 있습니다. 이때 '누가'라는 부분은 가능하면 팀원 전체가 참여하도록 합시다. 특정한 누군가가 활동하거나 대책을 시행하는 행동이 되는 것은 어쩔 수 없는 일이지만, 팀 전체가 함께 지원하고 협력하는 마음으로 행동을 구성해 봅시다.

한 사람에게 부담이 편중되어 있다면, 그만큼 그 사람의 다른 일을 떠맡아 부담을 덜어주거나 조언을 하는 등의 지원은 할 수 있을 거예요. 다만 모두가 모두를 위한 행동을 만들고 있다는 것을 의식해 보시기 바래요.

구체화된 행동을 실행하기로 결정하면 반드시 협력합시다.

행동을 팀원 모두의 동의를 얻어서 결정하기는 어렵고, 약간의 불만과 의문이 남을 수도 있잖아요. 하지만 불만이라고 해서 협력하지 않고, 행동을 실행하지 않는다면 앞으로 나아갈 수 없어요. 한 발짝 앞으로 나아가야 비로소 보이는 것들도 있어요. 팀에서 '하자'고 결정하면 반드시 모두가 협력해야 합니다. 설령 실패하더라도 거기서 얻은 교훈을 다음 회고에서 잘 활용하면 되는 거죠.

행동을 구체화할 때 항상 SMART를 의식합시다.

SMART의 사고 방식은 행동을 검토할 때 바탕이 돼요. 어떤 방식으로 회고를 하든 행동이 SMART하게 될 수 있도록 염두에 두고 회고를 진행해 봅시다.

기법 20

+ / Δ

◆ 이용 장면

단계 ❹ 아이디어를 낸다 | 단계 ❻ 회고를 카이젠한다

◆ 개요 · 목적

+ / Δ(플러스/델타)는 +(좋았던 점, 잘된 점)와 Δ(카이젠하고 싶은 점)을 논의하여 아이디어를 도출하는 기법입니다.

'회고를 카이젠한다'의 방법론으로 활용할 수 있고, '아이디어를 낸다'로도 활용할 수 있습니다.

'회고를 카이젠한다'를 하기 위해 사용할 때는 회고의 진행 방식, 참가자들의 행동과 발언 내용 등을 회고합니다. 이 중에서 좋았던 부분과 계속해야 할 부분, 카이젠하고 싶은 부분을 각각 논의합니다. 짧은 시간에 할 수 있는 기법입니다.

◆ 소요 시간

'회고를 카이젠한다'는 사전 준비와 설명을 포함해 5분, '아이디어를 낸다'는 10~15분 정도로 진행합니다.

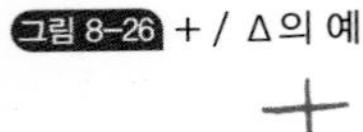

그림 8-26 + / Δ의 예

진행 방법

[사전 준비] 화이트보드를 세로로 나누어 좌우에 '+'와 'Δ'를 기재합니다.

'회고를 카이젠한다'는 회고 내용에 대한 의견이 있는 사람부터 발언합니다. 발언한 의견은 + 또는 Δ로 표시합니다. 의견이 일정 개수를 넘기거나 제한 시간을 다 채우면 종료합니다.

'아이디어를 낸다'는 팀 활동이나 회고 주제에 대해 +와 Δ의 내용을 발언해 봅시다. 이 경우 의견의 개수는 신경 쓰지 않고, 제한 시간을 다 쓰면 종료합니다. 먼저 한 사람당 5분 정도 스티커 메모를 작성하고, 10분 정도 공유하면서 의견을 덧붙이는 것이 좋습니다.

◆ 리카 씨의 원포인트 조언

의견을 끊임없이 계속 말해 봅시다.

이 방법은 시간이 없는 상황에서도 빠르게 진행할 수 있다는 게 장점이에요. 의견이 있는 사람이 발언하고, 화이트보드에 계속 의견을 적어 나갑니다. 다른 사람이 다 쓸 때까지 기다릴 필요 없이, 참가자들은 계속해서 의견을 말하면 돼요. 만약 글쓰기가 빠듯하다면 팀원들이 모두 힘을 합쳐서 스티커 메모나 화이트보드에 써 봅시다.

만약 스스로 말을 잘 하지 못하는 사람이 있다면 토킹 오브젝트(TO)를 사용하는 것도 추천해요. 작은 봉제 인형 등 한 손으로 잡을 수 있는 것(이것이 바로 TO)을 준비해 참가자 중 한 명에게 전달하고, 그 TO를 가진 사람이 이야기를 하는 방식이에요. TO를 가진 사람은 의견을 말해도 좋고, 다른 사람에게 TO를 전달해도 좋아요. 또 TO를 가지고 있지 않은 사람이 발언을 하고 싶을 때 TO를 받아도 좋습니다. TO를 활용하면 토론이 일부에 집중되는 것을 방지할 수 있을 뿐만 아니라, 빠르게 의견을 제시할 수 있게 되죠.

다음 회고에서 반드시 활용합시다.

여기서 나온 회고의 카이젠 사항은 다음 회고에 활용해 봅시다. 다음 회고를 구성할 때 이 + / Δ의 결과를 검토해 회고 자체를 개선해 나가는 것을 잊지 맙시다.

Column

Kudo Cards

이 장에서 소개한 Kudo Cards p.202는 그림 A와 같이 'THANK YOU', 'CONGRATULATIOINS!', 'GREAT JOB!', 'WELL DONE' 등 상대방에 대한 감사와 칭찬을 전하기 위한 카드입니다. 감사나 칭찬을 느꼈을 때 카드에 적어서 상자에 넣거나 벽에 걸기도 합니다. 상자에 넣었다가 나중에 꺼내서 사용하는 방법은 Kudo Box, 벽에 거는 방법은 Kudo Wall이라고 불립니다.

공통점은 평소에 감사와 칭찬을 주고받을 수 있는 팀과 조직을 만들어 간다는 것입니다. 회고 이외의 자리에서도 이러한 관행을 잘 활용하면 애자일 팀에 조금씩 다가갈 수 있을 것입니다.

온라인 환경에서도 사용할 수 있는 도구(*12)도 있습니다. 온라인에서 팀 커뮤니케이션의 일환으로 팀에 도입해 보는 것은 어떨까요?

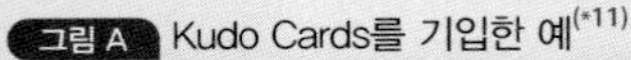

그림 A Kudo Cards를 기입한 예(*11)

(*11) https://www.oreilly.com/library/view/managing-forhappiness/9781119268680/c01.xhtml

(*12) https://kudobox.co/

09장

회고의 요소와 질문

사실(주관과 객관 / 정성과 정량 / 성공과 실패)

감정

시계열과 이벤트

과거 · 현재 · 미래 · 이상 · 간극

배움과 깨달음

발산과 수렴

행동

Agile

회고를 진행하는 데 있어 가장 중요한 것은 '질문'입니다. 어떤 질문을 던져야 회고의 효과를 높일 수 있을까요?

회고에는 다양한 기법이 존재합니다. 기법마다 질문의 내용이나 진행 방식이 다르고 개성이 넘치지만, 회고의 본질적인 요소는 비슷합니다. 이 장에서는 그런 회고의 핵심 요소와 이를 이끌어 내는 질문 7가지를 소개합니다.

- 사실(주관과 객관 / 정성과 정량 / 성공과 실패)
- 감정
- 시간대와 사건
- 과거 · 현재 · 미래 · 이상 · 간극
- 배움과 깨달음
- 확산과 수렴
- 행동

이 장에서는 이러한 요소를 자세히 설명하고 요소별 질문 예를 제시합니다. 회고를 진행할 때 이러한 요소와 질문을 의식적으로 사용하면 보다 다양한 의견을 이끌어 낼 수 있습니다. 상대방의 이야기를 더 깊이 파고들고 싶을 때, 다양한 각도에서 아이디어를 수집하고 싶을 때 이 질문들을 사용해 보세요.

또한 회고 기법을 선택할 때, 회고 기법을 카이젠해 팀에 맞는 형태로 변경할 때, 그리고 새로운 회고 기법을 만들려고 할 때 이러한 요소와 질문을 참고해 보시기 바랍니다.

(*1) YWT의 질문 중 하나인 W(알게 된 것). YWT는 8장 '회고의 기법을 알아보기'의 '12 YWT' p.238에서 자세히 소개하고 있습니다.

(*2) KPT의 질문 'Keep(계속하는 것)', 'Problem(문제가 되는 것)', 'Try(시도하는 것)'를 말합니다. 8장 '회고의 기법 알아보기'의 '11 KPT' p.231에 자세히 설명되어 있습니다.

사실 (주관과 객관 / 정성과 정량 / 성공과 실패)

사실은 팀 안팎에서 일어난 일들을 떠올리면서 의견을 발표합니다. 사실은 '주관과 객관', '정성과 정량', '성공과 실패'의 세 가지 관점에서 바라보면 좋을 것 같습니다.

주관은 '이렇게 생각하고 행동했더니 이런 결과가 나왔다(고 생각한다)'와 같은 자기 관점의 의견입니다. 주관적 사실을 수집하는 것은 자신과 팀의 성향과 행동 원리를 파악하는 '메타 인지(*3)'로 이어집니다. 주관적인 사실들을 서로 발표하고 각자의 관점으로 정보를 비교함으로써 인식의 차이를 메우고 객관적인 정보를 얻기 쉬워집니다.

객관은 '팀에 ○○라는 변화가 생겼다'는 식으로 팀원 모두가 납득할 수 있는 정보입니다. 객관적인 정보를 사용하면 사실에 기반한 분석이 쉬워지고, 카이젠에 쉽게 연결할 수 있습니다.

정성은 '버그가 잘 발생하지 않게 되었다(고 느낀다)'와 같은 사물의 성질을 나타내는 정보입니다. 정성적 정보는 팀에 대한 자기 인식을 전달하는 데 도움이 됩니다.

정량은 '릴리스가 ○○분 단축되었다'와 같이 수치 변화를 구체적으로 표현할 수 있는 정보입니다. 정량적 정보는 객관적인 정보를 구체화하는 데 효과적이며, 팀의 변화를 시각화하여 팀원들에게 더욱 발전시켜야 할 점, 보완해야 할 점을 알기 쉽게 보여줍니다.

성공은 '○○이 효과가 있었다'라는 발전시켜나가야 할 사건입니다. 개인이나 팀이 성공을 자각하면 동기부여가 되고, 더 큰 성공을 만들어내려는 의식이 솟아나게 됩니다.

(*3) '자신의 인지 방식과 행동 과정'을 인지하는 것

실패는 '○○가 잘 진행되지 않았다'는 카이젠해야 할 일입니다. 실패를 거론할 때에는 개인적 비판이나 공격이 되지 않도록 주의해야 합니다. 실패 요인을 파헤치다 보면 근본적인 카이젠으로 연결될 수 있습니다.

이를 바탕으로 사실을 수집하기 위한 질문들을 살펴봅니다.

- 무엇을 했습니까 / 하려고 했습니까?
- 무슨 일이 일어났습니까 / 일어나지 않았습니까?
- 무엇을 의식했습니까 / 무엇을 잊고 있었습니까?
- 예상대로였던 것은 무엇이었나요? / 예상하지 못했던 사건은 무엇이었나요?
- 어떤 변화를 일으켰나요 / 일으키지 못했나요?
- 얼마나 효과가 있었나요?
- 수치로 확인할 수 있는 변화가 있었나요?
- 얼마나 시간이 걸렸나요?
- 자신 / 팀이 본 것은 무엇인가요?
- 나만 볼 수 있었던 것은 무엇인가요?
- 얻은 것 / 잃어버린 것은 무엇인가요?
- 할 수 있었던 일 / 할 수 없었던 일은 무엇인가요?
- 지속적으로 할 수 있었던 것은 무엇인가요?
- 잘 된 일 / 잘 안 된 일은 무엇인가요?
- 예전에는 할 수 있었지만, 이제는 할 수 없게 된 것은 무엇인가요?

감정

회고에서 감정도 중요한 요소 중 하나입니다. '즐거움'과 같은 긍정적인 감정부터 '분노'나 '화'와 같은 부정적인 감정까지 다양한 감정을 살펴봄으로써 학습과 깨달음을 촉진시킨다든지, 팀원들이 함께 행동으로 옮길 수 있는 동기를 부여할 수 있습니다.

긍정적인 감정은 자기효능감[*4]으로 이어져 동기부여를 향상시키고 새로운 도전을 촉진하는 데 도움이 됩니다. 부정적인 감정은 이상과 현실의 괴리를 알 수 있는 기회가 되어 카이젠으로 이어질 수 있는 계기가 됩니다. 그리고 '내가 왜 그런 감정을 느꼈는지'를 생각하면 메타 인지로 이어지기 쉽습니다. 또한 여러 사람이 비슷한 감정을 느꼈다는 것을 알게 되면, 그 부분이 팀에서 집중해야 할 과제라는 것을 알게 되고, 경험을 통해 배울 수 있는 계기가 됩니다.

감정은 사실과 함께 표현해 보세요. 팀원마다 같은 사실에 대해 서로 다른 감정을 가질 수 있습니다. 이럴 때는 그 차이가 왜 생기는지 생각해 보는 것이 상호 이해와 소통의 활성화로 이어질 수 있습니다. 또한 같은 감정을 가지고 있다는 것을 알게 되면 팀원들끼리 강한 의지를 가지고 아이디어와 행동을 이끌어 낼 수 있습니다.

감정에서 사실을 끌어내는 방법도 있습니다. 내 안에 강하게 남아 있는 '감정'을 먼저 끄집어내 봅시다. 자신의 감정의 동요를 떠올리고, 특히 감정이 움직인 사건은 무엇이었는지 떠올리면 감정을 이용해 사실을 떠올릴 수 있습니다.

감정은 다음과 같은 질문을 통해 끌어냅니다.

(*4) '나는 어떤 상황에서 필요한 행동을 잘 수행할 수 있다'고 자신의 가능성을 인식하고 있는 것. 자기효능감이 높아지면 새로운 행동이 유발되기 쉽다.

- 즐거웠다고 느낀 것은 무엇인가요? / 언제인가요? 왜 그렇게 느꼈습니까?
- 기뻤다고 느낀 것은 무엇인가요? / 언제인가요? 왜 그렇게 느꼈습니까?
- 감사함을 느낀 것은 무엇인가요? / 언제인가요? 왜 그렇게 느꼈습니까?
- 슬픔을 느낀 것은 무엇인가요? / 언제인가요? 왜 그렇게 느꼈습니까?
- 분노를 느낀 것은 무엇인가요? / 언제인가요? 왜 그렇게 느꼈습니까?
- 스트레스와 좌절감을 느낀 것은 무엇인가요? / 언제인가요? 왜 그렇게 느꼈습니까?
- 힘들다고 느낀 것은 무엇인가요? / 언제인가요? 왜 그렇게 느꼈습니까?
- 위험 · 위기를 느낀 것은 무엇인가요? / 언제인가요? 왜 그렇게 느꼈습니까?
- 이전과 같은 감정을 느낀 것은 무엇인가요? / 언제인가요? 왜 그렇게 느꼈습니까?
- 이전과 다른 감정을 느낀 것은 무엇인가요? / 언제인가요? 왜 그렇게 느꼈습니까?
- (회고 대상 기간에) 점수를 매긴다면 몇 점이라고 생각하십니까? 왜 그렇게 느끼십니까?
- 감정이 가장 많이 흔들렸던 것은 무엇인가요? / 언제인가요? 왜 그렇게 느꼈습니까?
- (회고 대상 기간 동안) 감정은 어떻게 변화했습니까? 경향은 있습니까?
- 언제 기분이 좋아졌습니까? 그것은 무엇인가요?
- 언제 기분이 우울해졌습니까? 그것은 무엇인가요?
- 가장 ○○(즐거운 / 슬픈 등의 감정)을 느낀 것은 무엇인가요? / 언제인가요? 왜 그렇게 느꼈습니까?

시계열과 이벤트

시간대별, 사건별로 사실과 감정을 끌어냅니다.

시계열은 회고 대상 기간에 있었던 사건들을 시간 축에 맞춰 기억을 떠올립니다. 또한, 시간 순서대로(과거에서 현재로) 기억할 필요는 없습니다. 바로 떠올릴 수 있는 부분부터 기억을 떠올리고, 그 시점을 중심으로 주변 시간축의 사건들을 떠올려 보는 것이 좋습니다. 회상이 끝나면 모두 함께 사실과 감정을 공유할 때 시간 순서대로 나열하면 됩니다.

이벤트(*5)에서는 미팅이나 회의, 또는 장애 대응이나 팀별 협동 작업 등 팀원들과 함께한 이벤트 별로 일들을 떠올려 봅니다.

시계열과 이벤트에서는 '월요일에 ○○이 있었다', '그러고 보니 어제 저녁에 ○○을 이야기했다', '○○ 회의에서 ○○ 이야기가 나왔다'와 같이 시간이나 사건을 계기로 다양한 기억을 떠올릴 수 있습니다.

시계열과 이벤트를 이끌어 내기 위한 질문을 소개합니다.

- ○○월 / ○○주 / ○○일 / ○요일에 무슨 일이 있었나요?
- 아침 / 점심 / 저녁 / 밤에 무슨 일이 있었나요?
- (어떤 사건의) 전 / 후에 일어난 일은 무엇입니까?
- (어떤 사건의) 원인이 된 사건은 무엇인가요?
- (어떤 사건이) 원인이 되어 발생한 사건은 무엇인가요?
- 정기적으로 열리는 이벤트 / 회의 / 미팅에서 한 일은 무엇인가요?
- 갑작스럽게 발생한 이벤트 / 회의 / 미팅에서 한 일은 무엇인가요?
- 평소와 다른 이벤트가 있었나요? 그 이유는 무엇인가요?

(*5) 스크럼의 경우, 스크럼에서 정의된 이벤트가 여기에 포함됩니다. 스프린트 계획, 데일리 스크럼, 스프린트 리뷰, 스프린트 회고, 또는 프로덕트 백로그 정제

과거 · 현재 · 미래 · 이상 · 간극

시간대별로 사실과 감정을 끌어냅니다.

과거 · 현재뿐만 아니라 미래 · 이상과 그 간극을 논의함으로써, 아이디어와 행동으로 쉽게 연결될 수 있습니다. 이러한 질문은 다음과 같은 질문으로 도출됩니다. 시계열과 비슷하지만, 이쪽은 시계열보다 추상적이고 큰 범위로 기억하는 작업입니다. 예를 들어 다음과 같은 식으로 순서대로 떠올리면서 아이디어를 떠올리는 것이 좋습니다.

- '과거에 일어났던 일'을 떠올린다
- '지금 일어나고 있는 일은 무엇인가'를 떠올린다
- '미래의 모습과 이상향'을 그린다
- '현재와 과거와의 간극'에 대해 논의한다

이러한 정보를 이끌어 내기 위한 질문에는 다음과 같은 것들이 있습니다.

- 최근 / 얼마 전 / 오래 전에 일어난 일은 무엇입니까?
- 지금 무슨 일이 일어나고 있습니까?
- 곧 / 가까운 장래 / 미래에 일어날 일은 무엇인가요?
- 곧 / 가까운 장래 / 미래에 일어나고 싶은 일 / 하고 싶은 일은 무엇인가요?
- 당신 / 팀의 이상은 무엇입니까?
- 과거와 현실의 변화는 무엇인가요? 왜 변화가 일어났습니까?
- 현실과 이상 사이의 간극은 무엇입니까? 간극의 이유는 무엇입니까?
- 상상할 수 있는 미래와 이상 사이의 간극은 무엇입니까? 간극의 이유는 무엇인가요?

배움과 깨달음

사실과 감정을 통해 자신과 팀이 배운 것, 깨달은 것, 깨달음은 무엇인가를 공유합니다. 배움과 깨달음이 아이디어를 이끌어 냅니다.

'배우고 깨달은 것을 이야기합시다'라고 해도 익숙하지 않은 상태에서는 배움과 깨달음을 언어화할 수 없습니다. 회고 중에서도 배움을 이끌어 내는 '질문'은 어렵습니다. 사람마다 가지고 있는 감성과 받아들이는 방식의 차이에 따라 어떤 질문에서 배움과 깨달음을 자각하고 끌어낼 수 있는지는 크게 달라집니다. 질문의 종류를 여러 가지로 준비해 두면 다양한 각도에서 배움과 깨달음을 이끌어 낼 수 있습니다.

배움을 이끌어 내기 위한 몇 가지 질문을 소개합니다.

- 어떤 배움과 깨달음이 있었나요? 그 이유는 무엇인가요?
- 다음에 활용할 수 있는 것 / 개선할 수 있는 것은 무엇입니까? 그 이유는 무엇입니까?
- 궁금한 점 / 걱정되는 점은 무엇인가요? 그 이유는 무엇입니까?
- 관심 있는 것 / 흥미를 끄는 것은 무엇인가요? 그 이유는 무엇입니까?
- 좋은 방향 / 나쁜 방향으로 변한 점은 무엇인가요? 그 이유는 무엇입니까?
- 특히 좋은 점 / 나쁜 점은 무엇인가요? 왜 그렇게 느꼈습니까?
- 어떤 경향을 보셨나요? 그 이유는 무엇인가요?
- 어떤 생각의 차이가 있었나요? 왜 그렇게 느꼈나요?
- 이전과 같은 일 / 다른 일이 일어났습니까? 그 이유는 무엇입니까?
- 이전과 어떻게 달라졌나요? 그 이유는 무엇인가요?
- 가장 기억에 남는 것은 무엇인가요? 그 이유는 무엇인가요?
- 이곳에 없는 사람들에게 전하고 싶은 말은 무엇인가요? 그 이유는 무엇입니까?
- 이것만은 꼭 전하고 싶은 것, 가르치고 싶은 것은 무엇인가요? 그 이유는 무엇입니까?

발산과 수렴

아이디어와 행동을 검토하는 데 있어 발산과 수렴은 필수적인 요소입니다. 아이디어의 발산과 수렴을 적절히 활용하면서 팀에게 좋은 행동을 만들어 냅니다.

발산은 새로운 아이디어를 창출하거나 다른 아이디어와 결합하는 것입니다. 하나의 아이디어에서 발산을 통해 수많은 아이디어를 만들어 낼 수도 있습니다.

수렴은 여러 아이디어를 좁혀서 다음 논의할 내용의 방침을 정하거나 합의를 도출하는 데 활용합니다.

발산과 수렴에 사용할 수 있는 질문을 소개합니다.

■ **발산을 위한 질문**

- 아무리 사소하고 하찮게 느껴지는 일이라도 이야기해 봅시다.
- 다른 사람의 의견과 비슷하다고 생각되는 것이라도 이야기해 봅시다.
- 어떤 아이디어가 떠올랐나요?
- 지금 생각하고 있는 것은 무엇인가요?
- 거기서 무슨 일이 일어났나요?
- 조금이라도 변화를 일으킬 수 있다면 무엇을 할 수 있을까요?

■ **수렴을 위한 질문**

- 마음에 드는 것은 무엇인가요?
- 중요한 것 / 별로 중요하지 않다고 느끼는 것은 무엇인가요?
- 우선순위가 높은 / 낮은 것은 무엇인가요?
- 효과가 높은 / 낮은 것은 무엇인가요?
- 하고 싶은 일 / 하고 싶지 않은 일은 무엇인가요?

행동

지금까지 설명한 요소들을 다음 행동에 영향을 줍니다. 배움과 깨달음을 나열하는 것만으로도 회고 참여자들의 행동을 자연스럽게 유도할 수 있습니다. 한발 더 나아가, 행동을 구체화해 실행에 옮기면 팀은 더 빠르게 변화할 수 있습니다.

행동을 취하기 위한 질문을 소개합니다.

- 무엇을 할 것인가 / 무엇을 개선할 것인가
- 해보고 싶은 것 / 도전하고 싶은 것은 무엇인가요?
- 새롭게 시작하는 것 / 그만두는 것은 무엇인가요?
- 강화하고 싶은 것은 무엇이고, 약화시키고 싶은 것은 무엇인가요?
- 더 배우고 싶은 것 / 팀을 성장시킬 수 있는 것은 무엇인가요?
- 목표에 가까워지기 위해 할 수 있는 일 / 한 걸음 더 나아가기 위해 할 수 있는 일은 무엇인가요?

◆ 행동을 구체화하기

행동은 실행 후 피드백이 빠르면 빠를수록 성장으로 이어지기 쉽습니다. 배운 것을 바로 적용해 보고, 그것이 잘 되었는지, 안 되었는지 빠르게 점검하여 더 나은 행동으로 바꾸어 나가야 합니다. 이를 위해 지금 당장 실행할 수 있는 작고 구체적인 행동을 고려합니다. 이러한 행동을 고민할 때는 8장에서도 소개한 SMART p.273을 의식하면 좋습니다.

SMART는 다음과 같이 머리글자를 따서 만든 프레임워크입니다.

- Specific(구체적)
- Measurable(측정 가능)
- Achievable(달성 가능)
- Relevant(적절한 · 문제와 관련됨)
- Timely / Time-bounded(즉시 가능 / 기한이 정해져 있음)

이러한 요소를 포함한 구체적인 행동을 도출하기 위한 질문을 소개합니다.

- [Specific / 5W1H] 무엇을 할 것인가/ 누가 할 것인가/ 언제 할 것인가/ 어디서 할 것인가/ 왜 할 것인가/ 어떻게 할 것인가요?
- [Measurable] 어떻게 하면 행동이 실행 완료가 되나요? / 행동의 효과는 어떻게 측정하나요?
- [Achievable] 그 행동은 실행 가능한가요? / 어려울 것 같은 부분은 무엇인가요?
- [Relevant] 행동은 어떤 효과를 가져오나요? /어떤 영향을 미치나요?
- [Timely / Time-bounded] 즉시 행동이 가능한가요? / 언제까지 행동을 취할 것인가요?

아이디어-행동을 구체화하는 축

8장에서 소개한 노력과 고통(Effort & Pain) / 실현 가능성과 유용성(Feasible & Useful) p.258 와 도트 투표 p.262 외에도 아이디어나 행동을 구체화하거나 분류하기 위한 다양한 '축'이 존재합니다. 예를 들어 다음과 같은 것이 있습니다. 이 '축'은 분해하거나 여러 개를 조합해도 괜찮습니다. 문제나 행동에 따라 필요한 축을 선택하면 됩니다.

- **우선순위:** 팀에게 얼마나 우선순위가 높은가
- **긴급도:** 얼마나 긴급한가
- **재발률과 심각도:** 문제가 얼마나 재발하기 쉬운지, 중증인가
- **리스크와 리턴:** 아이디어와 행동을 실행하는 위험과 수익
- **실험:** 얼마나 실험적이고 도전적인가
- **가치:** 팀에 얼마나 많은 가치를 창출할 수 있는가
- **영향력:** 팀에 얼마나 영향을 미치는가

'축'에 대한 정보는 회고 방법론 외에 다른 분야(예: 컨설팅의 프레임워크)에서도 얻을 수 있습니다. 다양한 분야의 서적이나 웹사이트에서 얻은 정보도 적극적으로 회고에 활용해 보시기 바랍니다.

10장

회고 기법의 조합

처음으로 회고를 해 보고 싶다
첫 번째 이후 회고로, 회고에 익숙해지고 싶다
팀의 상황과 상태를 자세히 알고 싶다
정기적으로 팀 상태를 점검하고 싶다
소통과 협업을 강화하고 싶다
학습과 실험을 가속화하고 팀의 틀을 깨고 싶다
긍정적이며 설레는 아이디어를 많이 내고 싶다
팀에 깊게 뿌리 내린 문제를 해결하고 싶다

Agile

처음엔 어떤 기법을 어떻게 조합해서 사용하면 좋을지 생각하기 어렵습니다. 몇 가지 기법 조합의 예를 보면서 이미지를 떠올려 봅시다.

DPA →
행동의 후속 조치
→ 5Whys
그렇다면 몇 가지 방법이 있죠.
'DPA'에서 시작해서 '행동의 후속 조치', 그리고 '5Whys'로 잘 되는 부분과 잘 안 되는 부분을 검토하는 느낌이랄까요?

그리고 이 '질문의 고리'는 어떨까요?
어. 그거 뭐예요? 재미있어 보이네요.

기법도 여러 가지를 알고 있으면 조합해서 사용할 수 있어 좋네요.
팀 상황에 따라 딱 맞는 방법은 다르니까요.

• DPA
• 행동
• 5Whys
• 질문의 고리
좋아, 그럼 조합은 이런 느낌일까요?
좋네요.

그럼 우선은 회고 시간용으로 간식을 준비해야겠네요!
좋아요!
그리고 나서…

여기서는 회고 기법을 조합해서 활용한 몇 가지 사례를 소개합니다. 목적별로 조합을 소개하고 있으니, 팀의 상황과 상태에 따라 사용해 보시기 바랍니다.

처음으로 회고를 해보고 싶다

◆ 구성 예

DPA → KPT 또는 YWT → + / Δ

◆ 목적과 진행 방법

먼저, 팀원 모두가 회고에 참여한다는 의식을 갖기 위해 DPA p.155를 통해 '회고의 규칙'을 모두 함께 정하고 합의합니다.

다음으로 KPT p.198 또는 YWT p.204로 회고를 합니다. 이 두 가지는 회고를 처음 접하는 사람들도 쉽게 이해할 수 있고, 설명도 어렵지 않아 쉽게 팀의 상황과 상태를 공유하면서 아이디어를 도출하는 작업을 할 수 있습니다. KPT의 'Try(시도해 보고 싶은 것)' 또는 YWT의 '다음에 할 일'로 행동을 정하고, 시간이 남는다면 행동을 조금 더 구체화할 수 있습니다.

그리고 마지막으로 + / Δ p.241에서 '회고의 되돌아보기'를 하고 마무리합니다.

사용하는 기법의 수도 많지 않고, 간단한 기법만으로 구성되어 있어 회고의 흐름을 익히기에는 안성맞춤입니다. 다음부터는 DPA를 다른 기법으로 바꾸기만 하면 똑같이 회고를 할 수 있습니다.

첫 번째 이후의 회고로, 회고에 익숙해지고 싶다

◆ 구성 예

감사 → KPT 또는 YWT → 도트 투표 → SMART한 목표 → + / Δ
신호등 → KPT 또는 YWT → 도트 투표 → SMART한 목표 → 신호등

◆ 목적과 진행 방법

'처음으로 회고를 해보고 싶다' p.262를 실천한 후, 보다 구체적인 행동을 도출하기 위해 실시하는 구성입니다.

팀 관계가 친밀하지 않은 경우 감사 p.171의 기법으로 팀원들의 마음의 거리를 좁힌 후 회고를 시작합니다.

만약 회고의 효과를 직접 실감해보고 싶다면, 신호등 p.164을 회고의 처음과 마지막에 사용함으로써 팀원들의 마음가짐의 변화를 확인하고, 회고를 통해 어떤 효과가 있었는지에 대해 별도로 논의하는 것이 좋습니다.

'처음으로 회고를 해보고 싶다'와 달리, 도트 투표 p.227와 SMART한 목표 p.236가 구성에 포함되어 있습니다. 이는 KPT p.198또는 YWT p.204에서 나온 아이디어 중 팀에게 중요한 아이디어를 선정하고, 실행 가능하고 구체적인 행동을 검토하기 위해서입니다.

행동을 검토하는 활동은 익숙해지기까지 시간이 걸리므로, 이 구성을 여러 번 반복 실시해 구체적인 행동을 만들 수 있도록 하는 것이 좋습니다.

팀의 상황과 상태를 자세히 알고 싶다

◆ 구성 예

희망과 우려 → 타임라인 → KPT → 도트 투표 → SMART한 목표 → 감사

◆ 목적과 진행 방법

팀의 상황이나 상태가 아직 가시화되지 않아 문제나 과제가 발생한 경우나, 막연한 정체감이나 불안감이 있을 때 시행하는 구성입니다.

먼저, 희망과 우려 p.160를 통해 팀의 현 상황을 간단하게 가시화하고, 눈에 보이는 문제에서 타임라인 p.175, KPT p.198를 사용해, 문제나 상황을 자세히 검토합니다. 참고로 KPT의 '① 활동 떠올리기' 부분을 타임라인으로 대체합니다.

팀의 상황이 파악되면, 행동을 선정합니다. KPT에 의해 Keep을 강화하는 아이디어나 Problem을 해결할 수 있는 아이디어를 Try로 생성하고 도트 투표 p.227를 사용하여 범위를 좁힙니다. 그리고 좁혀진 아이디어를 SMART한 목표 p.236로 구체화해 나갑니다.

마지막으로 감사 p.171를 사용하면 다음 작업을 향해 기분을 전환하고 회고를 종료할 수 있습니다.

정기적으로 팀 상태를 점검하고 싶다

◆ 구성 예

DPA → 행동의 후속 조치 → 5Whys → 질문의 고리 → + / △

◆ 목적과 진행 방법

1~3개월에 한 번씩 팀의 상황과 상태를 확인하기 위해 활용하는 구성입니다.

먼저 DPA p.155를 사용해 회고의 규칙을 재구성합니다. 과거에 만든 규칙이더라도 이 자리에서 새로 수정함으로써 팀의 규칙이 현 상황에 적합한 형태로 변화된 것을 확인할 수 있을 것입니다.

행동의 후속 조치 p.194에서 과거에 실행한 행동을 수정하고, 팀이 조금씩이라도 앞으로 나아가고 있는지 확인합니다.

그리고 잘하고 있는 행동이 있다면, 5Whys p.189를 사용해 요인을 찾아내어 팀에 활용합니다. 실행하지 못한 행동이나 수행하지 못한 행동이 있는 경우에도 5Whys를 사용하여 실행하지 못한 원인을 파악해 봅시다.

질문의 고리 p.232를 사용하여 팀의 향후 방침을 논의합니다. 여기서는 중장기적인 관점에서 행동을 고려하는 것이 좋습니다.

마지막으로 + / Δ p.241을 통해 최근 회고 진행 방식에 대해 모두 함께 이야기하고, 다음 회고에서 활용합니다.

소통과 협업을 강화하고 싶다

구성 예

감사 → 팀 스토리 → 질문의 고리 → 감사

목적과 진행 방법

팀의 소통과 협업에 아직 어색함이 있거나, 더 나은 방법을 모색하고 싶을 때 실시하는 구성입니다.

첫 번째는 감사 p.171를 통해 평소에 감사한 마음을 전하고, 팀원들 간의 관계를 강화하는 한편, 회고를 쉽게 시작할 수 있도록 도와줍니다.

그리고 팀 스토리 p.180를 통해 최근 팀의 활동과 소통과 협업의 어떤 부분이 잘 되고 있는지, 어떤 부분에 문제가 있는지 논의해 봅시다.

학습, 깨달음, 문제 등이 파악되면 질문의 고리 p.232를 통해 팀 전체 구성원들과 함께 행동을 검토해 봅니다. 질문의 고리는 팀의 소통을 활발하게 하는 좋은 기법이기 때문에, 평소의 소통을 더욱 활성화할 수 있을 것입니다.

마지막으로 서로에게 감사를 전하며 회고를 마무리합니다.

학습과 실험을 가속화하고 팀의 틀을 깨고 싶다

◆ 구성 예

행복 레이더 → Celebration Grid → 작은 카이젠 아이디어 → 노력과 고통(Effort & Pain) → SMART한 목표 → + / Δ

신호등 → Fun / Done / Learn → 질문의 고리 → 신호등

◆ 목적과 진행 방법

학습과 실험에 초점을 맞추고 팀에 새로운 도전을 가져다주기 위해 실시하는 구성입니다.

| 행복 레이더로 시작하는 경우

행복 레이더 p.168에서 회고 기간 동안 일어난 일들을 간단히 떠올려 보고, Celebration Grid p.215로 학습과 실험의 관점에서 팀의 활동을 생각합니다.

만약 팀에서 학습과 실험이 적다고 느낀다면, 이를 늘리기 위한 행동들을 작은 카이젠 아이디어 p.221로 생각해 봅시다. 작은 카이젠 아이디어에서는 많은 아이디어가 나오기 때문에 노력과 고통(Effort & Pain) 또는 실현 가능성과 유용성(Feasible & Useful) p.224으로 아이디어를 선별합니다. 여기서는 더 많은 학습을 얻을 수 있거나 실험으로 이어질 수 있는 아이디어를 선택해 보는 것이 좋습니다.

그리고 선별된 아이디어를 SMART한 목표 p.236로 구체화하여 다음 실험에 연결해 갑니다.

마지막으로, + / Δ p.241로 회고의 진행 방법을 개선합니다.

| 신호등부터 시작하는 경우

신호등 p.164를 사용해 다음을 주제로 자신의 마음을 표현해 보세요.

- 최근 팀에 배울 점이 있는가
- 실험은 하고 있는가

그리고 Fun / Done / Learn p.185을 통해 최근 팀에서 어떤 재미있는 일(Fun), 실험(Done), 배움(Learn) 등이 있었는지 논의하고 경향을 살펴봅니다.

'더 많은 Learn을 늘리고 싶다', 'Fun을 늘리고 싶다'는 이야기가 나오면, 그것들을 늘리기 위해 무엇을 하고 싶은지 질문의 고리 p.232를 사용해 논의합니다.

마지막으로 신호등을 사용해 다음과 같은 관점에서 마음을 표현하는 것이 좋습니다.

- 앞으로 배울 것이 더 많아질까?
- 실험할 수 있을까?

긍정적이며 설레는 아이디어를 많이 내고 싶다

구성 예

희망과 우려 → 열기구 또는 돛단배 또는 스피드카 또는 로켓 → 작은 카이젠 아이디어 → 실현 가능성과 유용성(Feasible & Useful) → 감사

목적과 진행 방법

은유를 사용하여 흥미진진한 아이디어가 많이 나올 수 있는 회고 구성입니다. 팀을 긍정적으로 만들어 주는 것은 물론, 팀의 소통을 활성화하고 싶을 때도 효과적입니다.

먼저, 희망과 우려 p.160로 팀이 어떻게 발전하고 싶은지 희망 사항과 팀의 목표를 논의합니다. 만약 돛단배 p.212나 로켓 p.214을 사용하는 경우에는 희망과 우려는 실시하지 않아도 됩니다. 두 방법론 모두 목표가 내포되기 때문입니다.

목표를 세웠다면 열기구 p.208, 스피드카 p.213, 돛단배, 로켓 등의 은유를 사용한 기법으로 팀의 현재 상황과 팀을 가속하거나 감속시키는 요소를 논의합니다. 팀이 목표를 향해 나아가기 위해 무엇을 해야 하는지 중장기적인 방법을 논의해 보세요.

그리고 작은 카이젠 아이디어 p.221를 사용해 목표에 도달하기 위한 아이디어를 많이 생각합니다.

실현 가능성과 유용성(Feasible & Useful) p.224로 아이디어를 구체화하면, 이를 실행에 옮기세요.

마지막으로 감사 p.171로 회고를 마칩니다.

팀에 깊게 뿌리 내린 문제를 해결하고 싶다

구성 예

희망과 우려 → 신호등 → 5Whys → 도트 투표 → SMART한 목표 → 신호등

목적과 진행 방법

보이지 않고 뿌리 깊게 존재하는 문제를 파고들어 해결하기 위한 구성입니다. 여전히 남은 문제가 있어서 팀이 앞으로 나아가는 데 어려움이 있을 때 이 구성을 활용하면 좋습니다.

먼저 희망과 우려 p.160를 통해 현재의 우려 사항을 파악합니다.

몇 가지 우려 사항이 나오면, 신호등 p.164을 사용하여 각 우려 사항이 팀원들에게 얼마나 큰 심리적 부담과 불안감 등 부정적인 영향을 미치는지 시각화합니다.

특히 심각도 및 중요도가 높은 우려는 5Whys p.189로 문제의 요인을 찾아냅니다.

근본적인 요인을 찾아내면, 그중 어느 부분부터 접근할 것인가를 도트 투표 p.227로 결정합니다. 만약 근본적인 요인이 너무 커서 해결이 어렵다면, 어느 부분부터 해결해야 할지 결정해야 합니다.

그리고 SMART한 목표 p.236의 설정을 통해 문제에 대한 접근 방식을 구체화하고, 행동을 작성합니다.

마지막으로 신호등을 이용해 우려했던 부분이 얼마나 해소되었는지 다시 한번 확인해 봅시다.

11 장

회고에 관련된 고민

회고 개최에 관한 고민
사전 준비에 관한 고민
분위기 만들기에 관한 고민
사건 떠올리기에 관한 고민
아이디어 도출에 관한 고민
행동 결정에 관한 고민
회고의 카이젠에 관한 고민
행동 실행에 관한 고민

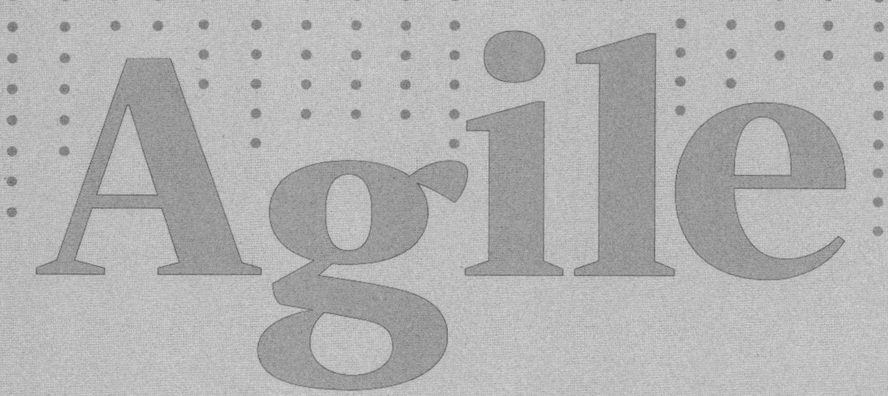

회고에 관련된 고민

4부에서는 회고에 관련된 다양한 TIPS를 소개합니다.

회고를 하다 보면 고민이 생기기 마련이죠. 고민하는 것은 당신뿐만이 아닙니다. 이 장에서는 회고를 할 때 자주 발생하는 '회고의 고민'에 대해 설명합니다. 고민에 대한 답변은 어디까지나 일례에 불과하지만 분명 참고가 될 것입니다.

여기서 다루는 회고의 고민은 다음과 같이 분류했습니다. 고민이 생겼을 때 활용하시기 바랍니다.

- 회고 개최에 관한 고민
- 사전 준비에 관한 고민
- 분위기 만들기에 관한 고민
- 사건 떠올리기에 관한 고민
- 아이디어 도출에 관한 고민
- 행동 결정에 관한 고민
- 회고의 카이젠에 관한 고민
- 행동 실행에 관한 고민

회고 개최에 관한 고민

회고에 참여하지 않는 사람들에게는 어떻게 접근하면 좋을까요?

어쩌면 회고 시간에 다른 일이 있어서 그 일을 우선순위에 두는 것일 수도 있습니다. 그렇다면 그 사람이 참여하기 쉽도록 회고 시간을 변경해 보는 건 어떨까요?

'회고에 참여하지 않는 이유'를 물어보는 것도 좋은 방법입니다. 이유에 따라 다르겠지만, 가능하다면 '회고에 꼭 참여했으면 좋겠다'고 직접적으로 이야기해 봅시다.

참여하지 않는 이유가 회고를 부정적으로 생각하거나 회고를 잘 모르기 때문이라면, 회고의 목적과 효과를 잘 설명해서 회고가 팀에 어떤 효과를 줄 수 있는지를 알려 주세요. 회고의 목적과 효과는 1장 '회고란 무엇인가' p.1 를 참고하세요.

모두 모일 수 없으니까 이번 회고는 생략해도 될까요?

아니요. 가급적 생략하지 마세요. 이런 고민은 회고를 시작할 때 흔히 겪는 고민입니다. 멤버가 1~2명 결석해도 진행해야 합니다. 한 번 건너뛰면 다음 회차부터 연속으로 건너뛰게 되고, 결국은 회고가 열리지 않는 결과를 초래하는 경우가 많습니다.

만약 시간을 변경하여 모두가 참여할 수 있다면, 우선 그 회차의 시간을 조정해 봅시다. 몇 번은 예외적으로 시간을 늦춰도 좋지만, 다른 일정이 겹치기 쉬운 경우에는 모두가 참여하기 쉬운 요일과 시간으로 옮기는 것이 좋습니다.

어디까지 관계자를 불러야 할까요?

팀 활동에 일상적으로 관여하는 사람들을 불러 주세요. 스크럼을 하는 팀이라면 프로덕트 오너, 스크럼 마스터, 개발자 모두가 참여합니다. 의견을 말하기 어려운 분위기라면 팀과 관련된 상사나 전문가 등을 불러도 좋습니다. 팀 외부의 멤버를 회고에 참가시켜 평소 활동에서 얻을 수 없는 관점의 피드백을 받는다든지, 그들과 함께 카이젠 활동을 할 기회를 만들 수 있습니다.

인원이 많을 때는 어떻게 진행해야 하나요?

인원이 10명이 넘는다면, 회고의 진행 방식에 대한 고민이 필요합니다. 인원이 많을 때는 6명 이하의 그룹으로 나누어 진행하는 것이 좋습니다. 그룹별 회고에는 다음과 같은 방법이 있습니다(*1).

- 회고 중간에 그룹을 나누어 그룹별로 사건을 떠올리거나 아이디어를 낸 후, 그룹끼리 공유한 후 모두 함께 행동을 작성하는 시간을 가집니다.
- 회고 진행 전에 그룹을 나누어 그룹별로 회고를 실시해 행동을 작성하고, 회고 마지막에 그룹끼리 서로 행동을 보여 줍니다.

(*1) 피쉬볼이라는 여러 사람의 의견 교환에 효과적인 방법도 있습니다.
자세한 내용은 http://www.funretrospectives.com/fishbowl-conversation/에서 확인해 보세요.

사전 준비에 관한 고민

매번 제가 회고 진행을 맡고 있는데 이대로 괜찮을까요?

회고에 익숙해지기 전까지는 리더나 스크럼 마스터가 진행을 맡는 경우가 많습니다. 책임감이나 사명감이 강한 사람일수록 '내가 열심히 하지 않으면 회고가 잘 안 된다'고 생각하기 쉬운데, 이럴 때일수록 팀원을 믿고 한 번쯤은 진행을 맡겨 봅시다. 진행을 맡기고 팀원 모두에게 자리를 내어주면 팀원들은 자발적으로 움직이기 시작합니다.

참가자 전원이 진행자를 경험하게 되면, 의견을 내는 방식과 회고 진행 방식도 크게 달라집니다. 조금씩이라도 좋으니 모두 함께 회고를 만든다는 의식을 가지고 변화를 일으켜 봅시다(*2).

회고 도구 준비는 누가 하나요?

가능하면 팀 전체가 함께 준비합시다. 회고용 도구를 도구 상자에 정리해 두었다가 그 상자를 가지고 다니면 준비하기가 수월합니다. 회고를 하기 전에 도구뿐만 아니라 장소 세팅도 필요합니다. 이 작업도 회고를 시작하기 15분 전쯤부터 팀 전체가 함께 하는 것이 좋습니다. 팀원들과 함께 회고에 사용할 간식을 사러 가는 것도 재미있어요.

(*2) 진행자에 대한 고민은 7장 '회고의 진행' p.143에 자세히 설명되어 있습니다.

회고에 휴식 시간이 필요한 걸까요?

90분 이상의 긴 시간 동안 회고를 하고 싶다면 45~60분에 한 번, 5~10분 정도 10분씩 휴식을 취하세요. 집중력이 지속될 수 있도록 적당히 휴식을 취하는 것이 좋습니다. 휴식 시간에 간식을 먹으며 담소를 나누면 팀원 간의 소통이 더욱 활발해집니다.

회고의 진행 방식을 매주 바꿔도 괜찮을까요?

바꿔도 문제는 없습니다. 다만 팀원들이 아직 회고에 익숙하지 않거나 익숙하지 않은 팀원이 한 명이라도 있다면, 같은 방식을 여러 회 진행해 주세요. 팀원들이 모두 회고의 목적과 진행 방식을 이해했다고 판단되면 진행 방식을 조금씩 바꿔가며 진행해도 좋습니다.

회고의 구성은 어디까지 고려해야 하나요?

회고에 익숙하지 않을 때는 어떤 목적으로 회고를 하는지, 어떤 구성(방법의 조합)으로 할 것인지, 회고 시간은 어떻게 배분할지까지 결정해 두면 좋습니다. 그래야 회고를 시작하고 나서 헤매지 않을 수 있습니다. 익숙해지면 시간 배분은 엄격하게 정하지 않아도 괜찮습니다. 그때그때 토론 상황에 따라 회고 시간 배분을 바꿀 수 있는 것이 팀에게 더 의미 있는 토론을 할 수 있게 해줍니다.

분위기 만들기에 관한 고민

회고의 주제는 매번 바꿔야 하나요?

만약 회고에 익숙하지 않다면, 무리하게 주제를 설정하지 않아도 괜찮습니다. 처음에는 1장에서 소개한 '회고의 목적과 단계' p.8 에 따라 회고의 주제를 정하면 됩니다.

회고를 한동안 꾸준히 진행해 익숙해진 팀이라면 그 자리에서 주제를 정해보는 것도 좋아요. 주제를 정하고 그에 맞춰 토론을 할 수 있게 되면, 스스로 팀을 생각하고 변화시킬 수 있다는 의식이 형성되기 쉬워집니다. 조금씩 다양한 테마에 도전해 보면서 회고를 즐겨보시기 바랍니다.

전혀 의견을 제시하지 않는 사람은 어떻게 하면 좋을까요?

회고에 부정적이거나 중간에 다른 생각을 하는 등 회고 자체에 집중하지 않는 사람에게는 의견이 잘 나오지 않습니다. 회고에 적극적으로 참여하는 자세를 가지기 위해 처음에 제대로 회고의 자리를 만들 필요가 있습니다. 8장에서 소개한 DPA p.155 를 이용한 회고의 규칙을 함께 생각해 보거나 감사 p.171 를 사용하여 모두가 한마디씩 말하게 해보세요. 회고에 참여하고, 기여한다는 의식이 생기기 쉬워질 것입니다.

사건을 떠올리기에 관한 고민

한 일이 잘 기억 나지 않는데… 메모를 봐도 될까요?

시간순으로 과거를 회상하다 보면, 오래된 일일수록 기억이 잘 나지 않는 경우가 많습니다. 2주 이상의 긴 시간이 지나면 기억이 잘 나지 않는 것은 어쩔 수 없는 일이죠.

먼저, 어떤 것이든 상관없으니 스티커 메모에 적어 봅시다. 강하게 기억에 남는 사건부터 시작해도 좋습니다. 그 사건을 기점으로 연상을 하면서 기억을 떠올려 보세요. 다른 사람이 쓴 스티커 메모를 보고 기억을 떠올려 보는 것도 좋습니다.

그래도 아무것도 떠오르지 않는다면 팀 일정이나 수첩 등 기억을 떠올리는 데 도움이 될 만한 정보를 활용합니다. 다만 처음부터 이런 정보들을 보면, 모든 사건을 일일이 다 찾아내어 기록하려고 해서 시간이 금방 부족해집니다. 일정표나 수첩은 기억을 떠올리기 위한 자료로만 활용하고, 기억에 남는 사건부터 순서대로 스티커 메모에 적어나가는 것이 좋습니다.

잡담이나 본론에서 벗어나는 것은 피하는 것이 좋을까요?

사소한 잡담이나 본론에서 약간 벗어난 대화 정도는 괜찮습니다. 잡담을 하고 소통을 함으로써 팀 관계의 질이 향상되기 때문입니다. 만약 대화가 계속 본론에서 벗어나고 좀처럼 진도가 나가지 않는다면 다음의 방법을 사용해 보세요. 원래의 대화 흐름으로 되돌리기 쉬워질 것입니다.

- 회고의 목표 확인하기
- 대화 내용 기록하기

대화 내용을 적는 것은 언뜻 보면 무의미해 보이지만 효과적입니다. 계속 이야기하는 사람이 있다면, 그 내용을 화이트보드나 스티커 메모에 계속 써내려가다 보면 '내가 계속 이야기하고 있구나'라는 것을 깨닫게 됩니다. 그리고 혼자 이야기하는 것을 눈치챘다면 원래대로 돌아와 다시 시작하면 됩니다.

기억을 떠올리기 위해 얼마나 시간을 확보해야 하나요?

회고 중 가장 많은 시간을 차지하는 것은 '사건을 떠올리는' 단계입니다. 회고의 대상 기간이 길어질수록 이 사건을 떠올리기 위한 시간이 늘어납니다. 그리고 참여 인원이 많을수록 정보를 공유하고 인식을 맞추는 데 시간이 더 많이 걸립니다.

1주간의 회고라면 혼자서 회상하는 데 8~12분, 2주라면 15~20분 정도가 필요할 것입니다. 그 이상이면 혼자서 떠올릴 수 있는 양에 한계가 있으므로 15~20분 정도 개별적으로 회상한 후, 공유 시간을 길게 잡고 이야기를 나누며 회상을 심화하는 것이 좋습니다.

공유를 위해서는 1주일 분량이라면 1인당 1.5~2분, 2주일 분량이라면 1인당 3~4분 정도의 시간이 필요합니다.

혼자 생각할 시간과 함께 나눌 수 있는 시간을 미리 확보해두고, 사건을 떠올릴 수 있도록 준비해두자.

8장 '회고의 기법 알아보기'에서는 5~9명 정도의 팀으로 1주일 동안의 회고를 할 때 필요한 시간을 상세히 설명하고 있습니다. 방법론의 소요 시간과 진행 방법에 기재된 시간을 참고해 보시기 바랍니다.

아이디어 도출에 관한 고민

목소리 큰 사람에게 모든 사람의 의견이 끌려갈 때는 어떻게 해야 할까요?

회고에 참여하는 구성원들 사이에 계약 관계가 있거나 직장 내 상하 관계가 있는 경우, 이런 목소리 크기는 종종 문제가 될 수 있습니다. 회고는 모두가 함께 의견을 내고, 서로의 의견을 존중하며 팀을 생각하는 자리입니다. 한 사람의 의견이 너무 강해지면 팀을 위한 행동이 되기 어렵고, 다른 사람이 아이디어를 고민한 시간을 낭비하는 결과를 불러올 수 있습니다. 한 사람이 생각한 행동을 넘어 더 좋은 행동을 함께 논의하고 만들어 내는 것 또한 어려워집니다.

이런 상황을 막기 위해서는 누군가의 의견은 어디까지나 하나의 의견일 뿐이며, 모든 사람의 의견은 동등하다는 것을 알려야 합니다. 가장 알기 쉬운 방법은 바로 스티커 메모입니다. 각자 생각한 아이디어를 스티커 메모에 적어 공유하는 행동만으로도 의견의 무게를 평준화하는 효과를 노릴 수 있습니다.

이 외에도 목소리 크기를 평준화시키는 방법으로 라운드 로빈 p.200을 이용할 수 있습니다. 참고하시기 바랍니다.

팀의 잘 된 부분이 좀처럼 나오지 않을 때는 어떻게 하나요?

잘 된 부분은 긍정적인 측면에서 팀을 바라볼 필요가 있습니다. 이런 고민이 나오는 팀은 문제나 과제를 먼저 생각하거나, 문제점에 대해 너무 열중하다 보니 표면적으로 '이건 좋았다'는 감상만 주고받게 됩니다.

이럴 때는 방법이나 기법이나 질문의 종류를 바꾸거나 질문의 순서를 바꾸면 팀에 변화가 생깁니다. 상황을 보면서 '잘 된 부분'과 '잘 안 된 부분' 중 어느 쪽을 먼저 이야기하는 것이 좋을지 고민해 보세요.

이 고민을 해결하는 방법은 8장 KPT의 '리카 씨의 원포인트 조언' p.202 에도 자세히 설명되어 있습니다. 그쪽도 함께 참고하시기 바랍니다.

문제가 전혀 나타나지 않는데 괜찮을까요?

왜 당신이 그것을 문제라고 느끼는지 생각해 봅시다.

'회고에서 문제를 해결해야 한다'고 생각하다 보면, 애초에 문제가 없었을 경우에는 목적을 잃어버린 것 같아 불안할 수 있습니다. 하지만 문제가 없다는 것은 본래 훌륭한 일입니다. '이번엔 문제가 전혀 없었다'고 한다면 우선은 그 사실을 모두 함께 축하해 줍시다. 그리고 잘하고 있는 부분을 더 발전시키는 것을 고려해 봅시다.

매번 회고를 진행할 때마다 문제가 발생하지 않는 것이 불편하다면 팀의 이상형을 이야기해 봅시다. 이상과 현실의 차이를 이야기하다 보면 그 차이가 팀 문제로 떠오르기도 합니다.

문제나 아이디어의 크기를 맞출 필요가 있나요?

억지로 맞출 필요는 없습니다. 구성원 개개인이 바라보는 관점이나 시각이 다르기 때문에 다양한 아이디어가 나올 수 있습니다. 모두의 의견을 모으는 단계에서는 문제에 대한 크기를 지정할 필요가 없고, 모두의 의견이 다 모인 후에 조금씩 집중할 의견을 결정해 나가면 됩니다.

행동 결정에 관한 고민

행동을 구체화하는 것이 너무 어려워요. 어떤 요령이 있나요?

행동을 처음부터 잘 구체화하기 어려울 것입니다. 8장에서 소개한 SMART한 목표 p.236와 같은 '구체적인 행동'을 만들려고 해도, 처음이거나 익숙하지 않으면 잘 되지 않는 경우가 많습니다. 행동의 구체화는 연습이 필요하므로 인내심을 가지고 꾸준히 연습하세요. 매번 행동 구체화에 도전하다 보면 4~8회 정도면 행동을 잘 만들 수 있게 됩니다.

구체화할 수 없다는 고민은 행동이 너무 큰 경우에도 발생합니다. 큰 변화를 일으키려고 하는데, 어떻게 해야 할지 모르는 상태입니다. 이럴 때는 작은 카이젠 아이디어 p.221처럼 1%라도 좋으니 변화를 일으킬 수 있는 행동을 고려해 봅시다. 조금씩이라도 상황이 움직이기 시작한다는 것을 느낄 수 있다면, 행동을 어떻게 만들어야 할지 알 수 있을 것입니다.

회고의 결과는 어떻게 관리하면 좋을까요?

결과를 엄격하게 관리할 필요는 없습니다. 작업 보드 등을 통해 행동이 실행되고 있는지 상태를 관리하는 것이 좋습니다.

항상 회고에 사용한 화이트보드나 스티커 메모는 사진을 찍어 데이터로 저장해 두거나, 사진을 인쇄해 정리해 두는 것이 좋습니다. 가끔 지난 회고 사진을 다시 보면서 팀 회고의 모습 변화를 훑어보면 성장을 실감할 수 있을 것입니다.

회고의 카이젠에 관한 고민

매번 회고를 하는데 왜 잘 안 되는 걸까요?

회고의 되돌아보기를 하고 계신가요? 회고의 횟수만으로 회고를 잘 할 수 없습니다. 회고의 마지막 5분만이라도 좋으니 '회고의 되돌아보기'를 해봅시다. 이에 대해서는 4장의 '단계 ❻ 회고를 카이젠한다' p.115를 참고하세요.

회고의 카이젠을 위한 아이디어를 냈지만 다음 번에 활용되지 않을 때는 어떻게 해야 할까요?

회고의 행동과 마찬가지로 회고의 카이젠 아이디어가 떠오르면 바로 실행에 옮기도록 합니다. 만약 화이트보드나 Wiki 등에 회고 서식이 있고, 그 서식을 카이젠할 수 있는 아이디어가 나왔다면 회고 중이나 회고 직후에 서식을 바로 고쳐야 합니다. 큰 스티커 메모에 카이젠 아이디어를 적어두고 남겨두는 것도 좋은 방법입니다. 그리고 다음 회고를 준비할 때나 회고를 시작하기 직전에 모두가 함께 카이젠 내용을 확인한 후 회고를 시작하도록 합니다.

행동 실행에 대한 고민

매번 행동을 만들어도 좀처럼 실행되지 않는 것은 왜일까요?

행동이 실행되지 않는 원인의 대부분은 행동이 구체적이지 않기 때문입니다. 그 행동이 '실수하지 않는다'와 같이 어떻게 하면 달성할 수 있는지 구체적인 방법을 알 수 없는 내용으로 되어 있지는 않나요? 이 경우 행동을 실행할 수 있도록 방법이나 내용을 구체화해야 합니다. 8장 SMART한 목표 p.236을 참고하여 구체적인 행동을 만들어 봅시다.

또한 행동을 만들면 작업 목록의 첫 번째에 넣고, 회고가 끝나면 바로 실행할 수 있도록 해봅시다. 회고에서 만든 행동은 즉시 실행하고 카이젠합니다. 그 정도의 속도감으로 팀원 모두가 함께 카이젠을 해봅시다.

행동은 모두 성공해야만 하는 건가요?

행동은 '반드시 성공하는' 것이 아니어도 괜찮습니다. 행동은 실행할 수 있는 것이 중요한 것이지 '성공'하는 것은 그다지 중요하지 않습니다. 매번 성공할 수 있는 행동, 즉 처음부터 결과가 눈에 보이는 행동은 표면적인 문제는 해결할 수 있지만, 근본적인 문제 해결로 이어지지 않는 경우가 많습니다. 어떻게 해결해야 할지 모르는 문제에 조금씩 실험적으로 접근해 나간다는 의식을 가져 봅시다.

행동이 너무 많아서 어디서부터 시작해야 할지 모르겠어요.

행동의 개수가 적절한지 확인해야 합니다. 행동 수가 10개, 20개라면 너무 많아서 제대로 실행할 수 없습니다. 만약 매번 실행하는 행동의 수가 너무 많다면 최대 3개로 줄여보세요. 조금씩 개선하고 그 변화를 확인하는 것이 성장을 실감하고 동기를 부여하는 데 도움이 될 것입니다.

과거의 행동이 너무 많이 쌓여있다면 행동을 한번 정리해 보는 것이 좋습니다. 8장 행동의 후속 조치 p.194를 실천해 보세요.

행동을 실행했지만 뭔가 변한 것 같지는 않은데…

행동의 결과를 확인하고 있나요? 행동을 만들고 실행하는 것만으로는 팀에 어떤 영향을 미치는지 바로 알 수 없습니다. 행동을 실행했던 사람만 변화를 느꼈을 가능성도 있습니다.

행동을 실행한 후 그 결과 어떤 변화가 일어났는지 팀원들과 함께 논의합시다. 그 행동이 좋은 영향을 미쳤다면 팀 전체에 영향을 넓혀 나가거나 팀에 더 좋은 변화를 가져올 수 있는 행동으로 발전시켜 나갑니다. 만약 아무런 변화가 일어나지 않았다면 행동을 만드는 방식을 재검토할 수 있는 좋은 계기가 될 수 있습니다. 만약 나쁜 영향이 일어나고 있다면 즉시 원점으로 되돌려야 합니다. 행동도 세밀하게 점검하고 카이젠해 나가야 합니다.

의견을 시각화하는 마인드맵

회고를 하다 보면 다양한 의견이 오가며, 스티커 메모나 화이트보드에 표현되지 않은 정보가 말로 이야기되는 경우도 생깁니다. 이럴 때 의견을 시각화할 수 있다면 토론의 방향이나 상황이 명확해져 보다 구체적인 아이디어를 말할 수 있고 회고의 목적을 달성하기 쉬워집니다. 여기서는 의견을 시각화하기 위한 기법으로 마인드맵을 소개합니다.

마인드맵은 사고의 과정을 방사형으로 시각화하여 아이디어를 확장하는 기법입니다. 아이디어 사이를 선으로 연결하여 연관성을 나타내기도 하고, 선으로 연결하여 사건이나 아이디어를 파고들기도 합니다.

Web https://www.ayoa.com/previously-imindmap/

세계 공통의 상표인 Mind Maps에서는 엄격하게 마인드맵 작성법이 정의되어 있습니다. 하지만 회고 등 브레인스토밍을 할 때 모든 사람이 작성법을 지키며 진행하기란 쉽지 않을 것입니다. 작성법은 신경 쓰지 말고 관련 의견을 선으로 연결하거나 동그라미를 쳐서 강조하면서 가지를 뻗어나가듯 그립니다. 화이트보드 중앙에 주제를 적고 바깥쪽으로 가지를 뻗어 나가도록 하면 전체적인 느낌을 쉽게 파악할 수 있습니다.

시각화를 하는 요령은 너무 깨끗하게 하려고 하지 않는 것입니다. 더러워져도 좋으니 점점 시각화합니다. 시각화된 의견은 지저분해졌더라도 그 자리에 있는 참가자들에게는 전달됩니다. 글씨나 그림의 지저분함에 신경 쓰지 말고 계속 써 내려가세요. 글이나 그림이 예쁜 것보다 시각화되는 것에 더 큰 가치가 있습니다.

12장

스크럼과 회고

스크럼 가이드에서 읽어보기
스프린트 회고록의 정의
스크럼 마스터의 역할

Agile

스크럼을 도입한 팀은 '스프린트 회고'로 회고 활동을 합니다. 스크럼에서의 정의도 함께 알아둡니다.

이 장에서는 스크럼을 하는 분들을 위해 스프린트 회고(회고)의 역할을 설명합니다. 스크럼과 회고에 대한 이해를 높여 봅시다.

스크럼 가이드에서 읽어보기

스프린트 회고의 정의

애자일 개발의 프로세스 프레임워크인 '스크럼'에서는 스크럼의 규정집인 '스크럼 가이드'에 스프린트 회고(회고)를 정의하였습니다. 1장에서 설명한 '회고의 목적과 단계'를 생각하면 스크럼 가이드의 설명을 쉽게 이해할 수 있을 것입니다.

- 멈춰 선다
- 팀의 성장을 가속화한다
- 프로세스를 카이젠한다

참고로 이 책에서는 집필 시점의 최신 버전인 스크럼 가이드 2020년판[*1]에서 인용하고 있습니다. 최신 정의도 함께 확인하면 이해가 더 깊어질 것입니다.

(*1) 스크럼 가이드(한국어판) PDF
https://www.scrumguides.org/docs/scrumguide/v2020/2020-Scrum-Guide-Korean.pdf

> 스프린트 회고의 목적은 품질과 효율을 높이는 방법들을 계획하는 것이다.
> 스크럼 팀은 팀원 개개인, 팀원 간의 대화와 상호작용, 프로세스, 툴, 완료의 정의에 대해 지난 스프린트가 어떻게 진행되었는지를 점검한다. 업무 영역별로 점검하는 사항들은 차이가 날 수 있다. 팀이 잘못된 방향으로 가게 된 가정들을 확인하고, 그것들의 근본 원인을 찾아낸다. 스크럼 팀은 무엇이 잘 진행되었는지에 대해서도 논의한다. 어떤 문제를 만났고 그 문제를 어떻게 풀었는지(또는 풀지 못했는지)에 대해 의견을 나눈다.
> 스크럼 팀은 팀 효율을 향상시키기 위해 가장 도움이 되는 변화를 찾아야 한다. 가장 영향이 큰 개선책을 최우선으로 고려해야 하며, 개선책을 다음 스프린트에 수행하도록 스프린트 백로그에 추가할 수도 있다.
> 스프린트 회고를 마지막으로 스프린트가 종료된다. 스프린트 기간이 한 달인 경우에는 회고 시간은 최대 3시간이 넘지 않도록 한다. 스프린트 기간이 더 짧으면 보통 스프린트 회고 시간도 짧아진다.

출처: 스크럼 가이드(한국어판) PDF

생소한 단어가 많을 수도 있지만, 걱정하지 마세요. 간단한 단어로 바꾸면서 조금씩 설명해 나가겠습니다. 여기서는 5단락으로 나누어 요점을 설명하겠습니다.

- 스프린트 회고의 목적
- 스프린트 회고로 점검하는 내용
- 스프린트 회고에서 논의할 내용
- 스프린트 회고의 행동 만들기
- 스프린트 회고의 시간

| 스프린트 회고의 목적

> 스프린트 회고의 목적은 품질과 효율을 높이기 위한 방법들을 계획하는 것이다.

출처: 스크럼 가이드(한국어판) PDF

스프린트 회고에서는 팀의 품질과 팀의 효과를 높여, 더 큰 가치를 창출하기 위해 할 수 있는 일들을 논의합니다. 팀의 품질은 스크럼을 실천하는 팀의 프로세스, 팀의 커뮤니케이션 등 '팀 자체'의 품질을 의미합니다. 팀의 효과란 팀이 협업을 통해 만들어 내는 상호작용과 제품, 이해관계자 등 팀 주변과 팀 자체에 미치는 긍정적인 영향을 말합니다. 이러한 품질과 효과를 높이기 위한 계획을 세우는 자리가 스프린트 회고입니다.

이를 위해서는 팀의 프로세스를 재검토하여 힘들고 귀찮게 느껴지는 부분을 모두 함께 제거하거나, 더 나은 방법을 모색하기 위해 지금까지 해보지 않은 일에 도전해 보는 등의 행동이 필요합니다. 이러한 아이디어는 반성회 같은 분위기에서는 나오기 힘든 것들입니다. 스프린트 회고 자체도 즐거운 분위기에서 할 수 있도록 진행합시다.

| 스프린트 회고로 점검하는 내용

> 스크럼 팀은 팀원 개개인, 팀원 간의 대화와 상호작용, 프로세스, 툴, 완료의 정의에 대해 지난 스프린트가 어떻게 진행되었는지를 점검한다. 업무 영역별로 점검하는 사항들은 차이가 날 수 있다.

출처: 스크럼 가이드(한국어판) PDF

스프린트 회고에서는 팀의 상태를 확인(점검)합니다. 팀원 각자가 가지고 있는 정보를 공유하고, 팀이 지향하는 목표를 향해 꾸준히 나아가고 있는지, 팀 소통이 원활하게 이루어지고 있는지 등을 확인하는 것입니다. 점검의 관점은 개인, 상호 작용, 프로세스, 툴, 완료의 정의입니다.

스프린트 회고를 처음 하는 많은 사람들이 '프로세스', '툴'의 관점에서 문제를 개선하려고 하는 경향이 있습니다. 물론 그것도 필요하지만 먼저 살펴봐야 할 관점은 '개인'과 '상호작용'이며, '팀의 소통과 협업이 잘 이루어지고 있는가(서로에게 좋은 상호작용을 주고 있는가)'를 생각해야 합니다.

팀 내 소통이 원활하지 않은 상태에서 프로세스를 변경하거나 툴을 도입한다고 해서 프로세스상의 문제가 완전히 해결되지는 않습니다. 문제가 남은 프로세스가 팀 전체로 퍼져나가기 때문입니다.

팀 초기에 발생하는 많은 문제는 팀의 소통으로 인해 발생하는 상호작용을 통해 점차 개선, 해결해 나가고 있습니다. 우선 '개인'과 '상호작용'에 주목해 봅니다.

그런 다음 '프로세스', '툴', '완료의 정의'에 대한 점검도 합니다. 특히 '완료의 정의'는 제품의 품질과 직결되며, 제품을 만드는 '팀의 품질'과도 연결됩니다. 팀의 품질을 높이기 위해 팀 전체가 '완료의 정의'를 어떻게 다룰지 팀원들과 함께 논의해 봅시다.

스프린트 회고에서 논의할 내용

> 팀이 잘못된 방향으로 가게 된 가정들을 확인하고, 그것들의 근본 원인을 찾아낸다. 스크럼 팀은 무엇이 잘 진행되었는지에 대해서도 논의한다. 어떤 문제를 만났고 그 문제를 어떻게 풀었는지(또는 풀지 못했는지)에 대해 의견을 나눈다.

출처: 스크럼 가이드(한국어판) PDF

여기서 주목해 주셨으면 하는 것은 무엇이 잘 되었는지입니다. 불확실성이 높고 방법을 모색하면서 진행하는 일이기 때문에 애자일 개발이나 스크럼을 선택한 것입니다.

'어떤 문제가 발생했는지' 뿐만 아니라, 팀이 잘 한 부분을 확인하고 팀이 잘 할 수 있는 범위를 점차 확장해 나갑니다. 이때 '문제가 어떻게 해결되었는지'에 대한 정보도 도움이 됩니다. 예를 들어 그동안 어색했던 온라인 환경에서의 소통을 팀원 중 누군가가 잘 하고 있다는 것을 알게 되면 이를 모두 따라 해보는 식입니다.

그리고 잘 안 된 점도 확인합니다. '어떤 문제가 발생했는지', '어떤 문제가 해결되지 않았는지' 등 마이너스를 플러스로 만드는 활동과 플러스를 더 플러스로 만드는 활동의 양면성을 통해 팀의 성과를 높여 나갑니다.

또한 '무엇이 잘 되었는지', '어떤 문제가 발생했는지'에 대한 원인을 찾아냅니다. 왜 잘 되었는지, 왜 잘 안 되었는지, 그 요인을 깊이 파고들어 검토함으로써 팀이 다음에 취해야 할 행동에 대한 아이디어가 더 쉽게 떠오를 수 있습니다. 이 요인을 파헤치기 위해서는 8장에서 소개한 5Whys p.189 가 도움이 됩니다.

| 스프린트 회고의 행동 만들기

> 스크럼 팀은 그들의 효율을 향상시키기 위해 가장 도움이 되는 변화를 찾아야 한다.

출처: 스크럼 가이드(한국어판) PDF

팀이 가져오는 '효과'를 극대화할 수 있는 행동을 검토해보자. 팀이 막 결성된 초기에는 팀의 정보 공유와 관계성을 높이는 활동에 주력하여 가시적인 행동이 나오지 않아도 상관없습니다. 다만 이때도 팀에서 나온 '다음에는 이렇게 해보고 싶다', '여기는 이렇게 카이젠하면 좋을 것 같다'는 발언을 소중히 기록해 둡니다. 스프린트 회고를 반복하면서 그 발언을 독려하고 조금씩 눈에 보이는 행동으로 만들어 간다면 문제 될 것이 없습니다.

> 가장 영향이 큰 개선책을 최우선으로 고려해야 한다. 이런 개선책을 다음 스프린트에 수행하도록 스프린트 백로그에 추가할 수도 있다.

출처 : 스크럼 가이드(한국어판) PDF

행동을 만들면 바로 실행에 옮기도록 합시다. 스프린트 회고가 끝난 후 바로 행동을 실행에 옮기면 확실히 카이젠되어 갑니다. 팀의 작업 목록이 있다면, 우선순위가 가장 높은 작업에 행동을 배치하여 가장 먼저 팀의 카이젠에 착수하는 것도 좋은 방법입니다.

흔한 것이 '행동을 결정했지만 실행에 옮기지 않았다'는 경우입니다. 팀의 변화의 계기를 소중히 여기기 위해 팀원 모두가 협력하여 행동을 실행할 수 있도록 독려해야 합니다.

행동의 결과가 잘 될지 안 될지는 알 수 없습니다. 예상과 다른 결과가 나오더라도 배울 점이 있습니다. 성공하는 것보다 실행하는 것이 중요합니다.

또한 팀에게 있어 카이젠은 스프린트 회고에서만 하는 것이 아닙니다. 일상적인 활동에서 자연스럽게 문제를 해결하고 새로운 것에 도전할 수 있습니다. 이러한 계기를 만드는 것이 스프린트 회고입니다.

스프린트 회고를 통해 팀이 일상적으로 카이젠과 도전을 할 수 있는 환경을 만듭니다.

스프린트 회고의 시간

> 스프린트 회고를 마지막으로 스프린트가 종료된다. 최대 시간이 정해진 이벤트로 일 개월 기간의 스프린트인 경우 3시간이 넘지 않도록 한다. 스프린트 기간이 더 짧은 경우, 보통 스프린트 회고 시간도 더 짧다.

출처: 스크럼 가이드(한국어판) PDF

한 달 스프린트의 경우 최대 3시간으로 규정되어 있기 때문에 간단히 계산해서, 1주일간의 스프린트라면 45분 정도를 스프린트 회고로 합니다. 단, 익숙하지 않은 초기에는 1주일간의 스프린트라면 60분~120분 정도 시간을 가져가는 것이 좋습니다.

2주간의 스프린트라면 90분~150분 정도 소요됩니다[*2]. 익숙해지면 팀원들과 상의하여 시간을 줄여나가면 되지만, 처음부터 너무 짧게 설정하는 것은 추천하지 않습니다. 스프린트 회고가 불완전 연소로 끝나 효과를 체감하기 어렵기 때문입니다.

◆ 스크럼 마스터의 역할

스프린트 회고와 관련된 항목으로 '스크럼 마스터' 장에는 다음과 같이 기술되어 있습니다.

> 모든 스크럼 이벤트들이 열리는 것과 긍정적이고 생산적으로 이루어지는 것, 그리고 정해진 시간 안에 마치는 것을 보장하는 것

출처: 스크럼 가이드(한국어판) PDF

| 모든 스크럼 이벤트가 열리는 것

이 스크럼 이벤트에는 스프린트 회고가 포함되어 있습니다.

스프린트 회고를 건너뛰면 팀에 문제가 쌓이기 쉽습니다. 그리고 건너뛰는 이유의 대부분은 스프린트 회고의 목적을 이해하지 못한 채 스프린트 회고를 '그냥 하는 것', '시키는 대로 하는 것'으로 여겼기 때문입니다.

이를 방지하기 위해 스프린트 회고의 목적과 의미를 팀원 모두에게 공유해야 합니다.

(*2) 스프린트 회고의 대상 기간과 참가 인원에 따라 필요한 시간은 달라집니다. 스프린트 회고에 필요한 시간은 1장 '회고란 무엇인가?'의 **표 1-1** p.14에 자세히 설명되어 있습니다.

| 모든 스크럼 이벤트가 긍정적이고 생산적으로 이루어지는 것

긍정적이라고 하면 '긍정적'과 같은 정신적인 측면을 떠올리기 쉽지만, 그 외에도 '건설적', '실용적'이라는 의미도 있습니다.

하지만 '실용적'이라는 부분만 너무 의식하다 보면, 효율성을 너무 추구하여 스프린트 회고가 무미건조해지기 쉽습니다. 팀이 조금이라도 앞으로 나아가고 변화와 성장의 계기를 마련할 수 있다면 그 자체만으로도 긍정적이라고 볼 수 있습니다.

이러한 스프린트 회고를 할 수 있도록 스크럼 마스터뿐만 아니라 팀 전체가 함께 스프린트 회고 자체를 디자인해 봅시다.

| 정해진 시간 안에 마치는 것을 보장하는 것

이를 다시 말하면 정해진 시간 내에 회고의 목적이 달성될 수 있도록 전달한다는 의미입니다.

팀원 전체가 함께 시간 내에 결과물을 만들어내야 한다는 의식이 없다면, 다른 회의나 스크럼 이벤트도 집중하지 못한 상태로 계속 진행되기 쉽습니다.

스프린트 회고에서도 정해진 시간 내에 끝낼 수 있도록 모두가 협력하여 진행합니다. 각자 적극적으로 대화에 참여하여 아이디어를 계속 만들어 내도록 합니다. 만약 시간 내에 끝나지 않는다면, 스프린트 회고 자체의 개선을 논의해 봅시다.

13장

회고의 수파리(守波離)

회고의 수(守)
회고의 파(破)
회고의 리(離)

Agile

회고를 배우고 능숙하게 사용하려면 어떤 과정을 거쳐야 할까요? 여기서는 회고의 한 가지 성장 경로를 살펴보겠습니다.

100개 정도의 기법을 외워야 한다거나!

그걸 다 기억할 수 있을까…

맞아요. 팀마다 기법도 다르겠죠?

다른 팀의 기법도 보고 싶네요!

수파리(守破離)는 무술이나 다도 등에서 사용되는 개념으로, 원래는 센리큐(千利休)의 가르침을 일본시집으로 편찬한 "利休道歌"(리큐도가)의 한 구절, '규범 예절을 지키더라도 어기더라도 멀어지더라도 근본을 잊어서는 안 된다'라는 뜻으로 만들어진 말입니다.

이 일본 시의 의미는 '규범의 예법을 다 지키더라도, 가르침을 어기고 떠나더라도, 근본(본질을) 잃지 마라'이며, 기본을 익히지 않고 기본을 어기거나 벗어나면 안 된다는 것을 보여 줍니다.

'수파리(守破離)'를 좀 더 자세히 알아보겠습니다.

'수파리(守破離)'에서는 먼저 스승으로부터 기본 '형식'을 배웁니다. 그 형식을 반사적으로 할 수 있는 수준이 될 때까지 반복적으로 연습합니다. 이것이 바로 수(守)입니다.

그리고 한 스승뿐만 아니라 다른 스승이나 유파로부터도 틀을 배우고, 지금까지 배운 형식을 스스로 해석합니다. 그러면 기존의 형식을 깨고 새로운 형식을 만들 수 있게 됩니다. 이것이 파(破)입니다.

새로운 형식을 익히면서 기본으로 돌아갔을 때 '형식'의 근본과 본질이 보이게 됩니다. 그 본질을 바라보고 형식을 다시 바라볼 때, 기존의 형식에 얽매이지 않고 자유자재로 움직일 수 있게 됩니다. 이것이 리(離)입니다.

수파리는 무술이나 다도뿐만 아니라 회고에도 적용할 수 있는 개념입니다. 여러분의 회고도 '수파리(守破離)'의 개념으로 '형식'을 알고 실천하는 것부터 시작해 꾸준히 성장할 수 있을 것입니다.

'수파리(守破離)'의 단계를 밟기 위해서는 무엇보다도 실천과 회고 그 자체에 대한 되돌아보기가 필수적입니다. 회고할 때마다 '회고의 되돌아보기'를 통해 팀에 맞는 형식을 찾아간다는 의식을 가져야 합니다.

그럼 회고의 '수파리(守破離)'를 정리해 보겠습니다.

회고의 '수(守)'

누구나 회고를 아는 것에서 출발합니다. 회고의 목적을 알고 회고를 시도합니다. 우선은 같은 방법을 여러 번 반복하여 회고를 카이젠하면서 회고의 진행 방법을 익힙니다.

세상에는 회고 책과 회고 기법이 담긴 웹 사이트가 많이 있습니다. 그리고 이 책에도 20가지 기법이 실려 있습니다. 이 중 몇 가지 기법에 주목하고 따라해 보는 것부터 시작합시다.

회고의 수(守)는 이러한 정보에 나와 있는 회고의 방법을 그대로 따라해 보는 것입니다. 갑자기 현장에 맞게 수정하려 하지 않고, 이론을 설명대로 실천해 보세요. 우선 이 책에 소개된 기법을 실천해 보는 것이 좋습니다. 이 책에서는 여러 기법 중에서도 사용하기 쉽고 숙달하기 쉬운 기법만을 엄선했습니다.

만약 회고의 기법을 더 자세히 알고 싶다면 책 말미에 있는 '참고 문헌'을 참고해 보세요.

회고의 '파(破)'

특정 기법을 여러 번 반복해서 실천하다 보면 의식하지 않고도 그 기법을 틀에 박힌 대로 실천할 수 있게 됩니다. 그러면 다른 기법도 적극적으로 시도할 수 있게 됩니다.

회고 진행 방식 중 일부만 바꾸어 보기도 하고 전부 바꾸어 보기도 하는 등 다양한 실험을 하다 보면 익숙한 방식과 형식, 새로운 방식과 형식의 차이를 발견하게 됩니다. 이것이 바로 회고의 파(破)입니다.

이를 반복하다 보면 다양한 방법론 속에서도 공통된 사고방식을 발견할 수 있습니다. 그 사고방식은 '패턴'으로 형성되어 '이 경우에는 이렇게 하면 잘 될 것 같다'라는 경험이 쌓이게 됩니다. 경험을 더욱 늘려나가 '팀의 현재 상황에 맞게 미리 몇 가지 패턴을 구성하고, 그에 따라 회고의 진행'을 할 수 있게 됩니다. 회고 도중에 예상 외의 일이 발생해도 당황하지 않고 바로 대처할 수 있게 됩니다.

회고의 '리(離)'

'파'의 상태에서 다양한 회고 기법이나 형식을 반복하며 실천을 계속합니다. 그리고 문득 원래 익숙했던 기법(KPT 등)으로 돌아갔을 때, 이전과는 다른 관점을 발견할 수 있을 것입니다.

'어떤 의도를 가지고 그 회고 기법이 만들어졌는가'라는 제작자의 의도, 또는 '왜 이런 질문이 설정되어 있는가'라는 회고 기법 설계의 의미를 생각해 볼 수 있게 될 것입니다. 이러한 관점에서 기법을 이해할 수 있게 되면 각각의 '본질'을 훼손하지 않으면서도 다양한 기법을 자신만의 방식으로 연결하고 조합하여 팀에 적합한 기법을 선택하거나 만들 수 있게 됩니다. 이것이 바로 회고의 리(離)입니다.

이 상태까지 오면 회고 이외의 지식을 회고에 활용하거나 반대로 회고의 지식을 다른 곳에 활용하는 등의 활동을 일상적으로 할 수 있게 됩니다.

'쓸모없을지도 모른다'고 생각했던 기법도 그 기법이 만들어진 배경을 유추할 수 있게 되면, 본질을 추출해 자신이 사용하기 편한 형태로 변형시켜 본질에서 벗어나지 않으며 회고할 수 있게 됩니다. 그리고 '회고가 본질은 굉장히 단순한 반면, 깊이가 매우 깊은 것'이라는 매력을 느낄 수 있을 것입니다.

이제부터는 팀원들과 함께 팀을 위한 회고를 만들어 나가면 됩니다. 지금 진행하는 회고를 더 나은 형태로 카이젠하거나 자유자재로 회고의 방식을 바꿀 수도 있습니다. 자신들에게 도움이 될 것 같은 아이디어를 골라서 여러분에게 재미있고 효과가 높은 회고를 만들어 보세요.

14장

회고를 조직에 확산시키기 위해

회고 활동을 넓히는 방법

'회고가 팀에 정착되어 가고 있다. 이 활동을 주변에도 확산시키고 싶다'. 이럴 때는 어떻게 하면 좋을까요?

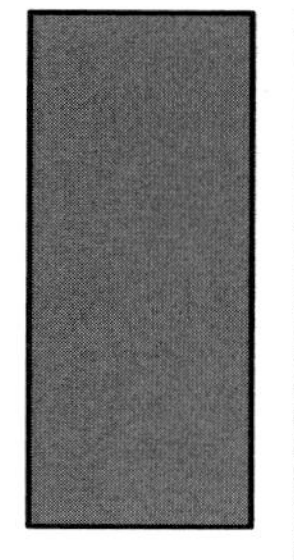

이런 회고를
팀 외부에도
확산시킬 수
없을까?
!
음~
한번 해보겠다곤
했지만, 어떡하지?

갑자기 합시다! 라고
말하면 반대하는
사람도 있을 텐데.
그렇다면, 먼저…

회고에 관심을 가진
사람을 찾아야 해.
음…
회고에 관심 있는 분
계시면 견학이라도…

와!
벌써 3명이나!
관심 있습니다!
들어보고
싶어요.
견학은 어떻게
해야 하나요?

다음 주의 회고에서
이번엔 사내에서
회고에 관심 있는 분들이
견학을 오셨어요.

다른 사람이 보니까
진행이 긴장되네요…
헤헤
항상 우리도
보고 있어요.
아, 이봐요

왠지 시끌벅적해서 좋네요.
처음부터 이런 식이었어요?

아니~ 처음엔 다들
익숙하지 않아서
조금 딱딱한 부분도
있었어요.

하지만 대부분
그렇게 시작하죠.
바로 시도해보고
싶어요.
정말 이미지가
떠오르네요!

하지만 우리 팀은
시간 확보가 어려울 것
같아서 불안해요.
아, 그렇네요.

그렇다면 각 팀에서 관심 있는
사람들을 모아서 우선은 작게
시작해 보는 건 어떨까요?

그것도 괜찮을 것
같아요!
바로 이야기해
볼게요!
함께 좋은 형태를
고민해 봅시다!

이걸로 이제 첫걸음을
내딛었나...

회고 활동을 넓히는 방법

회고는 변화의 계기를 만들어 주는 활동입니다. 팀에서 진행하는 회고 활동을 팀 내부에서 조직으로 확장해 팀 외부에서도 회고를 실천할 기회가 올 수도 있습니다. 이 장에서는 회고를 어떻게 외부로 전달하고 확산시켜 나가면 좋을지 설명하겠습니다.

회고를 전파하고 확산시키는 방법에 '이렇게 하면 반드시 잘 될 것이다'라는 정답은 없습니다. 전파하는 대상 팀의 환경이 다르면, 자신의 팀에서 잘되던 활동을 그대로 전수해도 그 팀에서 잘 될 것이라고 확신할 수 없습니다.

다만 다른 사람에게 회고를 전파하고 확산할 때 몇 가지 패턴을 따라가면 활동을 보다 쉽게 확산시킬 수 있습니다. 당신의 현장과 당신을 둘러싼 현 상황에 맞게 확장하는 방법을 선택해 나가길 바랍니다.

회고를 진행하는 모습과 그 결과를 보여 줍시다.

이미 회고를 시작한 팀의 모습을 관심 있는 사람들에게 보여주는 것은 매우 효과적입니다. 회고를 해본 적이 없는 사람에게는 어떤 대화를 하는지, 어떤 효과를 얻을 수 있는지를 말만으로는 잘 전달할 수 없습니다. 실제 진행 모습을 보여 주면 회고에 대한 이미지가 더 선명해집니다. 가능하다면 회고를 도입하려는 팀원들 전원이 모두 와서 지켜보는 것도 좋은 방법입니다.

회고에서 이루어지는 대화나 토론의 일련의 과정 등을 실제로 보면 '회고는 의미 있는 활동'임을 쉽게 이해할 수 있을 것입니다.

또한 지난 회고에서 정한 행동이 실제로 실행되었다는 결과를 보여줄 수 있다면 회고의 효과에 대한 설득력도 높아집니다. 그리고 회고를 하는 '모습'과 '결과'를 반드시 세트로 보여 주세요.

결과(위키 등에 정리된 정보)만 보여주면 팀 외부인 입장에서는 '이렇게 많은 시간을 논의했는데 이런 결과밖에 나오지 않았구나'라고 느낄 수 있습니다. 회고의 진정한 가치는 회고 이외의 활동을 활성화하는 것에 있다는 점을 이해할 수 있도록 해야 합니다.

너무 바쁜 팀은 '작은 카이젠 활동'부터 시작하는 것도 좋습니다.

'회고는 해보고 싶지만, 너무 바빠서 회고를 위한 시간을 확보할 수 없다!'라고 생각하는 사람이 있다면, 5~10분 정도의 시간이라도 좋으니 잠시 멈춰 서서 생각해 볼 수 있는 시간을 제안해 봅니다. 아침 미팅, 점심 미팅, 저녁 미팅처럼 정보 공유를 위한 시간을 만들거나, 전원이 모두 5분만이라도 함께 이야기하는 시간을 만듭니다. 그 안에서

- 다음에 어떤 일을 해야 할지

라는 미래지향적인 이야기를 하는 카이젠 활동을 시작하게 됩니다. 점진적으로 문제 공유와 해결이 이루어지고, '너무 바쁘다'라는 상황도 해소되어 갑니다.

또는 정기적인 회의나 미팅의 마지막 5분을 이용해 회의의 모든 구성원이 함께 카이젠 활동을 해보는 것도 좋습니다.

- 보다 효과적인 회의가 되려면 어떻게 해야 할지
- 다음 정례회의까지 어떤 일을 할 수 있을지

등의 의제를 가지고 논의합니다. 그러면 점차 회의와 그 준비가 쉬워지고, 다른 업무에 여유가 생기게 됩니다.

이러한 '작은 카이젠 활동'이 정착되면 새로운 활동을 시작하기 쉬워집니다. 팀 전체의 카이젠 활동의 장으로 '회고'를 제안하고 그 목적과 내용을 잘 설명하면 회고의 도입도 어렵지 않을 것입니다.

이 때 주의할 점은 '회고는 반드시 카이젠을 하는 것(행동을 취하는 것)이다'라고 생각하는 팀원이 있을 수 있다는 점입니다. 먼저, 회고는 반드시 카이젠을 해야만 하는(행동을 취하기 위한) 장소가 아니라는 점을 설명해 둡니다.

관심이 있는 사람부터 조금씩 넓혀 나갑시다!

갑자기 톱다운으로 '지금부터 모두 모여서 회고를 합시다'라고 하면 사람들이 따라오지 않을 것입니다. 처음에는 관심 있는 사람들부터 조금씩 참여시켜 나갑시다. 우선은 모인 사람들과 함께 회고를 하면서 다음에 대해 이야기해 보는 것도 좋습니다.

- 팀 현황
- 곤란한 일
- 다음에 어떤 행동을 할 것인가

한 팀 내에서 관심 있는 사람들을 모아도 좋고, 여러 팀에서 관심 있는 사람들을 모아도 좋습니다. 여러 팀이 함께 회고를 하는 경우, 행동은 '팀에서 무엇을 할 것인가'와 같이 검토하고, 그 결과를 회고 자리에서 피드백을 주도록 합니다.

그리고 이 소수의 관심 있는 사람들끼리 모여서 하는 회고(핵심 멤버로 하는 회고)에서는 어떤 일을 하고 있는지 꼭 주변에 알리도록 합시다. 또한 '오는 사람을 거부하지 않는다'는 자세로, 회고에는 언제든지 누구나 참여할 수 있도록 하는 것이 좋습니다. 핵심 멤버 중에 새롭게 관심을 가져준 사람이 들어오면, 회고 활동을 더 쉽게 확산시킬 수 있습니다.

또한, 회고 활동을 진행한다는 것을 주변 사람들이 인지하고 있다면, '회고의 자리에서 나온 행동인데, 함께 해보지 않겠습니까?'라고 팀 전체에 이야기함으로써 그 행동을 받아들이기 쉬운 상태를 만들 수 있습니다. 그리고 팀에서 행동을 실행할 수 있는 단계에 이르면, 회고를 받아들일 수 있는 체제가 마련되고 심리적 장애물도 해소되었다고 볼 수 있습니다. 그 상태에서

'팀원들과 함께 회고를 해보고 싶어요'

라고 말해주면 분명 회고를 시작할 수 있을 것입니다.

에필로그

그리고 얼마 후…
선배, 다음은 회고 시간이었나요?
응. 조금 이른 감이 있지만 같이 갈까?
자네가 지난 주에 정식으로 팀에 합류한 후 첫 회고네.
함께 가요.
다른 회사 사람들의 이야기를 듣고 이상하다고 생각한 것이 있는데요.
이 회사는 왜 '회고'가 문화인가요? 어느 팀이나 매주 혹은 격주로 '회고'를 하고 있잖아요?
이 팀도 그런 것 같고요. 왜인지 의문이어서…
아, 의문 씨의 말투가 전염됐다. 역시 수제자야.
본인…?
아, 이건 뭐~ 2년 전쯤 부터 시작한 활동인데
자, 이제 회의실이네
자세한 이야기는 본인에게 물어보면 좋을 것 같아요.

철컥
오늘은 세 사람 모두 조금 빨리 왔네요~!

리카 씨야말로 빨리 왔네요. 다 같이 준비해볼까 해서요.
간식을 사러 갔었어요. 모두 같이 준비해요!
오늘도 즐겁게 회고를 해 봅시다!

회고 가이드북

감사의 말

이번에 많은 분들의 도움으로 이 책 "애자일 팀을 만드는 회고 가이드북"을 집필할 수 있었습니다. 이 자리를 빌려 감사의 말씀을 드립니다. 자비 출판 기술 동인지로 시작한 저의 회고에 대한 마음이 이렇게 독자 여러분의 손에 닿을 수 있는 한 권의 책이 될 수 있게 되어 매우 기쁩니다.

이 책의 전체 구성과 내용에 대해 바쁘신 와중에도 시간을 내어 많은 지도를 해주신 요시바 류타로, 니시무라 나오토, 나가세 미호. 세 분 덕분에 이 책의 포지셔닝과 기본 방침을 수정하고 다듬을 수 있었습니다. 정말 감사합니다.

또한 이 책의 리뷰에 협조해 주신 아키모토 토시하루, 이나야마 후미타카, 오다나카 이쿠세이, 오오베 게이오, 가나야마 타카타, 다지마 켄타, 다나카 료, 하라다 기시로, 호리 히로유키, 마스다 겐타로. 여러분들이 독자의 입장에서 다양한 지적을 해주신 덕분에 저 혼자서는 분명 만들지 못했을 내용을 책으로 완성할 수 있었습니다.

그리고 이 책을 제작하는 데 힘을 실어주신 슈에이샤(翔泳社)의 이와키리 아키코. 편집으로 매주 뒷바라지해 주신 슈에이샤의 가타오카 히토시, 오오시마 코헤이, 요시이 나나미. 멋진 만화를 그려주신 일러스트레이터 가메쿠라 히데토. 집에서 집필에 흔쾌히 협조해 준 아내 아야미와 항상 힘이 되어준 아들 아오바. 감사합니다.

마지막으로 회고의 세계를 계속 넓혀온 선배님들께 감사드립니다. 저의 회고의 세계는 선배들이 책과 기사, 웹사이트의 형태로 전해준 다양한 정보에서부터 시작되고 확장되어 왔습니다. 선배들이 소중히 여겼던 것들이 이 책을 통해 독자 여러분께 알기 쉽게 전달되었으면 좋겠습니다.

저자 소개

모리 카즈키

팀 퍼실리테이터 / 회고 실천회 / 일반사단법인 애자일 팀을 지원하는 모임.

팀의 힘을 극대화하고 일본 IT 기업을 빛내기 위해 SIer의 위탁 개발 현장에서 퍼실리테이터 애자일 코치로 활동하고 있다. 대규모 프로젝트를 여러 번 경험한 후, 조직을 좋은 방향으로 추진하기 위해서는 회고에 의한 지속적인 카이젠이 중요하다는 것을 깨달았다. 그 후로 계속 회고를 탐구하고 있다.

'팀 퍼실리테이션'이라는 팀 역량 강화 기법을 중심으로 다양한 기업을 대상으로 팀 만들기, 회고 등을 통해 기업 및 조직의 민첩성을 높이기 위한 서비스를 전개하고 있다. 애자일 관련 커뮤니티를 여러 개 운영하며 회고를 전파하는 활동을 지속하고 있다. 행사에서는 오로지 '노란 사람'으로 활동한다. 회고의 도입과 정착, 팀 만들기에 관한 상담과 교육도 실시하고 있다.

Qiita : https://qiita.com/viva_tweet_x/ **X** : @viva_tweet_x

제가 회고를 만난 건 2015년입니다. 문제가 많았던 프로젝트가 끝난 후, 매니저가 '회고를 해보자'고 해서 해본 게 처음이었습니다. 그때는 문제만 잔뜩 나왔고 회고의 결과는 활용되지 못한 채 끝났습니다. 정말 지겨워서 다시는 하고 싶지 않다고 생각했던 게 기억납니다.

그로부터 2년, 애자일 개발을 만나 팀에서 회고를 한 후 충격을 받았습니다. 이렇게 재미있고, 팀에 좋은 변화를 일으킬 수 있는 활동이 있구나, 라는 생각이 들었어요. 회고의 매력에 푹 빠졌던 거죠. 그때부터 '즐거운 회고'를 계속 전파하고, 저 스스로도 회고를 계속 연구하고 있습니다.

'두 번 다시 하고 싶지 않다'고 생각했던 회고가 지금 이렇게 제 피와 살이 될 줄은 꿈에도 몰랐습니다. 앞으로도 회고의 세계는 계속 넓어질 것입니다. 만약 이 책의 생각에 공감하신다면 여러분도 저와 함께 '즐거운 회고'를 전하고 퍼뜨려 주세요.

참고문헌

회고를 더 넓고 깊게 배울 수 있는 참고문헌을 소개합니다. 필자도 이를 참고하여 회고를 실천하고 있습니다.

회고 전반에 관한 도서

《애자일 회고: 최고의 팀을 만드는 애자일 기법》

(원서 제목: Agile Retrospectives :Making Good Teams Great)

에스더 더비, 다이애나 라센 공저 / 김경수 역 (2008, 인사이트)

'애자일 개발'에 관한 회고록을 진행하는 방법을 담은 책입니다. 다양한 기법을 찾을 때 많은 도움이 될 것입니다. 이 책에서 설명한 회고 진행 방식은 위 책에서 많은 영향을 받았습니다.

회고 전반에 관한 이벤트

회고 am (ふりかえり am)

https://creators.spotify.com/pod/show/furikaerisuruo/

회고에 대한 이야기를 정기적으로 전하는 저자의 팟캐스트입니다. 회고에 관한 다양한 정보를 게스트와 함께 전달하고 있습니다. 본서 집필 현재 episode 36까지 배포하고 있으며, 한 달에 2~4회 정도의 속도로 라디오를 송출하고 있습니다.

회고 실천회 (ふりかえり実践会)

https://retrospective.connpass.com/

저자가 주최하는 커뮤니티로, 회고와 애자일 개발 관련 이벤트를 진행합니다. 월 2~4회 정도 '스크럼 가이드를 풀어보자', '회고 AM 공개녹음', '회고 워크숍' 등을 진행하고 있습니다.

KPT 관련 도서 및 URL

《이 정도면 충분하다! KPT》

天野勝 : 著(2013・すばる舎)

ISBN : 9784799102756

KPT를 보급한 전문가인 天野勝 씨가 KPT를 상세히 설명한 책입니다.

《LEADER's KPT》

天野勝：著(2019 · すばる舎)

ISBN : 9784799107515

天野勝의 두 번째 KPT 책입니다. 리더의 관점에서 바라본 회고의 사고방식이 담겨 있습니다. 리더나 관리자라면 이 책으로 KPT를 배우면 좋을 것 같습니다.

《관리 제로로 성과가 오른다 – '검토, 제거, 중단'으로 조직을 변화시키자!》

倉貫義人／著(2019 · 技術評論社)

ISBN : 9784297103583

KPT를 쉽게 배울 수 있을 뿐만 아니라 조직 관리 방법도 배울 수 있는 책으로, KPT의 진행 방법이 간결하게 나와 있습니다.

《프로젝트 퍼실리테이션 실천편 회고 가이드》

http://objectclub.jp/download/files/pf/RetrospectiveMeetingGuide.pdf

웹에서 참고할 수 있는 KPT의 반환 가이드 중 가장 유용한 것이 바로 이 사이트입니다. 정기적으로 업데이트되고 있으며, KPT의 Q&A도 게재되어 있습니다.

◆ 다양한 회고 기법에 관한 도서나 URL

《가장 쉬운 애자일 개발 교본 인기 강사가 가르치는 DX를 지원하는 개발 방법론》

市谷聡啓 · 新井剛 · 小田中育生 : 著(2020 · インプレス)

ISBN : 9784295008835

YWT, KPT, Fun/Done/Learn이 소개된 책으로, 애자일 개발을 배우기에 적합합니다.

《카이젠 저니》

이치타니 토시히로, 아라이 타케시 저/김연수 역 (2019, 제이펍)

YWT, KPT, 타임라인, '회고의 되돌아보기'를 소개하는 책입니다. 또한 미래지향적인 'むきなおり'라는 활동도 소개하였습니다.

《회고 독후감 장 만들기 편 – 회고 이전에》

森一樹 : 著(2018)

'회고의 장을 만들기'를 위한 생각과 장 만들기에 활용 가능한 20가지 방법을 소개합니다.

《회고 독후감 배우기 편 – 경험을 힘으로 바꾸는 회고》

森一樹 : 著(2018)

배움과 깨달음을 힘으로 바꾸기 위한 생각과 회고의 지속법, 다양한 장소에서 사용할 수 있는 23가지 기법을 소개합니다.

《회고 독후감 실천 편 – 형(型)에서 시작하는 회고 수파리》

森一樹 : 著(2019)

이 책에서 소개한 '회고의 8가지 목적' p.114에 따라 8가지 회고의 구성 예시를 상세히 설명하였습니다.

《애자일 회고에서 가치 창출 – 회고 프랙티스 툴 박스》

https://www.infoq.com/minibooks/agile-retrospectives-value/

Ben Linders · Luis Gon · alves 공저 (2014)

돛단배, 5Whys 등 13가지 기법을 소개하였습니다.

FunRetrospectives

http://www.funretrospectives.com/

자발적인 회고에 관한 기법을 모은 사이트입니다. 각 기법에 대한 설명은 적지만 다양한 기법이 수록되었으며, 웹사이트를 통해 서적판도 구입할 수 있습니다.

Retromat

https://retromat.org/en/

FunRetrospectives와 마찬가지로 자발적인 회고에 관한 기법을 모은 사이트입니다. 다국어로 된 기사가 게시되어 있습니다.

Agile Retrospective Resource Wiki

https://retrospectivewiki.org/

FunRetrospectives와 마찬가지로 자발적인 회고에 관한 기법을 모은 사이트입니다. 다국어로 된 기사가 게시되어 있습니다.
FunRetrospectives와 마찬가지로, 자발적인 회고에 관한 기법을 모은 사이트입니다. 한 가지 방법으로 회고를 완성할 수 있는, 시간이 오래 걸리는 방법들이 많이 수록되었습니다.

RANDOMRETROS.com

https://randomretros.com/

무작위로 회고 기법을 표시해주고, 기법에 대한 설명과 회고 순서를 표시해주는 사이트입니다. 재미있는 기법이 많이 수록되어 있어 새로운 기법을 만나고 싶을 때 사용하기에 적합합니다.

색인(Index)

■ 기호 · 숫자

■ A – Y

■ ㄱ/ㄴ

■ ㄷ

■ ㄹ/ㅁ

회고 치트시트

회고에서 팀원들과 같이 사용하세요.

| 회고의 기법과 사용법

기법명	개요
DPA	어떤 분위기로 만들지, 어떤 것을 할지 의논해서 회고의 규칙을 정한다.
희망과 우려	마음속에 품은 우려와 희망을 이야기하고, 최대 2가지의 회고 주제를 정한다.
신호등	빨강, 노랑, 파랑의 3색 도트 스티커로 회고 전후에 자신의 심경을 표현한다.
행복 레이더	'회고 대상 기간에 어떤 일이 있었는지'를 3가지 감정 이모티콘에 맞춰 표현한다.
감사	팀원 중 누군가에게 감사의 마음을 전한다. 긍정적인 생각을 할 수 있는 마음의 준비를 한다.
타임라인	팀에서 일어난 사실과 감정을 함께 적고 모두 함께 공유한다.
팀 스토리	소통과 협업에 초점을 맞춰 팀에서 발생한 일을 논의한다.
Fun / Done / Learn	Fun, Done, Learn의 세 가지 원을 그린 후 배운 점과 깨달은 점, 팀의 활동과 달성한 목표를 논의한다.
5Whys	왜(Why)를 반복하며 사건의 요인을 깊이 파고든다. 좋은 점을 파헤치는 데도 활용할 수 있다.
행동의 후속조치	지금까지 실행한 행동을 Added, Doing, Pending, Dropped, Closed로 분류하고 검토한다.
KPT	사건을 떠올린 후 Keep, Problem, Try의 순서로 논의하고 카이젠 아이디어를 낸다.
YWT	한 일, 깨달은 것, 다음에 할 일의 순서로 논의하고 카이젠 아이디어를 낸다.
열기구	열기구(팀), 상승기류(가속요인), 짐(감속요인)의 은유를 사용해 논의한다.
돛단배	돛단배(팀), 순풍(가속요인), 닻(감속요인), 암초(리스크), 섬(목표)의 은유를 사용해 논의한다.
스피드카	스피드카(팀), 엔진(가속요인), 낙하산(감속요인), 절벽(리스크), 다리(아이디어)의 은유를 사용해 논의한다.
로켓	로켓(팀), 엔진(가속요인), 운석(리스크), 위성(팀을 도와주는 존재), 우주인(생각지도 못한 아이디어)의 은유를 사용해 논의한다.
Celebration Grid	실수, 실험, 실천×성공, 실패의 6가지 분야로 배움, 깨달은 것, 실험을 축하한다.

작은 카이젠 아이디어	1%라도 카이젠할 수 있는 방법을 많이 생각한다.
노력과 고통 (Effort & Pain)	Effort(행동의 실행에 드는 노력)과 Pain(어느 정도의 '아픔'을 해소하는가)의 2가지 축으로 분류한다.
실현 가능성과 유용성 (Feasible & Useful)	Feasible(얼마나 실현 가능성이 높은지)와 Useful(얼마나 도움이 되는지)의 2가지 축으로 분류한다.
도트 투표	동그라미 스티커를 한 사람당 10장씩 가지고, 가중치를 설정하여 투표한다.
질문의 고리	'다음에 해야 할 것은 무엇인가'라는 질문을 던지며, 팀의 합의를 형성하고 행동을 만든다.
SMART한 목표	Specific, Measurable, Achievable, Relevant, Timely/Time-bounded에 기초해 행동을 구체화한다.
+ / Δ	+(좋았던 것, 잘된 것), Δ(카이젠하고 싶은 것)을 논의하여 아이디어를 낸다.

| 회고의 목적과 단계

단계에 맞춰 회고의 목적과 진행 방법을 생각하자

❶ 멈춰 선다

❷ 팀의 성장을 가속화시킨다

❸ 프로세스를 카이젠한다

| 회고의 마음가짐

6가지 마음가짐을 소중하게 여기며 회고를 진행한다

❶ 수용한다

❷ 다각도로 바라본다

❸ 배움을 축하한다

❹ 작은 발걸음을 내딛다

❺ 실험한다

❻ 빠른 피드백을 얻는다

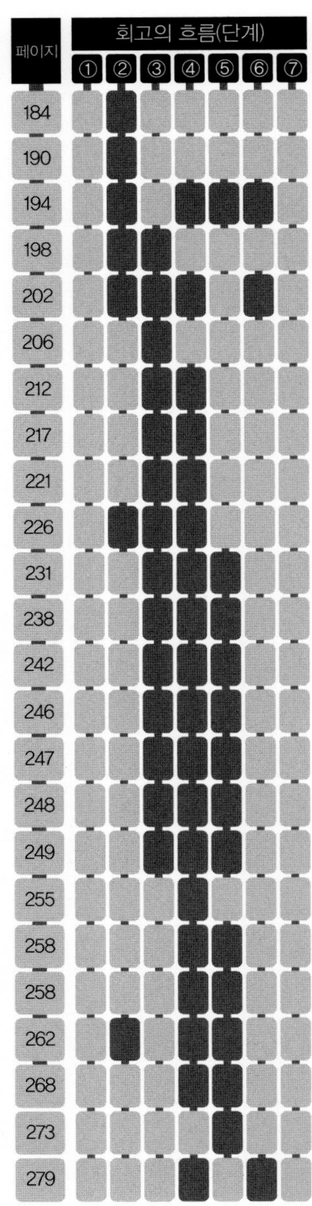

| 회고의 진행 방법 단계에 따라 진행하자

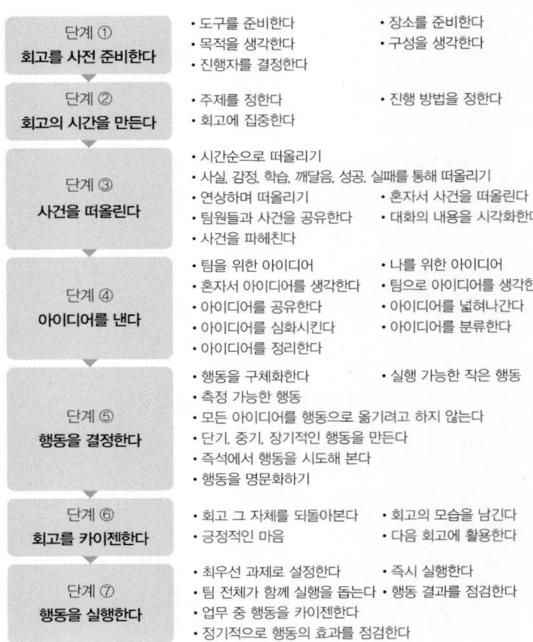

| 회고의 조합 예 목적에 따라 조합을 바꾸자

목적	조합
처음으로 회고를 해보고 싶다	• DPA ➡ KPT 또는 YWT ➡ + / Δ
첫 번째 이후의 회고로, 회고에 익숙해지고 싶다	• 감사 ➡ KPT 또는 YWT ➡ 도트 투표 ➡ SMART한 목표 ➡ + / Δ • 신호등 ➡ KPT 또는 YWT ➡ 도트 투표 ➡ SMART한 목표 ➡ 신호등
팀의 상황과 상태를 자세히 알고 싶다	• 희망과 우려 ➡ 타임라인 ➡ KPT ➡ 도트 투표 ➡ SMART한 목표 ➡ 감사
정기적으로 팀 상태를 점검하고 싶다	• DPA ➡ 행동의 후속 조치 ➡ 5Whys ➡ 질문의 고리 ➡ + / Δ
소통과 협업을 강화하고 싶다	• 감사 ➡ 팀 스토리 ➡ 질문의 고리 ➡ 감사
학습과 실험을 가속화하고 팀의 틀을 깨고 싶다	• 행복 레이더 ➡ Celebration Grid ➡ 작은 카이젠 아이디어 ➡ 노력과 고통(Effort & Pain) ➡ SMART한 목표 ➡ + / Δ • 신호등 ➡ Fun / Done / Learn ➡ 질문의 고리 ➡ 신호등
긍정적이며 설레는 아이디어를 많이 내고 싶다	• 희망과 우려 ➡ 열기구 또는 돛단배 또는 스피드카 또는 로켓 ➡ 작은 카이젠 아이디어 ➡ 실현 가능성과 유용성(Feasible & Useful) ➡ 감사
팀에 깊게 뿌리 내린 문제를 해결하고 싶다	• 희망과 우려 ➡ 신호등 ➡ 5Whys ➡ 도트 투표 ➡ SMART 한 목표 ➡ 신호등

애자일 회고

1판 1쇄 발행 2025년 05월 15일

저　　자 | 모리 카즈키
역　　자 | 류승우
발 행 인 | 김길수
발 행 처 | ㈜영진닷컴
주　　소 | ㈜08512 서울특별시 금천구 디지털로9길 32
갑을그레이트밸리 B동 1001호
등　　록 | 2007. 4. 27. 제16-4189호

ISBN | 978-89-314-7971-3

YoungJin.com Y.
영진닷컴